글로벌 지식장과 상징폭력

한국 사회과학에 대한
비판적 성찰

글로벌 지식장과 상징폭력

한국 사회과학에 대한
비판적 성찰

김경만 지음

문학동네

일러두기

1. 외국 인명 표기의 경우 국립국어원 고시를 존중하되, 일부는 저자의 의견을 따랐다.
2. 본문에서 인용문에 들어 있는 대괄호([ ])는 저자가 보강한 첨언이다.
3. 단행본·정기간행물 등은 겹낫표(『 』)를, 논문·단편 등은 홑낫표(「 」)를, 노래명·방송명 등은 홑꺾쇠(〈 〉)를 사용했다.

나는 이 책을 왜 썼는가?

미래 한국의 피에르 하버마스들에게

아래는 과거 학술회의 뒤풀이 자리에서 한 동료 사회학자와 나눈 대화의 한 토막이다.

사회학자: 당신이 아무리 잘난 척해봐야 세계무대에선 기껏해야 이류에 불과할 뿐이야.

나: 선생님, 혹시 앤서니 엘리엇^{Anthony Elliot}이란 학자 아시나요?

사회학자: 그럼, 알지요. 알다마다……

나: 그럼, 선생님은 엘리엇이 세계 일류라고 생각하세요, 아니면 이류 학자라고 생각하세요?

사회학자: ……

나: 만일 선생님께서 엘리엇이 일류 학자라고 생각하신다면 저도 세계 일류 학자에 속하고, 엘리엇이 이류라고 생각하신다면 저도 이류라고 생각합니다.

이 대화에서 동료 사회학자가 내게 던진 말을 술김에 한 듣기 싫은 소리로 치부해버릴 수도 있겠지만, 나는 이 대화가 이 책의 독자들에게 전하고 싶은 중심 내용을 담고 있다고 생각한다. 이 대화의 초점은 '세계적인 학자'란 무엇인가에 맞춰져 있다. '당신은 세계에서 기껏해야 이류 사회학자에 불과할 뿐'이라는 말을 들었을 때, 나는 그에게 세계적인 사회학자는 오직 앤서니 기든스[Anthony Giddens], 피에르 부르디외[Pierre Bourdieu], 최소한 랜들 콜린스[Randall Collins], 이매뉴얼 월러스틴[Immanuel Wallerstein] 정도일 거라 생각했다. 이런 관점에서 볼 때 상징자본이 이들 '거장'에 못 미치는 나를 포함한 '나머지' 학자는 기껏해야 이류일 것이다. 그러나 그는 곧 나의 이런 짐작이 틀렸음을 보여줬다. 내 짐작대로라면, 그는 당연히 엘리엇도 이류라고 답했어야 하는데 아무 말이 없었다. 왜 그는 엘리엇도 이류임을 인정하길 싫어했나? 엘리엇은 영국 사회학자로서 그리 유명하지 않은 호주의 플린더즈 대학에서 가르치는 사람이고, 그가 축적한 상징자본의 '객관적 양,' 즉 그의 논문과 책의 영향력, 그가 논문을 실어온 학술지들의 권위 등이 나보다 많지 않다는 것을 고려할 때, 내가 이류라면 그도 당연히 이류로 분류될 수밖에 없다. 그러나 그는 이 사실을 몰라서가 아니라 그냥 '내 면전에서' 인정하기 싫었던 게 분명하다. 만일 그가 "엘리엇도 이류일 뿐이야"라고 또렷이 잘라 말했다면, 나는 듣기에 거북하지만, 딱히 틀린 말도 아니기 때문에 순순히 받아들였을 것이다.

왜 그는 동료 학자와 외국 학자를 평가할 때 이중잣대를 적용하는 걸까? 나는 그 해답이 '글로벌 지식장의 방관자'인 그를 포함한 대다수 한국 사회과학자의 '서구 의존적인 사대주의적 자기비하'에 있다고 본다. 엘리엇과 나는 장의 하비투스를 체화하고 상징투쟁에 뛰어들어 누가 더 뛰어난 연구를 했는지 장의 논리에 따라 평가받길 원하는 글로벌 지식장의 참여자들이다. 결국 나와 엘리엇, 그리고 동료를 공격한 그 사회학자 간의 '차이'는 단적으로 말해 글로벌 지식장의 참여 여부에 있다. 장에 참여한 사회학자는 글로벌 지식장이 부과하는 '인지적 규범cognitive norms'(장의 다양한 지적 전통과 뛰어난 연구를 가리기 위해 장의 참여자들이 합의한 인식론적 기준과 규칙)을 체화하고 더 많은 상징자본을 획득하고자 투쟁하는 사람들이다. 결국 나를 공격한 그는 글로벌 지식장이 부과한 '엄격한 지적 요구조건'을 충족시키지 못하는 방관자의 처지이면서도, 국내에서 엘리엇에게 뒤지지 않는, 또는 그를 넘어선 연구 성과를 거둔 동료를 세계 이류 사회과학자라고 비꼬고 폄하했던 것이다.

이 책은 필자가 14년 전에 한국사회학회 학술지 『한국사회학』에 기고한 '세계수준의 한국사회학을 향하여: 과학사회학적 관점에서 본 몇 가지 제언'이란 제목의 논문에서 이미 시작됐다고 할 수 있다.[1] 그 논문은 다음과 같은 질문에서 시작한다. "건국 이래 해외유학의 역사가 50년이 넘는 우리는 왜 아직도 유학을 가서 서구의 학문을 배워올 수밖에 없는가?" 프랑스 사회학자 부르디외가 자본주의 사회의 계급 재생산을 비판한 것처럼, 나는 이 책에서 한국사회과학의 '서구 종속성 재생산'을 비판하고자 한다. 그러나 사회과학의 서구 종속성 재생산을 바라보는 나의 시각은 한국의 사회과학자들 대부분이 공유하는 시각과 전혀 다르다.

이들 한국의 사회과학자 대다수는 서구 종속성 재생산 고리를 끊

---

1 김경만, 「세계수준의 한국사회학을 향하여: 과학사회학적 관점에서 본 몇 가지 제언」, 『한국사회학』 35(한국사회학회, 2001), 1∼28쪽.

어내기 위해 '우리 전통을 되살리는 토착적 한국 사회과학'을 만들어야 한다는 데 이견이 없다. 그러나 나는 이른바 '토착적 이론' '한국적 이론' '탈식민지 이론'이 그들이 만들어낸 '허구'에 지나지 않는다는 것을 보여줄 것이다. 사실 한국적 이론의 허구성은 '경험적으로' 이미 증명되었다.

첫째, 이들은 지난 수십 년간 한국적 이론의 '가능성'만 계속 반복해 외쳐왔을 뿐, 어느 누구도 실제로 한국적 이론이 어떤 것이며, 만일 있다면 그 이론이 어떤 면에서 서구이론을 극복했는지 구체적으로 제시하지 못했기 때문이다. 둘째, 더 결정적인 증거는 이들이 아무리 한국적 이론이니 탈식민지 이론을 외쳐도 재생산 고리를 끊는 데 결정적 역할을 해야 할 젊은 학생들은 전혀 반응하지 않고, 오히려 예전보다 더 많이 유학을 가고, 그 결과 종속성이 강화되고 있다는 사실이다. 만일 한국적 사회과학을 부르짖었던 기성 사회과학자들이 그들 약속대로 서구이론을 극복했다고 할 만한 성과를 냈다면, 왜 우리 사회과학의 서구 종속성은 지금도 재생산될 뿐만 아니라 그 추세가 점점 더 강화되는 것일까?

1, 2부로 구성된 이 책의 제1부 1, 2, 3장에서 나는 '탈식민지 이론'을 외쳐온 인류학자, 사회학자, 정치학자 들의 주장을 면밀히 분석하고 비판함으로써 이들이 주장하는 한국적 사회과학은 결코 실현할 수 없는 허구에 불과함을 밝힐 것이다. 나는 토착화, 탈식민, 탈서구 논의의 허구성을 비판하기 위해 다섯 학자의 견해를 살펴봤는데, 먼저 강신표, 김경동, 한완상을 선택한 이유는 이들이 탈서구 중심주의를 주장한 가장 영향력 있는 제1세대 학자일뿐 아니라, 이들의 논쟁이 한국적 사회과학을 발전시키기 위해 극복해야 할 많은 문제들을 표면으로 끌어냈기 때문이다. 다음으로 살펴본 조한혜정

은 이들과 다른 시각에서『탈식민지적 글 읽기와 삶 읽기』를 썼지만 그 책 역시 어떻게 하면 서구 언어가 아닌 '우리의 언어'로 사회과학을 할 수 있는가 하는 질문에서 출발했고, 따라서 그녀 역시 앞세대 학자들과 문제의식을 공유한다고 볼 수 있다. 마지막으로 강정인은 가장 최근에 서구중심주의 극복에 관한 이전 논의들을 '종합'하고 나름의 해법을 제시한 사회과학자로 꼽히기에 다루기로 했다. 다시 말하면, 사용하는 개념과 글쓰기 스타일에서 차이는 있지만 이들의 논의는 국내 학자들이 한국 사회과학의 서구 종속성 극복을 위해 제기한 거의 모든 이슈를 총망라하고 있다.

제1부 마지막 4장에서는 서구이론 중 하나인 부르디외의 지식장 이론에 기초한 '글로벌 지식장 이론Theory of Global Intellectual Field'이 현재 한국 사회과학이 처한 현실을 얼마나 잘 설명할 수 있는지 보여줌으로써 서구 종속성 비판에 약방의 감초처럼 등장하는 서구이론은 한국의 현실에 '적합성'이 없다는 비판이 얼마나 잘못된 것인지를 밝힐 것이다.

제2부에서는 탈서구적인 한국 사회과학의 '가능성'에 대한 지루하고 비생산적인 논의를 벗어나, 실제로 어떻게 탈서구적인 학문을 '할 수' 있는지, 나 자신이 글로벌 지식장에 참여해서 그렸던 학문적 궤적을 통해 예시하고자 한다. 이 궤적은 우리가 서구학문의 지배로부터 벗어날 수 있는 유일한 길은 글로벌 지식장에 직접 들어가 이 상징공간을 지배하는 서구학자들과 부딪치고 논쟁함으로써 그들이 만들어놓은 지식장의 구조를 변형시키는 길밖에 없음을 보여줄 것이다. 지금처럼 우리가 장을 지배하는 서구학자들과의 소통과 대결을 계속 회피하면서 우리 것을 만들어내자는 '공허'한 주장만 되풀이한다면, 우리는 장의 '방관자'로 남게 될 것이며, 이는 결국 우리학문의 서구 종속성을 영원히 재생산하는 일이 될 것이다.

많은 책의 저자들이 서문에서 책 쓰기를 권유하고 격려한 이들에게 감사를 표한다. 하지만 내가 이 책을 쓰겠다고 했을 때, 사람들은 격려 대신 '우려'를 표명했다. 선배나 동료 학자들을 상대로 한 성실하고 엄격한 '학술적' 실명비판이 '잘난 체'나 상대방을 향한 '인신공격'으로 둔갑하는 학술문화에서 과연 이 책의 진의가 제대로 전달될 것인가를 회의하는 견해부터, 나를 비롯한 내 제자들에게 돌아올 불이익을 포함한 이런저런 사회적 배제를 감수할 수 있겠느냐는 농담 섞인 협박에 이르기까지 그 우려의 스펙트럼은 실로 다양했다. 그러나 이런 우려는 오히려 이 책을 쓰는 데 큰 자극이 되었다. 이 책이 지금껏 우리의 서구 종속성 비판담론을 지배했던 '우리 전통' '우리 경험' '우리 현실' 같은, 흡사 '우리식 사회주의'를 연상케 하는 폐쇄적이고 나르시스적인 "최종어휘final vocabulary"―리처드 로티의 용어를 빌려―를 '소통' '대결' '논쟁' 같은 새로운 최종어휘로 바꾸는 데 기여하길 바란다.[2]

그럼에도 나는 이 책에서 제시한 나의 최종어휘가 오늘날 한국의 사회과학자들이 공유하는 학술문화와 실천 아래서는 받아들여지기 어렵다는 사실을 매우 잘 안다. 마르틴 루터의 보름스회의 연설은 자신을 '이단'이라 비판한 당대 사람들이 자신의 주장을 받아들이리라는 믿음에서 행해진 게 아니라, 당시에는 터무니없다고 거부당한 주장이 '당연한 사실'로 여겨지는 사회가 언젠가는 도래하리라는 희망과 믿음에 기초한 것이었다.[3] 그때 루터가 상상했던 사회는 결국 도래했다. 루터와 마찬가지로 나도 이 책이 오늘의 한국 사회

---

2 Richard Rorty, *Contingency, Irony and Solidarity*, Cambridge University Press, 1989.

3 Richard Rorty, "On Moral Obligation, Truth and Commonsense," J. Niznik and J. T. Sanders (eds.), *Debating the State of Philosophy: Habermas, Rorty and Kolakowski*, Westport, CT: Praeger Publishers, 1996, 50쪽.

과학자들에게는 환영받지 못할 것이라 생각하지만, 이 책의 주장이 언젠가 당연한 사실로 간주되는 날이 오리라는 믿음과 희망을 가지고 글을 썼고, 그런 의미에서 이 책을 우리나라 사회과학의 미래를 짊어지고 나갈 한국의 젊은 '피에르 하버마스Pierre Habermas'들에게 바친다.

제1부

'한국적' 사회과학이라는 신기루

1장

수입도매상 대 독창적 한국이론?

원로 인류학자이자 사회학자인 강신표 교수가 1980년대 초 서울대 사회학과 동기인 원로 사회학자 김경동 교수를 외국 지식을 수입해서 팔아먹는 "문화적 제국주의 시대의 매판사회학자"라고 몰아붙인 사건이 있었다. 강신표 본인의 말에 따르면, 자신의 비판은 한국 사회과학에 새로운 바람, 즉 비판적 바람을 불어넣으려던 "실험적 시도"였지만, "아무런 반향도 일으키지 못한" 개인적 에피소드로 끝나고 말았다.[4] 강신표는 이 사건이 무엇이 한국 학술문화의 문제인지, 왜 그런 문제를 해결하지 못하는지 얘기해준다고 하지만, 정작 강신표의 해석은 무엇이 정말로 한국 학술문화의 걸림돌이 되고 있는가라는 질문은 비껴가고 있다.

---

4 강신표, 「한국이론사회학의 방향에 대한 작은 제안: 「한완상과 김경동의 사회학 비판」(1983) 이후」, 『사회와 이론』 6(한국이론사회학회, 2005), 243~272쪽.

강신표는 사건의 발단이 된 '1982년 추계 사회학대회'에서 발표한 논문 「인류학적으로 본 한국 사회학의 오늘: 김경동과 한완상의 사회학」을 통해, 김경동이 『월간조선』에 실은 「한국 사회학의 사회학」에서 자신을 제외한 한완상, 박영신, 정창수 등의 연구를 마치 존재하지 않는 양 중요하지 않은 성과로 폄훼했고 배제했으며, 그로 인해 '한국 사회학=김경동 사회학'으로 등치시켰다고 비판했다.[5] 강신표가 '한국 사회학=김경동 사회학'이라 비판한 근저에는 "한국 사회학에서 누가 '중요한 연구'를 해왔는가"를 나누는 '기준'이 김경동의 '개인적 기준'이라는 불만이 깔려 있었다. '김경동 사회학'에 대한 강신표의 두번째 불만은 김경동이 "외국 사회학에서 무엇이 쟁점이고, 새로운 유행이고, 어떻게 사회학이란 학문이 어떤 식으로 정교하게 정립되어 있는가를 잘 보여주고 있지"만 이 작업이 "우리의 사회와 문화연구 영역에 우리의 고민을 우리식으로 심화시키는 데 불필요한 공해를 가져올 수 있다"는 점을 간과했다는 것이었다.[6] 즉 외국 이론을 소개하는 작업도 필요하다고 했지만, 그가 제기한 전반적인 비판의 핵심은 김경동이 외국에서 유행하는 이론을 수입해 유통시키는 '수입도매상'이라는 것이었다.

곧이어 그는 김경동 사회학의 폐해를 한완상의 사회학 작업과 대비해 부각시켰다. 즉 "한완상의 고민이 [김경동의 그것보다—인용자] 보다 더 값진" 이유는 그의 여러 저작들이 우리가 "한국 사회학자로서 해야 할 고민"이 무엇인지 부각시키기 때문이라 주장했다.[7] 끝으로 그는 김경동이 '한국 사회학=김경동 사회학'이라 주장할 수

---

5 강신표, 「인류학적으로 본 한국 사회학의 오늘: 김경동과 한완상의 사회학」, 『한국사회학의 반성』
   (서울: 현암사, 1984), 9~23쪽.
6 같은 글, 13쪽.
7 같은 곳.

있었던 것은 한국 사회학계의 '비판의식' 부재에 기인한다고 했다. 이 주장은 그가 그로부터 23년이 지난 2005년의 한 글에서 밝혔듯이 김경동의 학계 내 권력이 그를 비판하지 못하게 한다는 뜻을 함축한다. 4장에서 자세히 논하겠지만 강신표가 '김경동 권력'이라 칭한 것은 사실 김경동 개인이 다른 학자나 대중에게 행사한 '개인적 권력'이 아니라, 좁게는 한국 학술문화에서, 넓게는 한국인이면 누구나 공유하는 문화에서 파생한 권력이다. 즉 이 권력은 '우리의 학문적 실천'을 지배하는 '담론장discursive field' 내부에서 작동하는 권력—푸코Michel Foucault가 말한 지식/권력—을 말한다.

강신표가 가한 비판이 김경동의 저술에 나타난 한국 학술문화의 문제점을 비껴갔다는 점을 보여주기 위해 이 사건을 좀더 자세히 들여다보도록 하자. 우선 '김경동의 입장'에서 보면, 한국 사회학의 역사를 서술할 때 자기 기준에 따라 누구의 연구에 어떤 의미가 있고 왜 중요하며 전망은 어떠하리라 평가하고 분류하는 건 지극히 '당연'한 일이다. 이는 김경동이 아닌 어느 누가 쓰더라도 피할 수 없는 문제다. 따라서 강신표의 김경동 비판이 설득력을 가지려면 초점을 바로잡았어야 한다. 김경동의 평가기준이 왜 근거가 없고 설득력이 약한지 지적하는 쪽으로 말이다. 김경동은 외국 이론 수입상이고 한완상은 한국 문제를 고뇌하고 독창적 이론을 만들려 했으니, 한완상을 한국 사회학계에서 더 중요한 위치를 차지하는 것으로 평가해야 한다는 주장은 단지 주장일 뿐 그에 합당한 근거가 없다. 한국 사회와 문화를 고뇌했다 해서 한완상의 연구에 비판적 평가를 유보하고, 그것이 일방적으로 김경동의 연구보다 더 낫다고 할 수 있는가? 강신표의 비판이 '힘'을 얻고 파괴력을 가지려면 이들 연구를 세밀히 비교분석해, 왜 한완상이 김경동보다 더 독창적이고 설득력이 있는지, 어떻게 한완상의 연구가 한국적 사회학의 시발점이 될 수 있는지 답했어야 한다. 그런 정교한 비교분석 없이 김경동은 외국 이론 수입상, 한완상은 한국적 사회학의 개척자라고 평한다면, 강신표도 김경동과 마찬가지로 '개인적 평가'에 의존해 있음을 보여줄 뿐이다. 다시 말해, 명확한 학술적 근거를 밝히지 않고 한완상을 김경동보다 높이 평가한 것은 김경동이 후일 언급했듯이 그가 김경동보다 한완상에게 더 좋은 사적 감정을 지닌 게 아니냐는 의문을 증폭시킨다.[8] 결론적으로 강신표의 비판에는 자신이 비판하거나 옹호하려는 학자를 "정교하게 학문적으로 분석한" 흔적이 눈에 띄지 않는다. 이것이 강신표의 김경동 비판이 학문적 평가가 아닌 인신공격이란 오해를 불러온 배경이다.

나 역시 '비판적 풍토'를 조성하려는 강신표의 노력과 좌절에 공감하지만 요점은 궁극적으로 '어떻게' 비판해야 하는가라는 숙제가 남아 있다는 것이다. 강신표는 비판해야 한다는 당위적 의식은 있었지만 어떻게 비판하고 답해야 하는가의 문제를 풀지 못했다. 이 문제를 해결하려면, 먼저 김경동이 왜 '문화제국주의 시대의 매판사회학자'인지 그의 저작을 정교히 독해하고 분석함으로써 밝혀야 한다. 둘째, 한완상의 작업이 왜 김경동의 그것보다 더 전망이 있고 독창적인 연구인지 논해야 한다. 이제부터 이 두 문제를 좀더 자세히 다루어보기로 하자. 우선 강신표가 김경동을 '매판'이라고 멸칭한 것이 과연 정당화될 수 있는지 살펴보자.

자신이 쓴 여러 논문을 묶어 출간한 김경동의 책 『현대 사회학의

---

8 강신표의 회고에 따르면, 김경동은 1982년 추계 사회학대회 당시 발표 현장에서 자신의 비판에 대해 아무런 견해를 표명하지 않았다. 나중에 김경동을 만난 강신표가 "지난번 발표한 것에 코멘트 할 것 없어?"라고 묻자, 김경동은 "퍼스널한 것을 가지고, 사람들도 다 퍼스널한 것이라고 하는 것을 가지고…… 무슨 코멘트가 필요해?! 내용이 있어야 개념 규정도 없이 함부로 논한 것에……"라고 답했다고 한다. 강신표, 「인류학적으로 본 한국 사회학의 오늘: 김경동과 한완상의 사회학」, 『한국사회학의 반성』, 22쪽.

쟁점』은 그야말로 서구이론 소개로 가득 차 있다.[9] 앞서 인용한 바와 같이 강신표는 김경동이 "외국 사회학에서 무엇이 쟁점이고, 새로운 유행이고, 어떻게 사회학적 학문이 어떤 식으로 정교화되어 정립되어 있는가를 잘 보여주고 있다"고 했다.[10] 강신표의 말대로 김경동이 외국 사회학의 쟁점과 유행, 이론의 정교화를 "잘 보여주고 있다"면 김경동의 작업도 나름대로 큰 의미를 갖는다고 할 수 있다. 왜냐하면 어려운 외국 이론들을 정치하게 분석하고 설명하고 그 흐름을 정교하게 전개하는 작업은 그것만으로도 결코 쉬운 일이 아니기 때문이다. 이것은 한국 학자들뿐 아니라 외국 학자들에게도 매우 힘겹고 어떤 의미에서는 '창의'적인 작업이다. 이런 작업을 충실히 하다보면 이들 이론의 맹점과 약점을 찾게 될 것이고, 그것을 비판하고 넘어설 수 있는 그야말로 독창적인 이론을 생산할 수도 있다. 그러나 이런 기대와 달리 외국 이론을 소개하는 김경동의 글은 대부분 외국 학자가 이미 정리해놓은 이론을 '또다시' 정리하는 형식을 취한다. 그는 주로 사회학 이론의 교과서 격인 레온 워셰이 Leon Warshay 의 『사회학 이론의 현황The Current State of Sociological Theory 』이나 조너선 터너Jonathan Turner 의 『사회학 이론의 구조The Structure of Sociological Theory 』에 의거해 서양이론들을 정리한다. 쉽게 말해, 김경동은 원전과 씨름했던 이 교과서들의 저자들과 달리, 씨름의 결실인 2차 문헌에 의지해, 그것도 학부생을 대상으로 쓴 교과서에 대한 단순한 '참조'가 아니라 '요약'과 '표절'이라는 오해를 살 만한 수준으로 서구이론을 소개한다.[11] 이것이 낳는 폐해는 자명하다. 먼저 교과서에 등장하는 이론가의 원전 대부분을 직접 읽지 않고 서양학자의

---

9 김경동, 『현대 사회학의 쟁점』(서울: 법문사, 1983).
10 강신표, 『한국사회학의 반성』, 13쪽.

해석을 그대로 수용하는 방식은 차라리 원전을 직접 번역해 소개하는 것보다 못한 작업이다. 다른 것은 차치하더라도 이 방식은 이론 영역에서 특히 강조하는 원전의 다양한 해석과 분석, 비판의 가능성을 처음부터 차단하고 만다. 문제는 여기서 끝나지 않는다. 이런 교과서에 의거한 김경동의 이론 소개가 때로는 무슨 소리인지 모를 만큼 간략해 논의 수준이 깊지 않다는 것 또한 문제다.

일례로 '현대 사회학 이론을 둘러싼 쟁점들 I'이란 장에서 많은 종류의 이론을 소개하고 있지만, 이론들 간의 관계를 탐색하거나, 자신의 논의가 궁극적으로 사회학 이론의 발전에 어떤 함의가 있는지 평가한 김경동의 목소리는 찾기 어렵다. 예를 들어보자. '언어학과 현상학적 사회학의 이론관과 쟁점'이란 소제목 아래 논의하는 해럴드 가핑클Harold Garfinkel의 민속방법론은 부르디외, 기든스, 하버마스Jürgen Habermas 등 당대 거장들이 매우 심각하게 받아들인, 기존 이론에 대한 혁명적인 도전으로 해석되는 사회학의 사상조류이지만 김경동의 소개는 고작 한 페이지에 불과하다. 또 미셸 푸코는 반 페이지에 불과하다. 게다가 비트겐슈타인 철학의 사회과학적 함의를 논의해 사회과학철학에 일대 논란을 야기했던, 난해하기로 악명 높은 피터 윈치Peter Winch의 『사회과학의 이념 및 사회과학과 철학의 관계The Idea of Social science and its relation to philosophy』는 겨우 한 페이지가 넘는 분량으로 정리하고, '상징적 상호작용론'도 한 페이지를 넘을

---

11 독자들 역시 이런 방식이 김경동 개인의 문제가 아니라는 사실을 잘 알 수 있을 것이다. 이 유서 깊은 '학계의 관행'은 다음 장에서 다루게 될 60년대 말 학부에 재학중이던 조한혜정의 토로에서도 확인할 수 있다. "애초에 역사학자가 되려고 했던 나는 대학 3학년쯤에 우리가 존경하는 교수의 저서가 실은 거의 번역서와 다름이 없다는 사실을 찾아내고는 상당한 충격을 받았다. 세계사적 전망에서 우리의 역사를 다시 써보겠다는 내 야망은 실현되지 않으리라는 예감과 함께……" 조한혜정, 『탈식민지 시대 지식인의 글 읽기와 삶 읽기 2』(서울: 또하나의 문화, 1996), 162쪽.

까 말까 한 정도이다. 당연히 윈치, 가핑클, 블루머^{Herbert Blumer}의 원전 인용은 전혀 없고 2차 문헌 논의도 극히 축약된 형태로 겨우 한 페이지를 차지할 뿐이다. 이론사회학을 전공한 내가 봐도 무슨 소린지 모를 짧은 요약을 이론 전공이 아닌 학생이나 사회학자가 읽어서 이해할 수 있을까? 그 내용과 상관없이 한 페이지를 읽고서 복잡하고 어렵기로 소문난 민속방법론과 푸코나 윈치의 사상을 도대체 얼마나 이해할 수 있을까? 설상가상 이 짧은 글조차 정확한 소개라고 할 수 없는 부분이 너무나도 많다. 그 이유는 원전에 대한 깊은 독해와 이해가 완전히 누락되어 있기 때문이다.

단적인 사례 하나만 들어도 내 비판의 타당성을 충분히 입증할 수 있다. 김경동은 민속방법론에 대해 다음과 같이 서술한다.

> 위에서 살펴본 대로 블루머의 경우, 상호작용의 '과정'을 중시하고, 그 과정 속에서 '어떻게' 행위자들에 의하여 의미와 상황규정이 창출되는가에 관심을 쏟았다. 민속방법론에서도 이처럼 상호작용 과정과 의미 창출을 중요시한다. 그러나 여기서 한 가지 중요한 차이를 나타내는 것은 민속방법론의 질문이 이런 식으로 바뀐다는 데 있다. 어떤 방식으로 사람들은 자기네가 공통한 세계관을 공유한다는 '의식'을 만들어내는가, 그리고 사람들은 객관적 외재적 세계가 저기에 있다는 '가정^{presumption}'에 어떻게 도달하는가라는 질문들이다. 이때 블루머는 외재적 세계의 존재를 인정하고 들어가는 데 비해, 민속방법론에서는 그러한 외재적 사회질서의 존재 자체를 후설식으로 괄호 속에 넣고 그런 세계의 존재가정 자체의 형성과정을 주시한다는 중요한 차이가 있다.¹²

---

12 김경동, 『현대 사회학의 쟁점』, 139쪽.

이 인용문은 민속방법론에 대한 김경동의 잘못된 이해를 극명하게 보여준다. 먼저 민속방법론은 사람들이 "어떻게 공통한 세계관을 공유한다는 의식을 만들어내는가"에 관심이 없다. 오히려 그들이 다루는 문제에서 의식, 의미, 동기 등을 '배제'하려 한다.[13] 의식, 의미, 동기 등은 예로부터 사회과학자가 연구대상인 특정한 사회적 행위의 '의도를 규명하는 설명intentional explanation'에 등장하는 핵심적인 이론적 개념인데, 가핑클은 이 설명적인 패러다임과 전혀 다른 패러다임을 시도한다. 부연하자면 종래의 사회과학이 행위자가 어떤 행위를 하는 이유를 행위자의 의도, 주관적 의미, 의식 등을 이용해 행위의 맥락 '바깥'에서 설명했다면, 민속방법론은 행위의 맥락 바깥에서 이론적 범주를 부과하길 거부하고 주어진 행위의 맥락 '안'에서 어떻게 행위자가 성찰적으로 그 행위를 "내생적으로 조직하고endogenously organize" 유지하는지 묘사하려는 연구프로그램이다. 민속방법론자가 행위자들이 내생적으로 조직하고 성찰적으로 유지하는 사회행위에 연구의 초점을 맞춘다는 것은 다음과 같은 의미이다. 민속방법론자는 행위자의 행동과 언설utterances의 합리성, 즉 어떻게 행위자가 자신의 행위와 언설을 이해 가능하고 정당하게 하는지 연구할 때 기존 사회과학자들처럼 행위가 조직되는 상호작용 맥락context of interaction 바깥에서 이것이 어떻게 구성되는가("공통한 세계관을 공유한다는 '의식'을 만들어내는가")를 설명하지 않는다. 민속방법론의 요체는 행위의 지엽적 맥락local setting 안에서 행위자가 그 행위를 타인의 행위나 언설과 조화시키고coordinate 이해 가능하게 해서 성찰적으로 유지하는 방법, 한마디로 행위자의 방법ethno-

---

13 이에 관한 더 자세한 논의는 Michael Lynch, *Scientific Practice and Ordinary Action: Ethnomethodology and Social Studies of Science*, New York: Cambridge University Press, 1993 참조.

methods을 연구한다. 이 방법론은 관찰 불가능한 주관적인 의식, 의미, 동기 등이 아니라 실제 행위자의 실천practice에서 보이는 행위자의 방법을 연구한다. 그렇기 때문에 민속방법론의 연구 관심이 "공통한 세계관"을 만들어주는 객관적인 세계가 저 바깥에 존재한다는 가정에 사회성원들이 어떻게 도달할 것인가에 있다는 김경동의 언급은 민속방법론에 대한 몰이해를 여실히 보여준다. "사회적 실천에는 타임아웃이 없다There is no time out in social practice"는 가핑클의 명언은 행위자가 상호작용하는 맥락 바깥으로 나와time out 외부세계의 성격을 성찰하고 협상하는negotiate 것이 아니라, 이 상호작용에 이미 그 성질과 전제가 녹아들어 있다는 것을 의미한다.

이러한 잘못된 이해 탓에 민속방법론은 "외재적 세계의 존재를 후설식으로 괄호 속에 넣고 그 세계의 존재가정 자체의 형성과정을 주시한다"는 잘못된 주장이 꼬리를 물게 된다. 에드문트 후설에 따르면, 철학자는 그가 '자연적 태도'라고 부른 생활세계Lebenswelt에서 살아가는 사람들의 일상적이고 세속적인 지식과 이해를 괄호에 넣었을 때 일상의 인식을 가능케 하는 좀더 근본적인 인지 원리를 찾아낼 수 있다. 후설은 이 '괄호치기'를 이른바 '에포케epoché' 또는 '현상학적 환원'이라 부른다. 의식을 구성하는 근본적인 순수원리를 찾아내려는 시도의 일환인 현상학적 환원을 통해, 후설은 모든 의식은 이미 '어떤 것에 대한 의식'이란 점을 드러내고, 이를 의식의 '지향성指向性, intentionality'이라 명명한다. 즉 의식은 순수한 어떤 것이 아니라 과거의 경험과 그 파편들, 그것들의 시간적 재구성에 의해—은유를 통해 말하면—이미 '오염'된 것이고, 후설은 이를 에포케로써 찾아낼 수 있는데, 이를 의식의 지향성이라고 불렀다. 여기서 후설 현상학을 더 깊이 논의할 필요는 없다고 생각한다. 왜냐하면 앞으로의 논의를 위해서는 이 정도면 충분하기 때문이다. 후설의 조교였던 슈츠Alfred Schutz는 자연적 태도의 근저로 파고들어가 인식을 구성하는 근본원리를 찾아내려는 후설의 시도가 개별 행위자 '사이'에 존재하는 '간주관성intersubjectivity'의 성립과정, 즉 사회적 인지틀('공통한 세계관')의 성립과정을 명료하게 설명할 수 없다는 다른 학자들의 비판에 동의한다. 그리하여 슈츠는 사회현상에 대한 연구는 '이미 존재하는' 행위자들이 당연시하는 '자연적 태도'에서 시작해야 한다고 주장한다.

슈츠와 마찬가지로 가핑클도 간주관성의 형성과정에 관심이 없다. 다만 간주관성이 녹아들어 있는 사회질서가 이미 존재한다고 상정하고 사회질서가 지엽적 상호작용 맥락에서 어떻게 행위자의 방법에 의해 성취되고 유지되고 출현하는지 이론적 범주 없이 묘사하는 것이 이른바 '민속방법론적 재규정ethnomethodological respecification'의 요체라고 주장한다.[14] 따라서 민속방법론이 "외재적 세계의 존재를 후설식으로 괄호에 넣고 그런 세계의 존재가정 자체의 형성과정을 주시한다"는 김경동의 주장은 가핑클의 민속방법론과 '완전히 정반대의 길'을 제시할 뿐만 아니라 가핑클이 이미 실패한 후설의 전철을 되밟고 있다는 오해를 불러일으킨다. 한마디로 가핑클은 후설의 현상학적 환원을 거부한다. 가핑클은 오히려 행위자가 '당연시하는 세계 또는 실재taken-for-granted reality'가 행위자의 지엽적 실천 안에서 어떻게 나타나는가에 초점을 맞춘다. 여기서 더 긴 논의는 불필요할 듯하고, 흥미가 있는 독자라면 가핑클의 책을 직접 찾아보거나 민속

---

14 Harold Garfinkel, "Respecification: evidence for locally produced, naturally accountable phenomena of order, logic, reason, meaning, method, etc. in and as of the essential haecceity of immortal ordinary society (I)—an announcement of studies," G. Button (ed.), *Ethnomethodology and the Human sciences*, Cambridge University Press, 1991, 10~19쪽 참조.

방법론에 관한 내 논문을 참조할 수 있을 것이다.[15]

결국 이론들에 관한 소개조차 깊이가 결여된 잡화점 나열식의 이런 글이 사회학자가 쓴 '논문'이 되고 나중에는 '저서'가 되어 책으로 출간된 것이다. 이런 식의 글은 서양이론에 대한 비판적 이해와 깊이 있는 독해는커녕 그야말로 "소화도 되지 않은" 서양이론들을 2차 문헌에 입각해 쭉 세워놓은 꼴 이상은 아니다. 그럼에도 강신표는 이 문제를 지적하지 않은 채, 김경동이 외국 이론의 소개와 정리를 "잘하고 있다"고 칭찬한다. '문화제국주의 시대의 매판사회학자'라는 그 멸칭조차 과분할 수 있다는 사실이 원로 사회학자에게서 드러난 한국 사회과학계의 참상이다. 매판조차 아무나 하는 게 아니고, 제대로 한다는 것 또한 쉽지 않은 일이다.

이러한 비판은 한완상의 사회학이 김경동의 매판사회학보다 독창적이라는 강신표의 평가에도 그대로 적용된다. 우선 김경동의 매판사회학보다 높은 평가를 받은 한완상의 '민중사회학'이 과연 무엇인지 살펴보자. 1991년 한국 사회학의 과거를 회고하고 앞날의 과제를 제시한 한국사회학회 회장 취임연설에서 한완상은 기능주의와 실증주의에 물든 70년대 사회학은 '가치중립적인' 과학의 미명하에 기득권을 옹호했고, 이를 비판하며 세력을 확장한 80년대 진보학술계는 사회변혁에 관한 추상적 거대이론을 추구하다 당면 과제를 외면하고 논쟁을 위한 논쟁에 함몰되어 "민중의 소외"—그가 『민중사회학』에서 주장한 바—를 도외시했다고 비판한다.[16]

다시 말해, 기존 학계를 지배하던 기능주의 사회이론은 기성의 권

---

15 Kyung-Man Kim, "The Management of Temporality: Ethnomethodology as Historical Reconstruction of practical action," *The Sociological Quarterly* 40, 1999, 505~523쪽.

16 한완상, 「90년대 사회학의 진로: '전통'과 '정통'의 비적합성을 지양하며」, 『한국사회학』 25 (한국사회학회, 1992), 1~25쪽.

력과 사회질서 유지에 기여했을 뿐 급변하는 한국사회의 문제를 해결하는 데는 어떤 비판적인 역할도 하지 못했고, 다른 한편 진보학술계를 휩쓴 급진적 마르크스주의는 "민중의 일상적이고 구체적인 삶, 그들의 피가 흐르는 생동하는 삶과는 아주 멀리 동떨어진 추상적 급진론으로 변질"되어 고통받는 민중의 문제를 사회구성체논쟁, 계급논쟁 등을 내세워 외면했기 때문에, 70년대와 80년대의 사회학은 모두 '현실 적합성'을 결여한 이론들로 전락할 수밖에 없었다는 것이다. 한완상의 '민중사회학'에 따르면, 사회학은 민중을 위한 어떤 '일'을 해야 하며, 그렇지 못할 경우에는 "현장 속에서 몸으로 투쟁하는 민중으로부터 유리된 지적 유희로 전락될 위험이 있다"고 한다. 결국 한완상은 민중이 당면한 구체적이고 시급한 문제를 '학문의 민중화' 없이 추상적이고 선험적인 수준에서 해결하고자 했던 데서 사회학 이론의 실패 원인들을 찾고 있다.[17]

그렇다면 '학문의 민중화'는 대체 무엇이고, 몸으로 투쟁하는 민중을 위해 민중사회학자가 해야 할 일이란 또 무엇인가? 한완상은 그 답을 이렇게 제시한다.

> 「民衆社會學」의 제1장에서 나는 〈민중사회학이 민중을 위한 사회학〉으로 남아 있어야 할 것이 아니라 파솔라-볼로냐Fasola-Bologna의 입장에 동조하면서 "지식인은 사라져버려야 한다withering away"는 것을 강조하면서 민중사회학이란 궁극적으로 '사회학의 민중화'임을 강조했다.[18]

우선 한완상이 파솔라볼로냐의 "지식인은 사라져버려야 한다"는

---

17 한완상, 같은 글, 12~13쪽.
18 같은 글, 9쪽 각주 10 참조.

슬로건을 바탕으로 민중사회학을 기획한 것은 문제삼을 일이 아니다. 내 비판의 핵심은—이하의 논증으로 곧 입증될 테지만—그가 파솔라볼로냐의 강한 주장에 기초한 민중사회학을 구체적으로 실현할 '사회학의 민중화'에 대한 어떤 이론적 시나리오도 제시하지 못할 뿐 아니라, 취임연설 곳곳에서 오히려 '민중화'에 반하는 모순된 주장을 전개한다는 데 있다. 왜 그런지 찬찬히 살펴보자.

한완상은 "일상적 인간을 학자들의 정형화의 틀에 담아지는 대상으로만 보길 거부하는 자연적 방법론"[19]을 사용함으로써 민중의 일상을 이해하려는 미시접근이 필요하다고 주장하면서 민속방법론과 상징적 상호작용론 등을 유용한 이론적 자원으로 언급한다. 분석을 위해 조금 더 꼼꼼하게 한완상 주장의 근거를 따져보자. 한완상은 기능주의에서 상정한 구조에 의해 움직이고 지배받는 수동적 인간상과 급진적 마르크스주의의 계급관계로 환원된 인간상에 대항해 등장한, 상징적 상호작용과 민속방법론의 "능동적이고 성찰적인" 인간상, 즉 자신과 그 자신이 속한 사회의 맥락을 능동적으로 해석해서 상징적 의미를 창출하고 부여할 수 있는 인간상을 옹호한다. 그리고 이런 미시사회학적 접근을 "자연적 방법론naturalism"[20]이라고 부른다.

그러나 한완상은 여기서 앞서 자신이 내놓은 주장을 스스로 반박한다. 기능주의가 "친미 표준 사회학 이론"이라면 왜 민속방법론이나 상징적 상호작용론은 "친미 표준 사회학 이론"이 아닌가? 답을 찾을 수가 없지만 굳이 이유를 찾자면 기능주의가 현재 질서를 정당화하는 보수적 이론이라는 이유밖에 없다. 그러나 기능론도 소위

---

19 같은 글, 19쪽.
20 같은 곳.

"이동 균형점$^{moving\ equilibrium}$"이라는 개념으로 사회변동을 설명할 수 있기 때문에 기능론이 주어진 사회질서를 유지하려 하는 이데올로기에 부합한다는 비판도 그 힘을 잃을 수 있다. 더구나 서구의 사회학계에서도 이들 미시이론은 미시적 상호작용에만 지나치게 천착한 나머지 구조변동의 문제에 아무런 대답을 할 수 없고, 결과적으로 "이데올로기적" 왜곡을 담지하고 있는 일상인의 생활세계를 단순히 묘사하고 이해하려는 시도일 뿐 "비판정신$^{critical\ spirit}$"을 결여하고 있다는 비판을 받았다는 사실을 고려해볼 때, 이 두 이론도 기능주의 못지않게 보수적이라고 할 수 있다.[21] 한완상이 기능주의 사회학을 비판하기 위해 빌려온 미국의 미시사회학도 결국 또하나의 미국 표준 사회학일 뿐이다. 사정이 이러할진대 강신표는 왜 한완상의 민중사회학이 김경동의 사회학보다 독창적이고 한국적인 것이라 했는지 전혀 알 수 없다.

"학문의 민중화"에서 문제의 핵심은 한완상이 미시이론의 성찰적인 해석능력이 있는 일상 행위자를 구체적으로 어떻게 개념화하고, 과연 그들의 능력과 의견을 이론적 차원에서 얼마나 '존중'하는가이다. 한완상은 세계에 대한 일상인의 해석에 관심을 기울인다 해서 사회학자가 "일상적 민중에게 '인식론적 특권'을 자동적으로 인정할 수는 없고" 오직 "그들이 원칙과 이상의 실현을 위해 노력할 때 그들에게 인식론적 특권을 인정해야 한다"고 주장한다.[22] 그러나 원칙과 이상의 실현을 위해 노력하는 민중은 누구란 말인가? 한완상의 글에서 전혀 답을 찾을 수 없지만, 내 나름대로 유추해본다면 슈

---

21 예를 들면 Anthony Giddens, *New Rules of Sociological Method*, New York: Basic Books, 1976; Pierre Bourdieu, *The Logic of Practice*, Stanford University Press, 1992; Jürgen Habermas, *The Theory of Communicative Action*, vol. I, Boston: Beacon Press, 1984.
22 한완상, 「90년대 사회학의 진로: '전통'과 '정통'의 비적합성을 지양하며」, 19쪽.

츠가 언급한 대로 일정한 교육을 받고 사회문제 전반에 관심을 가지며 자기 행동을 책임질 수 있는 이른바 "교육받은 시민well-informed citizen"23이 '성찰적 민중'을 의미한다고 생각된다. 그러나 여기서 문제가 끝나지 않는다. 첫째, 민중은 다양한 계층으로 구성된다. 그중에는 비교적 교육수준이 높은 사람이 있는가 하면, 반대로 낮은 수준도 있고, 아주 낮은 수준도 있다. 이들의 책임의식, 문제의식 그리고 사회, 정치, 경제 문제에 대한 관심도도 천차만별이다. 이런 차별적인 수준에 따라 실현해야 할 이상과 그것을 실천으로 옮기는 데 필요한 원칙들도 제각기 다를 것이다. 이렇게 다양하게 구성된 민중들 사이에서 원칙과 이상의 차이가 드러나고 갈등이 생기면, 그때는 이를 어떻게 해결할 것인가?

다음으로, 민중에게 인식론적 특권을 부여한다는 말은 지식인으로서 사회학자의 역할을 부정하는 것이 된다. 다시 말해, 사회학자의 사회인식이 일상인의 인식보다 객관적이며 진리에 가깝다는 것을 부정하는 것이 된다. 이를 수긍한다면 사회학자의 역할은 무엇인가? 한완상은 파솔라볼로냐의 "지식인은 사라져버려야 한다"는 주장에 동조하면서 사회학의 민중화를 주장한다. 그러나 민중이 자신이 처한 상황을 이미 성찰하고, 그 결과 문제의 소재를 파악하고, 나아가 해결책까지 제시할 수 있는 성찰적 존재라는 것을 인정한다면, 사회학과 사회학자의 존재이유 또는 정당성은 어디서 찾아야 하는가? 지식인 자신의 인식론적 특권을 부정한다면, 민중들은 왜 한완상의 주장에 귀를 기울여야 하는가?

그러나 한완상에게 이와 같이 복잡하고 어려운 질문은 문제되지

---

23 Alfred Schutz, "The Well-Informed Citizen: An Essay on the Social Distribution of Knowledge," *Social Research* 13, 4, 1946, 463~478쪽.

않는다. 왜냐하면 사회학자와 민중의 경계는 사라져야 한다고 주장하면서도 이 주장이 문제가 되면 곧바로 사회학자의 인식론적 우월성을 복권시키기 때문이다. 그에 따르면 '민중의 의식화'는 사회학자가 민중들이 깨닫지 못하는 "억압과 수탈의 사슬을 깨뜨릴 수 있게 알려주는 작업"을 뜻하는데,[24] 이는 지식인과 민중이 평등한 상황에서 이루어지는 것이 아니다. 민중도 나름대로 그들을 둘러싼 세계를 해석하고 있으며 그런 의미에서 그들의 인식을 존중해야 한다는 피터 버거Peter Berger의 "인지적 존중cognitive respect" 명제를 인정하면서도, 한완상은 민중을 의식화한다고 해서 그것이 "인지적 존중의 정신과 반대되지 않는다는 사실을 모르고 있다"고 버거를 비판한다.[25] 왜냐하면 일상적 차원에서는 민중도 나름의 관점과 해석을 견지하지만 개혁의 당위성을 정초하고 그 방향을 제시하는 데 있어서는 "모두 평등할 수 없기" 때문이다.[26] 이는 결국 지식인이 사회개혁에서만큼은 주도권 또는 인식론적 권위를 가져야 한다는 계몽적 입장의 전형을 되풀이하는 것이다. 사회학자와 민중의 경계는 사라져야 한다는 주장을 스스로 허무는 대목이다. 물론 한완상은 학자가 민중 위에 "군림하지 않으면서도 수탈과 억압의 사슬을 깨뜨릴 수 있는 저력을 지녔음을 동지적 공감의 입장에서 겸허하게 알려주어야 한다"[27]는 위태로운 절충안을 제시하지만, 그것이 구체적으로 어떻게 가능할 것인가에 관해서는 한마디도 없다. 만약 겸허히 상황을 알려주었는데 그들이 싫다고 거부하면 어쩔 텐가? 무조건 내가 아는 게 많은 지식인이니까 옳다고 강변할까? 대화를 나누어 설득시

---

24 한완상, 『민중과 지식인』(서울: 정우사, 제7판 1985), 20~21쪽.
25 같은 책, 20쪽.
26 같은 곳.
27 같은 책, 21쪽.

킬 수 있겠는가? 설득이 안 되면 한완상이 지식인으로서 성찰하고 있다고 생각하는 진리는 그 힘을 잃는 것인가? 다시 말해, 즉자적 민중(의식화되지 않은 민중)이 한완상의 사회개혁 요청을 진리로 받아들이지 않는다면 어떻게 그들을 대자적 민중(의식화된 민중)으로 전환시킬 수 있을까? 어떻게 자신의 주장만이 '허위'에 대비되는 '진리'임을 증명하고 설득할 수 있을까? 한완상은 지식인도 민중에게서 배우고 그렇게 자신을 성찰해야 한다고 덧붙이지만, 이 역시 개혁의 당위와 방향을 설정하는 데 지식인이 우월하다는 증명되지 않은 가정 아래 단지 미려한 수사로 끝나버리고 만다.[28] 한 발 더 나아가 한완상과 상이한 방향의 사회개혁을 주장하는 지식인이 있을 때 민중들은 누구의 말에 귀 기울여야 하나?

하버마스, 로티[Richard Rorty], 테일러[Charles Taylor] 등 서구학자들이 무엇이 진리이고 지식인의 역할인가에 대해 정말 고도로 추상적인 이론논쟁을 벌이는 것은 바로 이 복잡하고 어려운 질문에 답하기 위해서이지, 단순히 한완상이 고도로 추상적인 논쟁이라 일축해버린 논쟁 자체에 탐닉해서가 아니다. 한완상처럼 그저 지식인이 진리를 손에 쥐고 있고 민중을 "깨우칠 수 있다"고 단정해버리면, 물론 아무 이론적 고구(考究)도 학문적 고뇌도 필요 없을 것이다. 이것은 학문이란 외피를 쓴 '독선'일 뿐이다. 지그문트 바우만[Zygmunt Bauman]이 지식인이자 관료로서 조국 폴란드의 농민을 "깨우쳐" 폴란드를 합리적인 민주국가로 이끌려고 하다가 바로 그 농민들로부터 배척받고 영국으로 망명하게 된 일은 바우만으로 하여금 "민중은 귀만 있는 것이 아니라 혀도 있다"라는 사실을 깨닫게 해주었다. 민중은 단순히 "깨우쳐져야 할" 대상이 아니라 그 현실을 생각하고 평가해 지

---

28 한완상, 『민중사회학』(서울: 종로서적, 1989), 44~47쪽.

식인의 말도 비판하고 거부할 능력이 있는 사람들이라는 것이다. 이런 이유로 바우만은 지식인의 역할을 '입법자^{legislator}'(개혁의 방향과 내용을 입안하는 사람)로 보는 한완상과 같은 기존 사회학자의 관점으로부터 거리를 두고, 사회를 '해석'할 뿐 대중을 깨우칠 수는 없는 '해석자^{interpreter}'로 규정한 것이다.[29] 한마디로 이 문제는 마르크스, 루카치, 아도르노, 하버마스, 로티를 거쳐 바우만에 이르기까지 서구 비판이론을 둘러싼 그야말로 격렬한 논쟁의 '쟁점 중 쟁점'이라고 할 수 있다.

이렇게 복잡하고 어려운 문제들에 답은 하지 않은 채, 한완상은 취임연설 마지막 부분에서 민중사회학과 정반대의 입장으로 갑자기 비약해버린다. 특히 사회학자와 민중의 경계가 사라져야 한다는 주장에 완전히 반하는 입장을 취임연설의 말미에 상세하게 논하고 있다. 이를 좀더 자세히 들여다보자. 먼저 한완상은 진보학술계가 마르크스주의의 '정통성' 시비에 몰두할 때 민중은 경제적 빈곤, 정치적 탄압, 청소년 비행, 교육 파행 등 온갖 고통에 시달리고 있었고, 이들의 논쟁이 끝나버린 1990년대에 오히려 이 문제들이 더 심각하게 증폭되었다고 진단하면서, 현재 우리에게 필요한 것은 '이데올로기 비판'이라고 주장한다. 즉 국가와 국가의 비호를 받는 지배계층의 물질적 문화적 지배를 정당화하는 이데올로기를 비판하는 것이 90년대 한국 사회학자들이 떠안아야 할 몫이라는 말이다. 부연하면, 민중의 고통은 이런 고통을 야기하는 체계적인 원인(국가, 지배, 권력, 세습 등)을 찾아내어 '비판'함으로써 경감될 수 있다는 것이다. 한완상은 이런 이데올로기 비판의 중요한 틀로 영국 사

---

29 Zygmunt Bauman, *Legislators and Interpreters: On Modernity, Post-Modernity and Intellectuals*, Oxford: Polity Press, 1987.

회심리학자 이언 테일러[Ian Taylor]의 이론을 빌려온다. 그는 테일러의 '이론'이 일상생활에서 의식되지 못하는 이데올로기적 압제로 인한 미시적인 고통뿐 아니라 국가와 관료집단이 유포한 이데올로기를 분석하는 데도 유용한 '총체적' 분석이론으로써 이데올로기 비판과 민중해방에 큰 역할을 할 수 있다고 주장한다.

독자들은 이미 무엇이 문제인가를 알 수 있을 것이다. 그래도 노파심에서 왜 한완상의 주장들이 서로 완벽히 모순되는 주장들인가를 몇 가지 나열해보자. 첫째, 사회학의 전문화가 자본주의체제를 유지하도록 하는 보수적인 기능을 한다고 비판한 파솔라볼로냐의 주장에 동조한다는 말은 어디 가고, 그야말로 '전문화된 사회학의 장'에서 생산된 테일러의 이론으로 한국사회의 이데올로기를 비판할 수 있다고 주장하는가? 한완상이 한국 사회학이 앞으로 나가야 할 방향을 제시했다고 보는 테일러, 월튼, 영의 공저 『새로운 범죄학 The New Criminology』은 '좌파의 시각'에서 자본주의사회의 범죄를 다룬 비판적인 책이다. 하지만 그들 역시 전문적인 학문적 훈련을 받은 강단좌파이기 때문에, 그 책은 전문 사회학자들이 구사하는 숱한 이론적 용어로 점철되어 일반인이 읽어선 도저히 이해할 수 없는 고도로 이론적인 책이다. 이 세 명의 저자는 자신들의 이론적 지평이, 한완상이 말하는 민중의 인식보다 우월하기 때문에 실재(현실)를 더 잘 포착하는 진리에 가깝다는 것을 '당연한' 사실로 생각하고 있다. 결국 이들도 많은 기성 사회학자들과 마찬가지로 민중사회학의 핵심인 사회학의 민중화를 거부하는 것이다. 그렇다면 관건은 어떻게 한완상이 주장하듯 "군림함이 없이" 어렵고 복잡한 테일러의 이론을 한국 민중에게 설명하고, 이를 통해 그들을 '의식화'시킬 수 있는가의 여부다. 전혀 답이 없다. 그렇게 할 수 없기 때문이다. 한마디로 실제로 사회학을 민중화하는 방법에 대한 구체적인 로드맵은 어디에서도 제시하지 못하고 있다.

둘째, 한완상은 취임연설에서 김경동, 강신표와 마찬가지로 외래 이론은 한국 현실에 적합성을 상실하고 있고 한국 현실에 맞는 '토착이론'을 만들어내야 한다고 했다. 하지만 정작 그는 자신이 없어져야 한다고 주장한 '사회학 전문화'의 정수인 미국의 미시사회학 이론과 영국의 강단좌파가 전문화된 학문장에서 생산해낸 고도로 추상적인 이론을 아무런 수정 없이 '빌려와서' 90년대의 한국 사회학이 가야 할 방향을 제시하는 훌륭한 이론으로 칭송하고 있다. 이것이 한완상의 민중사회학이 김경동의 매판사회학과 크게 다르지 않은 이유인 것이다.

셋째, 한완상은 친미 표준 사회학과 진보사회학이 청소년, 교육, 가족문제 등 민중문제 해결에 아무 역할도 하지 못했기 때문에 적합성을 상실했다고 주장했지만, 1991년 취임연설 당시 어느 정도 뿌리를 내렸다고 자평한 민중사회학이 20여 년이 흐른 지금, 청소년, 교육, 가족문제들을 개선하는 데 기여했다는 증거가 어디에 있는가? 오히려 학교 폭력, 가정 파탄, 양극화 같은 사회문제들은 20년 전보다 더 가속화되고 앞이 안 보일 지경 아닌가? 가출 청소년이 20만을 넘고, 자살률은 경제협력개발기구^{OECD} 국가들 중 최고이며, 비정규직 노동자의 수는 600만을 넘는 것이 오늘의 한국사회다. 한마디로 민중사회학도 급진적 진보사회학이나 친미 표준 사회학처럼 '현실 적합성'을 상실한 것으로 판명이 났다.

이상의 논의에서 볼 때 강신표가 한완상의 작업이 김경동의 작업보다 훌륭하고 한국 사회학의 독창성을 담보했다고 주장한 것은 그가 한완상을 꼼꼼하고 비판적으로 독해하지 않은 증거라고 할 수 있다. 이런 분석은 결코 한완상의 작업이 김경동보다 독창적이지 않으며, 미래 한국 사회학의 새 지평을 열 수 있는 단초를 제시한 것도 아님을 극명하게 나타내준다.

흥미롭게도 한국 사회학 50년을 회고하는 글에서 김경동도 마치 오래전 강신표의 비판에 승복한 듯 한국 사회학이 나가야 할 길은 "한국사회의 발전에 '유관 적합한^{relevant}' 한국적 사회학을 정립"하는 것이며 "그것이 빠져 있으면 학문을 위한 학문으로서 학자 개인이나 특정 학문공동체의 좁은 이해관심을 충족시키는 일 외에 특별한 사회적 기능을 인정할 가치가 없다"고 주장한다.[30] 김경동의 이 주장은 강신표의 주장에 '말하기는 쉬우나 실제로 증명하긴 매우 어려운' 강력한 주장 하나를 추가한다. 즉 학문은 반드시 어떤 사회적 기능을 충족시켜야 하고, 그렇지 않으면 가치를 상실한다는 것 말이다. 이 주장을 '말하긴 쉬우나 증명하긴 대단히 어렵다'고 한 이유는 학문과 그 효과(사회발전, 개혁 등)에 대한 논의가 줄곧 이어졌던 서양에서조차 고도로 '추상적인' 논쟁만 불러왔을 뿐, 아직도 그 결론이 나지 않은 문제이기 때문이다.

"학문은 실천 효과가 있어야 한다"는 경구가 얼마나 근거 없는 가정에 의거한 것인가는 오래전 어느 학생이 내게 보낸 이메일 질문을 통해서도 금방 답을 찾을 수 있을 것이다. "우리나라에 저명한 교육학 교수님들이 그렇게도 많은데 어째서 공교육은 파행의 길을 가고 학생들과 부모들은 입시지옥에서 헤어나지 못하고 있을까요?" 이 학생은 내가 가르치는 서강대학교 학생도 아니었고 자기 신분을 밝히지도 않았지만, 진심 어린 마음에서 우러나온 진정성 있는 질문이라는 느낌이 들어서 나는 간략히 이렇게 답했다. "이론과 실천의 관계는 매우 복잡해서 간단하게 이론이 실천을 변형시키고

---

30 김경동, 「격변하는 시대에 한국사회학의 역사적 사명을 묻는다」, 『한국사회학』 40(한국사회학회, 2006), 1~18쪽. 인용은 11쪽.

영향을 줄 수 있다고 얘기하긴 어렵다."

이론과 실천의 관계에 대한 김경동의 이러한 단순한 가정은 다음과 같은 추론으로 '비약'한다. "비록 아카데미즘을 견지한다 해도 그 내용에서 한국사회의 발전을 위하여 '유용한 이론적 담론이나 실천적 시사점' 같은 것을 담는다면 문제될 것이 없다."[31] 김경동의 주장대로 학문연구가 꼭 한국사회 발전에 유용해야 하고 실천적 시사점이 있어야 정당화된다면, 교육학은 당연히 사라져야 할 것이다. 교육학은 그간 가장 큰 골칫거리로 대두한 한국의 교육현실을 개선할 "유용한 이론적 담론이나 실천적 시사점"을 전혀 제공하지 못했기 때문이다. 사회학은 예외라 할 수 있을까? 더 나아가 문학과 철학을 포함한 여러 인문학 분야가 사라져야 할 것이다. 어디서도 '시사적 유용성'이나 '유관 적합성'을 찾기 어렵기 때문이다.

이제 김경동의 말대로 그의 '한국적 이론'이 과연 이론으로서의 자격과 시사적 유용성이 있는지 논의해보자. 결론부터 말하자면, 김경동은 유교 전통을 사용해서 한국적 이론을 만들었다고 주장했지만, 나는 그가 애초부터 이론이 무엇인가를 전혀 이해하지 못했다고 생각한다. 김경동은 아시아의 다른 나라처럼 한국의 사회과학 역시 오랫동안 서구의 지배를 받았지만, 우리 문화에 깊숙이 자리잡은 유교의 지적 유산을 적극 활용한다면 토착적인 한국이론을 만들 수 있다고 주장한다. 1996년 영어로 쓴 「문화적으로 독립된 사회과학을 향하여: 동아시아에서의 토착화 문제」라는 논문의 '이론 발전을 위한 토착적인 개념과 사상의 활용Utilizing Indigenous Concepts and Ideas for Theory Development'이란 절에서 김경동은 우리 문화의 중심이자 일상에 착근된 유교 개념이 어떻게 우리 사회이론 정립에 기여할 수

---

31 김경동, 같은 글, 11쪽.

있는지 두 가지의 예를 들고 있다.[32] 하나는 거시동학^{macro-dynamics}이며, 다른 하나는 사회조직과 상호작용의 미시원리들이다. 이 가운데 하나의 예만 들어도 그의 한국적 이론 모색이 얼마나 '몰이론적'인가를 알 수 있다. 그는 우리나라의 압축적이고 급속한 경제발전을 "한국인에게 더 잘 와닿도록 설명"하고 "한국인의 일상에서 사용되는 몇 가지 단어를 사용했다"면서, 그 개념어로 '한恨'과 '기氣'를 제시한다.[33] 이미 알고 있는 '한'과 '기'의 일상적 의미에 관한 그의 설명은 생략하고, 그가 그 개념으로 한국의 경제발전을 어떻게 설명하는지 한번 살펴보자.

> 한국이 역사적으로 외세의 침략과 내적인 혼란을 겪었기 때문에, 한국인들에겐 '한'이란 감정이 누적되었을 뿐 아니라, 한 국가가 가진 집단적 에너지인 '기'를 사용하고 소진할 수 있는 기회가 주어지지 않았다. 따라서 축적되어 있던 기 에너지의 대부분은 국가적 목표였던 경제성장을 이루어내는 데서 그 분출구를 찾았다.[34]

바로 이어서 그는 다음과 같은 주장을 펼친다.

> 일단 한국이 어느 수준의 경제성장을 이루고 나서는 한국인들이 피로를 느끼고, 경제적 성취를 즐기려는 쪽으로 선회했다. 급속한 경제발전을 통해서 이제 극단적인 복수심을 유발했던 '한'이란 감정은 누그러지

---

32 Kyong-Dong Kim, "Toward Culturally Independent Social Science: The Issue of Indigenization in East Asia," Su-Hoon Lee (ed.), *Sociology in East Asia and Its Struggle for Creativity: Proceedings of the ISA Regional Conference for Eastern Asia, Seoul, Korea*, Montreal, 1996, 63~72쪽 참조.

33 같은 글, 67쪽.

34 같은 글, 68쪽.

고^{released}, 국가의 기가 쇠퇴하게 되었기^{dissipate} 때문이다. 이는 계속적인 성장을 위해선 국가의 기를 소생시키고^{revitalize}, 한이란 감정을 대체함으로써, 사람들로 하여금 일과 저축에 대한 과거의 정열을 회복시킬 수 있는 새로운 국가적 동기유발 요인이 필요하다는 것을 의미한다.^{35}

이것이 한국의 경제성장에 대한 '한국적 이론'이라면, 이 이론은 두 가지 면에서 이론의 자격을 상실했다. 첫째, 김경동은 "기의 소진"과 "기의 소생"이란 개념이 무엇을 의미하는지 아무런 설명을 하지 않는다. 둘째, 단순히 기를 "모든 생명체와 비생명체를 포괄하는, 즉 자연에 존재하는 모든 것을 통해 흐르는 '생기$^{vital force}$'를 뜻한다"^{36}고 정의한 김경동은 구체적으로 어떻게 "국가의 기" 또는 "한국민의 기"라는 추상적인 개념을 측정 가능한 개념으로 변환시킬 수 있는지 아무런 답이 없다. 이렇게 측정 가능한 개념 정의가 없다면 경제성장과 기 사이의 연관관계는 사회과학 분석으로서 자격을 상실한다. 왜냐하면 개념의 '조작화^{operationalization}' 없이는 기가 성장을 설명하는 것이 아니라 성장이 기를 설명하기 때문이다. 성장이 더디면 기가 없어서이고 성장이 빠르면 기가 있어서인가? 이것은 전형적인 동어반복^{tautology}이다. 다시 말하면 경제성장과 기가 독립적인 변인이 아니라, 측정 가능한 경제성장이 관찰되면 '기'가 있는 것이고, 경제성장이 둔화되면 '기'가 빠진 것이다. 이런 논리적 오류를 피하는 방법은 기의 측정뿐이다.

나는 논리실증주의자가 아니기 때문에 모든 개념이 단 하나의 조작적 정의로 환원될 수 있다고 주장하는 '정의적 조작주의^{definitional}

---

35 Kyong-Dong Kim, 같은 글, 67쪽.
36 같은 곳.

^{operationalism}'에 동의하지 않는다. 다시 말해 '기'는 여러 시각, 여러 방법으로 측정될 수 있다고 본다. 문제는 기를 어떤 식으로든 경험적으로 측정하고 "그 양을 비교하는 것"이 이론화의 핵인데, 이와 같은 분석적 질문은 김경동의 논의에서 전혀 찾아볼 수 없다. 특히 기의 '양^量'의 측정과 비교는 반드시 필요한데, 그 이유는 김경동의 주장이 옳다면, 각 시대마다 축적된 기의 양이 다를 것이고 이것이 다시 각 시대의 경제성장 크기와 비례할 것이기 때문이다. 또한 이렇게 축적된 기가 어떤 사회적 정치적 조건하에서 분출하는가라는 기의 분출에 대한 '사회적 정치적 문화적 조건'을 명시해야 '기'이론은 설명적인 이론이 될 수 있다.

요컨대 김경동의 주장이 최소한 이론으로 거듭나려면, ① 기를 어떻게 경험적으로 정의할 것인지 먼저 찾아내고, ② 정의에 따라 어떻게 기의 '양'을 측정할 것인지 명확히 하고, ③ 각 시대마다 기의 양이 다르다는 것을 역사적으로 증명하고, ④ 어떤 사회, 경제, 문화, 정치의 조건에서 축적된 기가 분출되는지 규명하고, ⑤ 이 분출로 발생하는 기의 양과 경제발전의 속도나 크기의 관계를 역사적으로 추적하고 설명할 수 있어야 한다. '한' 개념 또한 마찬가지일 것이다. '한'을 '기'의 일종으로 인식한다면, '한'과 '기'의 관계는 또 어떻게 정의해야 하는가? 김경동은 '한'이 축적되면 분기^{憤氣}가 탱천^{撐天}해져서 경제발전의 원동력이 된다고 했는데, 그렇다면 '한'이 '기'의 일종인가, '기'가 '한'의 일종인가? 도대체 우리가 이 두 개념을 어떻게 구분할 수 있다는 것인가? 또 '한'과 '기'의 양이 얼마나 되어야 분출하고 폭발하는가? 하지만 김경동은 이러한 분석적인 문제들에 관해서는 아무런 논의도 하지 않는다.

더 쉬운 예를 하나 들어보기로 하자. "너, 왜 요새 일을 잘 못하냐?"라는 흔한 물음을 던졌을 때, "기운이 없어서 일을 못 하겠다"

라고 답하는 것과 "한국이 '기'가, 그러니까 '기운'이 빠져서 경제발전을 못한다"고 하는 것 사이에 무슨 차이가 있는가? 후자의 설명이 과연 사회과학적 설명이라 할 수 있을 것인가에 관해서는 독자들이 판단할 수 있을 것이다. 김경동이 한국의 경제성장을 설명하는데 '한'과 '기'를 썼다 해서 이것이 '한국적 이론'으로 평가될 수 있을까? 김경동도 인정하듯, 많은 한국인이 여러 사회현상을 이해하는 데 '한'과 '기'를 사용한다. 그러나 이론가로서 김경동은 동어반복적인 설명이나 누구나 할 수 있는 '뻔한 얘기'를 넘어서는 이론의 힘을 보여줬어야 한다. 예를 들자면 케인스J. M. Keynes도 동서양을 막론하고 당연시하는 상식인 '유동성 선호liquidity preference'를 이용했지만, 그는 거기서 'LM 곡선LM curve'이나 '유동성 함정liquidity trap' 같은 거시경제론의 주요 개념들을 창출해냈다. 유동성 선호란 어려운 개념이 아니라 사람들은 누구나 지금 당장 쓸 수 있는 자산과 미래에 주어질 자산 가운데 현금자산을 '선호'한다는 상식을 가리킨다. 예컨대, 부동산과 현금 중 현금을 택하는 것을 말한다.

이론화라는 것은 상식적인 개념인 '기'와 '한'을 그대로 가져다쓰면 되는 것이 아니라, 상식적인 개념에서 출발하되 그 개념의 의미를 새롭게 규정하거나 확장하고 다른 개념과 연결해 개념들의 연결망, 즉 이론을 구성한다는 뜻이다. 케인스는 이 연결망을 확장해서 다른 유명한 개념인 유동성 함정을 창안했고, 이를 바탕으로 재정정책과 금융정책을 논할 수 있는 이론모델을 제시했다. 따라서 김경동처럼 상식적 개념인 '기'와 '한'을 '이론적 노동' 없이 그대로 차용하면 '뭔가 있는 것처럼' 할 순 있을지 몰라도 결코 '이론'을 만들 순 없다. 결국 이런 예는 김경동이 이론이 무엇인지를 전혀 이해하지 못했다는 것을 입증할 뿐이다.

끝으로 김경동의 이론은 우리 사회에 어떤 '유관 적합성'이 있을까? 어떤 면에서 그의 이론이 '유용성'을 지닐까? 그의 이론이 과연 여타의 수입된 경제발전론보다 한국의 경제발전을 더욱 잘 설명한다고 볼 수 있을까? 그의 이론이 앞날의 경제성장을 예측하는 데 유용할까? 그러나 그의 논문은 한국을 주제로 서술된 수많은 논문의 하나일 뿐, 어디서 그 유용성을 찾아야 할지 알 수가 없다.

이 문제는 3장과 4장에서 상세히 논할 테지만, 이론과 실천의 관계를 둘러싼 논쟁들은 아카데미즘의 극치인 "고도로 추상적인 논의"의 연속으로 승화되어버렸다. 쉽게 얘기하면 그만큼 이론과 그것의 현실적인 파급 효과의 관계는 단순히 가정할 전제가 아니라 심각한 학문적 주제로 장시간의 논쟁을 요한다. 지금까지 김경동을 비롯한 다수 학자들의 연구 풍토는 어렵고 복잡한 문제를 찬찬히 따지지 않고 일도양단一刀兩斷하는, 분석적 자세가 부재한 우리 학술문화의 슬픈 현실을 노정한다. 내가 십수 년간 이 심각한 주제에 도전해서 2005년 출간한 『담론과 해방: 비판이론의 해부』에 등장하는 하버마스, 기든스, 부르디외, 로티 같은 거장들의 복잡한 논쟁들을 생각해보면, 독자들은 이론과 실천의 관계가 그리 간단하지 않다는 것을 알게 될 것이다. 이들은 이론과 실천이 맺는, 혹은 맺어야만 하는 관계에 대해 옳다고 생각하는 '이론'을 펼쳤지만(예컨대 하버마스의 주저 중 하나가 『이론과 실천Theory and Practice』이라는 것과 그것이 얼마나 고도로 '이론적이고 추상적'인가를 한번 떠올려보라), 이 이론들이 충돌했을 때 더 난해하고 지극히 추상화된 이론논쟁으로 승화했을 뿐, 그것이 어떤 경로로 얼마만큼 현실의 변혁에 기여할 수 있는가에 대한 합의는 전혀 나타나지 않았다.

『지식과 이해관심Knowledge and Human Interests』이나 『이론과 실천』 같은 역작을 거쳐, 이론을 통한 실천의 변화를 평생 연구해온 하버마스가 그 노력의 결정판이라 할 『의사소통행위이론The Theory of

Communicative Action 』을 출간한 후에 가진 인터뷰에서, 이 책도 마찬가지로 "정말 추상적 이론에 머무를 수밖에 없었다$^{hopelessly\ academic}$"고 고백한 것을 보면, 이론에서 실천적 함의를 찾아내고 그것으로 현실의 변화를 도모한다는 것이 얼마나 어려운 일인가를 새삼 확인할 수 있다.[37] 또 프랑스의 교육에 대해 신랄한 비판을 가했던 부르디외가 오랜 연구 끝에 만들어낸 프랑스 교육개혁안이 완전한 실패로 돌아간 사례도 이론이 실천을 변화시키고 영향을 준다는 가정이 얼마나 단순하고 순진한 것인지를 여실히 증명한다.[38]

  부르디외가 이렇듯 유용성과 실천적 시사점을 주지 못했으니, 부르디외의 연구는 사회적 기능을 상실한 것이라고 해야 할까? 우리와 달리, 왜 서구학자들은 쓸모없어 보이는 논쟁—하버마스와 로티 간의 논쟁처럼 그들만의 지식 논쟁—에 몰두하고, 이론의 역할에 대한 '고도로 추상적인 지적 유희'에 열광하는 것일까? 이를 논하기 위해서는 긴 '우회'가 필요할 것이다. 즉 이론이 무엇인가에 대한 좀 더 근본적인 논의, 지난한 논의가 필요하다. 무조건 어떤 주장을 당연시하는 잘못된 풍토를 고치고 치열하게 따지고 근거를 제시하는 학문 풍토가 필요하다. 도대체 이론은 무엇이며, 이론의 현실 적합성이란 무엇인지, 그 본격 논의는 3장과 4장으로 미루기로 하고, 바로 이어지는 장에서는 한국적 사회과학의 또다른 자화상을 한번 검토해보기로 하자.

---

37 Jürgen Habermas, *Autonomy and Solidarity: Interviews*, London: Verso, 1992, 108쪽.

38 이에 대해서는 David Swartz, *Culture and Power: The Sociology of Pierre Bourdieu*, Chicago: University of Chicago Press, 1998 참조.

2장
여우와 신포도

철학자 김형효는 『구조주의의 사유체계와 사상』이라는 책의 서문에서 다음과 같이 고백한다.

필자는 20대 청년시절 남들처럼 청운의 뜻을 품고 유럽 벨지움 루벵 대학교에 유학을 떠났다. 그때가 60년대 초반이었다. 어렵고 까다로운 그쪽 대학의 시험에 실패하고 돌아 올까봐, 또 부모님의 큰 기대에 실망을 안겨 드릴까봐 유학기간 내내 정말 한눈팔지 않고 주야로 공부에만 매진하였다. 공부 이외에 아무런 물질적 정신적 여유가 없었던 필자의 20대 젊은 시절의 미숙한 눈에 비친 서양의 모습은 그 당시의 우리와 비교하여 참으로 잘 사는 나라였다. 그때 필자는 경제적 콤플렉스를 심하게 느꼈다. 나는 가난한 나라의 백성이다. 그러나 우리는 문화적으로 동방의 문화민족이다라는 자부심은 있었다. 단지 전쟁으로 지금은 가난하지만, 언젠가 우리가 그 가난을 털고 일어서면, 우리도 유럽처럼 선진문화 민주주의의 국가를 경영할 수 있으리라 여겼었다.

「헛된 정열」이었다. 필자의 20대부터 지녔던 소박한 이데올로기가 「헛된 정열」이었다는 참담하고 쓰라린 경험을 안고 작년에 20년 전에 공부하던 그 루뱅대학에 다시 공부하러 떠났었다. ……50대에 막 접어든 필자는 이번에 문화적 충격이랄까, 콤플렉스를 느꼈다. 이 문화적 콤플렉스가 무엇일까? 지금 말할 수가 없다. 오랜 세월 속에 축적된 과학지식에서의 평균적 力量과 아름다움을 생활 속에 자연화시키는 감수성의 질―아름다움이 없는 도덕은 거치른 소음만을 낳는다―이 없이는 선진 문화 민주국가가 되기 어렵다고 여겨진다. 필자는 평화와 평안이 있는 곳을 찾으면서, 필자가 조용히 할 수 있는 바른 일은 과학지식의 축적과 감수성의 질을 닦아 나가는 것뿐이라 생각된다.[39]

이 긴 인용문은 세심하고 미묘한 해석을 요구한다. 나는 이 고백을 읽으면서 그가 느낀 '콤플렉스'가 과연 무엇인지 곰곰 생각해보았다. 무엇이 그를 두 번이나 '좌절'하게 했을까? '헛된 정열'이란 걸 깨닫게 한 요인은 무엇이었나? 처음에 그는 가난했기 때문에 한국의 학문발전이 더딜 수밖에 없지만, 이는 경제발전이 이루어지면 극복할 수 있을 것이라고 생각했다. 그러나 이 책을 펴낸 1989년 당시, 한국이 상당한 경제발전을 이루고 난 시점에서 오히려 그는 자신의 믿음이 '헛된 정열'이었음을 깨달았다고 고백한다. 즉 경제발전은 그가 예상한 문화 및 학문 발전과 비례하지 않는다는 것을 깨달았다는 것이다. 그는 또 한번의 타국행이 그를 문화적 열등감으로 몰아넣었다고 고백했지만, 문화적 열등감의 원천이 무엇인지에는 "지금 말할 수가 없다"는 묘한 여운을 남기며 즉답을 피하고 있다.

---

39 김형효, 『구조주의의 사유체계와 사상』(서울: 인간사랑, 1989), 12~13쪽.

그러나 사실 그는 우회적으로나마 자신이 던진 질문에 답하고 있다. 즉 문화적 열등감의 원천은 서양의 축적된 과학지식에 기인하는 "평균적 역량"과 "높은 감수성의 질"이라는 것이 그 답이다. 왜 그는 말할 수 없다 하면서도 우회적으로나마 비판적인 답을 했을까? 한국의 문화와 민주주의가 도대체 그의 학문활동과 어떤 관계가 있다는 말인가? 감수성의 질과 평균적 역량은 또 무엇인가? 그는 왜 "조용히" 평안을 누리며 감수성의 질을 높이는 것과 지식의 축적이 자신이 해야 할 "바른" 일이라 얘기했을까? 무엇이 그를 "지금 말할 수 없도록" 했으며, 왜 그는 이렇게 복잡하고 모호한 방식으로 한국 문화의 열등함을 고백할 수밖에 없었을까?

　나는 자신이 해야 하는 "바른" 일은 조용히 평안과 평화를 누리며 연구하는 것이라는 '자답自答'에 한국 학술문화를 보는 그의 관점이 녹아 있다고 생각한다. 나는 조용히 평화롭게 연구한다는 것은 그를 둘러싸고 있는 동료 학자들, 대중들, 제도를 포함한 문화환경에서 '고립'되어 연구에 매진하는 것을 의미한다고 보는데, 이러한 해석의 배경에는 그의 연구가 한국에선 결코 환대받지 못하는 "이론적 작업"이라는 판단이 크게 작용했다. 『구조주의의 사유체계와 사상』에서 다루는 레비스트로스, 푸코, 라캉, 알튀세르 등은 20세기를 대표하는 서양 지성의 거장들이다. 김형효가 언급한 차원 높은 감수성과 아름다움을 느낄 수 있는 '심미적 감각들'은 이들의 이론에 전념하여 추상적 이론의 세계에서 지적 만족을 느끼고 이론적 아름다움theoretical beauty을 발견하는 과정을 통해서만 성취할 수 있다. 그러나 김형효는 한국 학술문화가 지식축적을 위한 이론적인 탐구에 필수인 심미적 능력, 즉 높은 지적 감수성—'지적 진정성'과 학문적 성취 그 자체에 대한 '열정'—을 이루기엔 턱없이 부족하다는 것을 깨닫고, 이로 인한 문화적 열등감을 극복하기 위해 스스로 '고립'되어 조용히 연구에 몰두하면서 "바른" 길을 가야겠다고 고백한 것이다. "바른"에 대비되는 "잘못된" 한국 학술문화, 더 넓게 한국문화 자체가 선진문화와 민주주의에 필요한 감수성의 질과 평균적 역량을 저하시키기 때문에, 이런 문화에서는 서양 학문을 추격하고 도전하고 극복하는 일이 요원하다고 판단한 김형효는 자기 고립 속에서 지식 축적과 감수성 향상에 전념했을 것이고, 그 결과가 바로 『구조주의의 사유체계와 사상』일 것이다.

나는 그가 명쾌한 분석과 날카로운 비판이 아니라 이토록 우회적이고 모호한 개념들, 즉 "감수성의 질"과 "평균적 역량"을 통해 한국문화의 문제점을 토로했다는 사실은 아이러니하게도 비판하는 자신도 한국 학술문화나 학계의 풍토로부터 자유롭지 못하다는 것을 적나라하게 보여준다고 생각한다. 다시 말하면, 한국 학술문화의 문제점을 직언하면 무조건 한국문화를 '폄하'하는 사대주의의 발로니, 서구중심적 사고의 적폐니 하는 알레르기 반응을 보이고, 서구이론을 열심히 연구하면 그런 연구가 우리에게 도대체 무슨 '적실성'이 있느냐고 성토하는 이 땅의 연구 풍토를 고려한 결과가 곧 '자기검열'이요, 그 '자기검열'의 결과가 완곡어법을 빌린 모호하고 우회적인 비판으로 나타났다고 본다. 나의 해석이 옳다는 것을 보여주는 또다른 증거를 살펴보자. 김형효는 이 책 마지막 장을 한국사회에 구조주의사상을 적용하는 데 할애했는데, 이 역시 다른 한국 학자들의 글에서 흔히 볼 수 있는 강박관념의 산물이다. 왜 군이 구조주의사상을 한국에 적용해야 할까? 나는 서구학자가 베버나 뒤르켐, 하버마스, 부르디외, 레비스트로스, 푸코 등의 저작을 깊게 연구하고 나서 그것을 '자신의 나라'에 적용할 수 있는지 논하는 것은 거의 보지 못했다. 이들 거장의 이론을 연구하는 사람들은 그 대가의 사상체계를 어떻게 이해하고 비판하는가에 초점을 맞추지, 딱히 그 이론들을 '자신의 나라'에 적용하려 들지 않는다.

유독 한국에서만 이런 현상이 벌어지는 이유는 무엇일까? 이곳에서는 서양이론을 탐구하는 것은 단지 이론을 위한 연구에 불과하거나 사대주의 습성이라고 치부하고, 이 이론들이 "한국 현실에 적용 가능한지 여부"를 얘기해야만 그 '정당성'을 인정받기 때문이다. 결국 구조주의사상을 한국에 적용해보겠다는 김형효의 짧은 시도는 형식적 논의에 그치고 말았는데, 이렇게 말할 수 있는 근거는 그 논의가 매우 빈약하다는 것뿐만 아니라, 구조주의사상의 문제점에 대한 김형효 자신의 비판적 통찰이 거의 없다는 데서 찾을 수 있다. 오히려 그는 폴 리쾨르 같은 서구학자들의 구조주의 비판을 끌어와 길게 논의할 뿐이다.

곧 논의하게 될 조한혜정, 그리고 3장에서 논의할 강정인조차 강신표나 김경동, 한완상과 마찬가지로 서구이론은 우리 현실에 아무 적실성 없는 고도로 추상적인 지적 유희일 뿐이라고 일축한다. 그렇지만 "알아야 면장을 한다"는 말처럼, 적실성을 논하려면 서구이론의 '담벼락' 앞에서 그들과 '유희'할 정도로 그 내용을 훤히 꿰뚫고 있어야 하는데, 과연 한국의 사회과학자들은 무엇을 얼마나 알고 있을까? 정말로 이들이 레비스트로스, 푸코, 알튀세르, 하버마스, 기든스, 부르디외의 이론을 잘 소화하고, 그래서 그 이론들이 한국에 적용 가능한지 여부를 판단할 수 있을까? 외국 대가들에 대한 국내 학자의 논의가 심층적 이해와 적확한 비판은커녕, 조악한 소개수준에서 끝나버리는 학문 풍토에서 무슨 '적실성' 이야기가 그리도 적실하겠는가? 나는 '적실성 결여'라고 목청을 높이는 이들의 글을 대할 때마다 아이소포스의 신포도 우화가 떠오른다. 여우가 제 손이 닿지 않는 높은 곳에 있는 포도를 시고 맛이 없을 거라고 자신을 위안하듯이, 그들은 서구이론에 정면도전을 하고 그 결과 그것이 우리에게 적실성이 없다는 결론에 도달한 게 아니라, 도전에 필요한 엄청난 노력과 시간을 투입하기가 싫어서—또는 할 수 없어서—직접 맛도 보지 않은 채, '적실성 결여'라는 명분하에 그들의 이론을 외면해버리고 만 것이다.

1. 조한혜정과 레이먼드 윌리엄스 바보 만들기

서구이론에 대한 이런 식의 '외면'과 '몰이해'는 강의실에서도 어김없이 그 힘을 발휘한다. 조한혜정처럼 탈식민지적 글 읽기와 생각하기를 강조하면서도 정작 그런 생각과 실천에 대한 '구체적인' 방안 없이, 단순히 '성찰'과 '반성'을 통해 식민지의 굴레를 벗어나야 한다는 당위만 외처대면 한국의 사회과학은 항상 똑같은 자리에서 맴돌 수밖에 없다. 조한혜정은 세 권으로 출판한『탈식민지 시대 지식인의 글 읽기와 삶 읽기』라는 책에서 탈식민지적 글 읽기와 쓰기는 성찰적이어야 하며, "성찰적인 글 읽기와 쓰기"는 한국을 지배해온 서구사상을 "자신의(우리의) 문제"와 연관시킬 수 있을 때 가능하다고 주장한다.[40] 이는 어떤 이론도 특정 상황과 위치에 놓여 있는 자기문제와 연관시켜 '자신의 언어'로 표현할 수 있어야 한다는 뜻이다. 그러나 이 책의 각 장에 붙은 제목만 봐도, 성찰을 통한 '자신의 언어'로 쓴 책이 아님을 단박에 알 수 있다.

예를 들어 1권 2장은 '텍스트의 역사성과 당파성'이란 제목을 달고 있는데, 서구 문화이론, 사회이론, 철학을 조금이라도 접해본 사람이라면 이 '역사성'과 '당파성'의 의미를 짐작할 것이다. 텍스트란 무엇인가? 넓게 얘기하면, '글written text'일뿐만 아니라 해석할 수

---

40 조한혜정,『탈식민지 시대 지식인의 글 읽기와 삶 읽기 1』(서울: 또하나의문화, 1992), 21쪽.

있는 모든 것이 텍스트다. 이를테면 예술작품, 인간행위, 심지어 건물도 텍스트의 일종이다. 글쓰기가 '언어'를 통해 외부세계나 심상을 '나타내는represent' 것처럼, 모든 텍스트는 무언가를 상징하고 나타낸다. 당파성이란 용어는 정치적 편향을 의미하는 'partisanship'이나 'exclusivity'를 번역한 것으로, 쉽게 얘기하면 '객관적'이지 않다는 뜻이다. 언어가 바깥세계를 나타내는 투명하고 객관적인 중립적 아이콘이 아니라, 권력과 이해관계에 '오염된' 불투명한 도구라는 사실은 이미 푸코, 데리다, 로티를 필두로 한 후기구조주의와 포스트모던 이론가들이 누누이 강조해왔던 사안이다. 언어가 외부세계를 있는 그대로 나타내는 중립적인 도구가 아니라면, 당연히 언어로 구성된 세계 또한 다양한 사회적 관계 속에서 끊임없이 해체되고 재구성되는 역사를 갖게 될 것이다. 그렇기 때문에 모든 글쓰기는 결국 역사성과 당파성으로부터 자유로울 수 없다.

　서구에서는 1960년대 이후 언어의 투명성과 논리성을 강조하던 논리실증주의가 쇠퇴하면서 언어의 정치성, 역사성, 당파성을 당연하게 받아들이게 됐다. 조한혜정은 탈식민지 시대 지식인의 글 읽기와 쓰기가 언어의 당파성과 역사성을 깨닫는 데서 시작해야 한다고 주장하면서, 마치 이것이 성찰을 통해 얻어낸 '자신의 언어'인 것처럼 쓰고 있지만, 실상 언어의 역사성과 당파성은 모두 서구의 언어에 바탕을 둔 논의에 지나지 않는다. 자신의 언어를 갖지 못한 식민지 지식인이 안쓰럽고 불쌍하다는 투로 써내려간 책이 결국은 하려는 얘기를 "서구의 언어로밖에" 할 수 없는 아이러니를 드러낸 것이다. 그럼에도 불구하고 조한혜정 자신은 이를 아는지 모르는지, 책 전체를 아우르며 서구의 개념을 마치 자신의 언어인 양, 마치 '독창적인 자기의 것'인 양 사용한다.

　그럼 이제 본격적으로 조한혜정의 주장이 지닌 문제점을 파헤쳐보자. 조한혜정은 1991년에 연세대학교 사회학과에 개설한 '문화이론'이란 강의에서 '필 씨빌려지기 그 읽기와 쓰기'를 학부 3~4학년 수강생들과 함께 실천해보고, 이를 통해 지식인의 식민지적 근성을 어떻게 극복할 수 있는지 실험해보고자 했다. 그는 강의교안에서 다음과 같이 밝히고 있다. "이 강좌를 통해 학생들이 이론적으로 유식해지는 것을 교수는 바라지 않는다. 현재 상황에서 이론적 유식함이 얼마나 공허한 것인가를 우리는 이 강좌를 통해 토론하게 될 것이다. 일반적으로 이론의 유식함이 식민·사대주의적 틀을 고수함으로 가능한 현 상황에서 학생들은 기존의 틀을 깨고 스스로 의미를 만들어갈 자세로 교실에 들어오길 바란다."[41]

이론적 유식함이 공허한 것인지 아닌지는 일단 유식해봐야 알 수 있을 텐데, 언제 학생이나 선생이나 유식함을 자랑할 만큼 이론을 많이 공부해봤을까? 서양이론을 모르면서 '유식한 척하는 것'과 공부를 많이 해서 '실제로 유식한 것'은 엄연히 다르지 않은가. 그런데 왜 이론적으로 유식한 것이 흠이 되는 건가? 예컨대 조한혜정과 수강생들이 레이먼드 윌리엄스Raymond Williams를 어떻게 이해하고 취급하는가를 보면, 조한혜정의 말이 그야말로 얼마나 거짓이고 공허한 자기기만인가를 확인할 수 있다.

학생들이 윌리엄스나 푸코의 이론을 '어떤 식으로든' 이해하고 그를 통해 자기문제를 성찰하고 이 과정에서 가다듬은 자신의 언어로 자기가 읽은 이론들을 비판하는 자세, 즉 조한혜정이 주문한 "스스로 의미를 만들어갈 자세"를 가질 수 있다고 치자. 아무리 그렇다 쳐도 학부 3~4학년 학생이 강의와 지침도 없이 윌리엄스와 푸코의 글을 제 힘으로 독해해서 '얼마나' 이해할 수 있을까? 나는 불가

---

41 조한혜정, 같은 책, 28쪽.

능하다고 생각한다. 왜냐하면 그 사상을 이해하는 데 필요한 철학적 사회과학적 배경지식이 매우 깊고 넓기 때문이다. 일단 윌리엄스나 푸코가 '무슨 소리'를 하는지 제대로 알아야 성찰이든 해석이든 '자기 생각'이란 것을 할 수 있지 않을까? 조한혜정은 그것이 저절로 되는 것인 양한다. 속된 말로 "맨땅에 헤딩"하듯 서구이론을 읽어내려가다 보면 어느덧 성찰에 이를 것이고, 만약 이해가 안 되면 제맘대로 주워 삼키면 그만이라고 하는 형국이다.

학생들은 이런 강의를 당연히 좋아한다. 왜냐하면 선생이 자신들에게 마치 대가들의 글을 아무 이론적 기초 없이, 심지어 "강의도 없이" 자율적으로 소화해낼 수 있는 탁월한 지적 능력이 있는 양 '인격적'으로 대우해주기 때문이다. 학생과 선생이 일종의 공모관계를 맺는 것이다. 왜? 학생과 선생 양쪽 모두 주어진 교재를 자세히 읽고 분석하고 의미를 찾고 토론할 필요 없이, 학생은 이해가 안 가도 '느낌'만 얘기하면 그만이고, 선생은 학생의 얘기와 별로 관계없는 마지막 논평만 간략히 더하면 세미나가 끝나기 때문이다. 이렇게 하면 데리다, 푸코, 하버마스를 이해하는 것도 "식은 죽 먹기"다. 좀 과장해서, 이해하기 어려운 개념이나 논리전개, 축적된 배경지식이 행간에 깔린 함축적인 서술이 나오면 스스로의 지식수준을 가늠해보기보다는 "지나치게 현학적인 느낌"이라거나 "일부러 어렵게 쓴 느낌"이 든다거나, 심지어 "번역이 잘못된 것 같다"고 남 탓만 하고 논의를 끝낼 수 있다. 강의실에서 수강생은 자기가 읽은 내용에서 아무 맥락도 잡지 못한 채 산발적으로 느낌만 배설하다보니 생뚱맞은 생각들이 얽혀 우왕좌왕하기 일쑤다. 이런 식의 '선문답'이 조한혜정의 실험에서는 문화이론으로 둔갑해버린다.

윌리엄스가 저술한 『마르크스주의와 문학』의 본문 중 '토대와 상부구조'[42]라는 한 장을 한글 번역본으로 읽은 학생들의 발제와 토론은 한마디로 '핵심'을 전혀 모른 채, 이해 안 되는 글을 억지로 이해한 척하는 알맹이 없는 말들로 가득 차 있다. 물론 개중에는 "너무 현학적이고 이론적이어서 하나도 이해할 수 없었다"고 말한 솔직한 학생도 있었다. 어떤 학생은 이해할 수 없는 현학적인 이론을 읽는 것이 우리와 무슨 관계이며, 이런 책을 읽는 게 지긋지긋하다면서 한국에는 읽을 이론이 없느냐고 노골적으로 반문하기도 했다. 또 어떤 학생은 윌리엄스가 "지배, 잔여, 부상"이란 세 가지 문화 개념을 강조하는 것 같다며, 그 의미를 고등학교 수업시간 때처럼 '달달달' 외우듯 얘기했다. 이해 안 되는 서구이론은 필요 없다고 말하고 싶겠지만, 실상은 이러지도 저러지도 못하는 어정쩡한 상황이 '문화이론'이라고 명명된 이 강의의 진풍경이다. 여기서 학생들의 발제와 토론의 문제점을 일일이 지적하고 싶지만, 너무 길어서 지면상 곤란하다. 학생들의 발제와 토론을 직접 읽어봐야(진심으로 일독을 권한다)[43] 그들이 윌리엄스의 핵심 주장 근처에도 가지 못했다는 내 주장을 수긍할 것이겠지만, 일단 조한혜정이 직접 정리한 학생들의 반응을 근거로 내 주장의 진위를 가려보자.

윌리엄스 읽기와 연결하여 우리들은 문화와 정서구조를 이해하는 것이 쉽지 않은 작업임을 알았다. "여전히 관념적이고 추상적이지 않은가?"라며 현학적인 것에 거부감을 보이는 학생으로부터, "마르크스는 읽기가 쉬운데 윌리엄스는 너무 복잡해서 안 되겠다." "그나마 분명한 길을

---

42 윌리엄스는 이 글을 『뉴레프트리뷰』에 처음 발표했고, 이후 단행본 『마르크스주의와 문학』에 이를 심화해 다시 수록했다. Raymond Williams, "Base and Superstructure in Marxist Cultural Theory," *New Left Review* 82, 1973, 3~16쪽; *Marxism and Literature*, Oxford University Press, 1977. 한국어판은 『이념과 문학』(이일환 옮김, 문학과지성사, 1982)이란 제목으로 출간되었다.

43 조한혜정, 『탈식민 시대 지식인의 글 읽기와 삶 읽기 1』, 87~107쪽 참조.

제시하는 마르크스주의를 무너뜨릴 경우 그 빈자리를 무엇으로 메울 것인가?" "실천을 중시하는 마르크스가 살아남을 것 같지 않다."고 걱정을 하는 변혁지향적인 학생들, "윌리엄스는 사회적인 것이 아니라 개인적인 것에 너무 치중하는 것 아닌가?"라면서 뒤르껭을 존경하는 사회학과 학생다운 걱정을 하는 학생, 더 나아가 윌리엄스의 논의가 "또 하나의 억압적인 서구적 언설임을 강조"하는 학생에 이르기까지 다양한 논의들이 있었다.[44]

이렇게 윌리엄스에 대한 학생들의 논의를 정리한 조한혜정은 정작 윌리엄스의 주장에 대한 자신의 비판적 성찰적 평가에 관해서는 학생들에게 한마디도 들려주지 않는다. 이보다 더 심각한 문제는 위에서 정리한 학생들의 말 한마디 한마디가 모두 문제가 있는 윌리엄스에 대한 몰이해의 산물임에도, 이들을 가르치는 선생인 조한혜정은 이것에 별다른 언급 없이, 그들의 몰이해가 그래도 '자율적인 몰이해'이기 때문에 강의를—사실 강의가 아니지만—끝내도 된다고 생각한다는 것이다. 그렇다면 학생들의 견해에 어떤 오류와 문제가 있다는 말인가?

윌리엄스의 이론이 "여전히 관념적이고 추상적"이라며 거부하는 학생은 사실 윌리엄스의 이론을 이해할 수 없자, 오히려 그의 이론이 현학적인 지식인의 놀이에 불과하다며 "현실 적합성이 없다"고 짜증을 내는 듯하다. 이 문제는 3장과 4장에서 자세히 논하기로 하고 일단 접어두자. 마르크스는 읽기가 쉬운데 윌리엄스는 "너무 복잡하다"는 학생은 그러나 스스로 고백했듯이, 마르크스의 글을 직접 읽어보지 않은 학생이다. 아니, 이 고백이 없더라도 마르크스가

---

44 같은 책, 106~107쪽.

윌리엄스보다 쉽다고 생각하는 사람은 마르크스를 읽지 않은 사람들이라는 것은 누구나 아는 상식이다. "그나마 분명한 길을 제시하는 마르크스"라고 하는 학생은 이상하게도 "분명한 길"이 무엇인가를 세미나 시간에 한마디도 하지 않았고, 실천을 중시하는 마르크스가 살아남을 것 같지 않다고 하는 학생은 마치 윌리엄스의 이론이 이론을 위한 이론이라는 윌리엄스에 대한 '왜곡'된 이해를 나타내고 있으며, 윌리엄스가 "사회적인 것을 등한시하고 개인적인 것에 치중"한다고 말한 학생은 윌리엄스의 문화이론에서 사회적인 것이 어떻게 언어와 사회적 상호작용에 "스며들어"—이것이 윌리엄스 이론의 핵심인데—작동하고 있는가를 전혀 이해하지 못한 채 윌리엄스의 사회학적 논의를 개인 심리로 환원시켜버린다. 끝으로 서구이론이 억압적이라 느낀 학생은 어떤 면에서 그러한지를 얘기했어야 하지만 단순히 "서구이론이라면 지긋지긋하다, 한국에는 이론가가 없느냐?"라며 화를 내고 윌리엄스 읽기를 끝내버린다. 자율적 읽기니까 이렇게 해도 모든 것이 용납된다.

결국 아무도 윌리엄스가 한 주장의 핵심에는 접근도 하지 못하고 강의는 막을 내린다. 과연 이게 탈식민적 글 읽기이고 학생에게 권해야 할 글 읽기인가? 윌리엄스는 이 세미나에서 그가 하지도 않은 소리를 엄청 많이 한 것으로 치부되고 그 결과 바보가 되었다. 세계적으로 저명한 학자를 이렇게 간단히 '바보'로 만드는 게 탈식민지적 글 읽기인가? 바보로 만들면 어떠랴. 문제는 조한혜정이 아무 문제가 없다고 생각하는 데 있다. 왜냐하면 "중요한 것은 이 교실의 학생들이 교재를 읽고 많은 중요한 이야기들을 나눌 수 있었다는 사실"이니까. "중요한 생각이라니? 중요하다는 기준은? 그 기준은 누가? 내가 정한 것이다. 우리에게 의미 있으리라 생각한, 결국 임의로 내가 정한 것이고, 그 기준의 유용성은 우리 사이의 토론을 통해 확인될 것이다."[45] 조한혜정이 정한 임의적 기준의 유용성은 어떻게 확인할 수 있을까? 임의적 기준의 '유용성'을 토론으로 확인할 것이라고 장담하던 그는 이 말을 잊었는지, 학생들이 제멋대로 한 해석의 난맥상 탓에 "토론은 별 진전이 없었고 결국 내가 강의하는 식이 되어버렸다"고 고백한다. 왜 토론은 실패했고 결국 다시 강의로 돌아가버렸을까? 아래서 자세히 얘기해보도록 하자.

2. 여우와 신포도

나는 조한혜정과 정반대 입장에서 강의를 진행한다. 먼저 나는 학생들에게 자율적으로 읽고 토론하는 것은 '기본'이 있을 때나 가능한 얘기라고 전제한 뒤 "너희 수준에서는 '주입식 교육'이 필요하다"고 강변한다. 학생 입장에서 보면 얼마나 '무식'한 꼰대 같고 '나쁜' 선생처럼 보일까? 그러나 선생으로서 나는 내 주입식 강의가 조한혜정의 세미나보다 훨씬 더 진행하기 어렵고 무엇보다 직업윤리에 따른 더 큰 '진정성'을 요구한다고 생각한다. 왜냐하면 우선 학생들 수준에 맞춰 어려운 주제를 쉽게 풀어 강의준비를 해야 하고, 강의가 시작되면 목이 터져라 난마처럼 엉클어진 개념들의 실타래와 이론들의 미로를 적절한 사례를 섞어서 이해시키려 노력하고, 또 그들이 이해했는지 살펴가며 진행을 해야 하기 때문이다. 수업시간이 어떻게 흘러갔는지 모를 만큼 열변을 토하다보면 어느새 바튼 기침이 나오고 목이 잠긴다. 땀에 흠뻑 젖어 강의실을 나설 때 마주치는 학생들의 눈빛을 보며 '그래도 뭔가 가르쳤구나' 하는 찰나의 희열이 없다면 그렇게 전력투구할 수 없다. 물론 학생들에게 발제나 해오라

---

45 조한혜정, 같은 책, 58쪽.

하고 학생들이 이해하지 못할 줄 뻔히 알면서 '그래 너희의 글 읽기가 자율적이고 성찰적이다'라는 칭찬과 질문 몇 개를 던진 후, 짧은 논평으로 끝내면 나도 편하다. 그보다 더 쉬운 강의 방법이 또 있을까. 내 강의 방식이 철두철미한 '개발독재'라면, 조한혜정의 방식은 전형적인 '포퓰리즘'이다. 내가 '권위적'이라면, 그는 '기만적'이다. 조한혜정의 학생들 중 현학적이고 쓸모없는 서양이론을 왜 읽어야 하느냐고 화를 냈던 학생도 일단 윌리엄스의 이론을 제대로 접하게 되면 나름대로 '지적 유희'의 매력을 느낄 수 있으리라 확신한다. 실제로 내 강의실에서 그렇게 인연을 맺었던 제자들이 내가 20년 넘게 '나쁜' 선생의 진정성을 고수할 수 있게 한 원동력이요 견인차였다. 다시 조한혜정의 강의실로 돌아가보자.

기본 개념에 대한 이해도, 언어 기능에 대한 초보적인 이해도 없는 학생들이 어떻게 윌리엄스와 푸코의 글을 읽고 비교까지 할 수 있을까? 조한혜정은 이들 사상가에 대한 학생들의 발제와 토론을 자랑처럼 옮겨놨는데, 20년 넘게 이론 분야를 가르친 내가 평가했을 때 F 학점을 면하기 어려운 수준이다. 발제문이라기보다 좋게 말해 '인상비평'과 '감상문'을 벗어나지 못하고, 토론의 양상은 후하게 쳐도 '난상'이나 '모놀로그'에 불과하다. 화가 난다든가, 너무 현학적이라 이해가 안 간다든가, 문화가 '과정'이라는 게 무슨 소린지 모르겠다든가, 뭔지 모르겠지만 하여간 문화가 아주 복잡한 과정이라는 걸 알았다든가 하는 반응들은 어느 학생의 말처럼 "그냥 느낌으로 얘기한 것"이다. 그러나 개인의 '느낌'이 다루는 주제라면 굳이 강의실에서 세미나를 할 필요가 있을까? 그냥 집에서 읽고 느낌을 가지면 될 것이다. 토론을 더이상 진행할 수 없는 이유는 바로 이 때문이다. '느낌'과 '혼잣말'이 부유하는 가운데 대체 무슨 놈의 '접점'이 생기겠는가? 접점에서 갑론을박해야 '쟁점'이 발화할 텐데 여기저기서 막연한 갑론을론만 무성하다.

윌리엄스를 이해하려면 기본적으로 마르크스의 토대와 상부구조를 이해해야 한다. 하지만 학생들은 이것조차 아주 조악하게 이해하고 있다. 우선 정통 마르크스주의에서 말하는 토대는 무엇인지 아무 논의가 없다. 개념을 '찢어서' 분석적인 질문들을 던져보자. 단순히 토대는 '생산력'인가? 아니다. 생산력과 생산관계가 토대를 구성하는데, 생산력은 무엇이고 생산관계는 또 무엇인가? 왜 마르크스는 생산력이 생산관계를 '결정한다^{define/determine}'고 주장했을까? 생산력과 생산관계는 어떤 관계를 가지고 있고, 왜 이 둘을 묶어 토대라고 하는 것일까? 어떤 의미에서 토대가 법, 문학, 종교 등을 포괄하는 문화, 즉 상부구조를 결정한다는 것일까? 토대는 생산력과 그에 조응하는 생산관계로 이루어져 있음에도, 이를 언급한 학생은 거의 없고 오직 한 학생만이 토대는 '물질적인 것'이라고 했다. 물질적인 것이란 것은 또 무엇인가?

이 분석적인 질문들은 조한혜정의 세미나에서 전혀 등장하지 않는다. 나는 학생들이 답을 알기 때문에 그런 것이라고 생각하지 않는다. 내가 그들을 가르쳐보지도 않고 어떻게 단정할 수 있을까? 예를 들어보자. 생산력이 생산관계를 결정한다는 것은 무슨 의미일까? 여기서 관계는 구체적으로 무엇을 뜻하나? 이런 질문에 답하려면, 생산력과 생산관계를 알아야 한다. 상대적으로 쉬운 생산력부터 논의해보자. 생산력이란 한 시대에 가용한 동력을 말하는데, 예컨대 중세시대의 생산력은 수력을 이용한 풍차를 포함해, 곡괭이, 도끼, 삽 같은 도구들이 그것이다. 산업혁명 이후 증기동력이 등장하면서 생산력은 엄청나게 증가한다. 그렇다면 마르크스가 『독일 이데올로기』에서 "특정 시대에 주어진 생산력 아래서 인간은 특정한 생산관계에 들어간다"라고 서술한 것은 무엇을 뜻하는가? 이는 주어진 생산력이 그에 대응하는 생산관계를 결정한다는 의미인데, 이것을 이해해야 토대가 왜 상부구조를 결정하는지 이해할 수 있다.

더 나아가 생산력이 발전하고 그에 조응하던 생산관계와 '모순'이 발생하면 사회혁명의 결과로 새로운 사회구성체가 등장한다는 마르크스의 주장은 어떻게 이해해야 할까? 마르크스는 기존 생산력을 최적으로 사용하지 못해 '모순'이 발생한다고 했는데, 그렇다면 기존 생산력의 최적 사용이란 무엇을 말하는가? 이런 분석적 질문에 답할 수 있어야 정통 마르크스주의에 터한 윌리엄스의 '문제제기'를 이해할 텐데, 배경지식을 갖추지 못한 학생들은 윌리엄스의 주장은커녕 문제제기조차 이해할 수 없었던 것이다. 마르크스의『독일 이데올로기』를 읽지 않고 강의도 없이, 학생들이 윌리엄스를 '성찰적'으로 읽을 수 있다면 얼마나 좋겠는가.

윌리엄스의 기여는 토대가 상부구조를 결정한다는 마르크스의 테제에서 오랫동안 숱한 오해와 논란의 대상이 된 '결정'의 의미를 분석하고 이론적으로 정교화한 데 있다. 그 이론적 논증은 학생은 물론 선생에게도 만만찮은 어려움을 준다. 학생들이 발제한 것으로 토론식 강의를 하겠다고 했지만 실제로 토론은 이루어지지 않는다. 왜냐하면 발제를 맡은 학생들이 읽은 글의 어느 대목 몇째 줄에 어떤 얘기가 나오는데 그게 무엇을 뜻하는지, 이런저런 해석이 가능하다면 왜 그런지 묻지 않고, 느낌만 자의적으로 얘기했기 때문이다. 이렇게 토론은 일찌감치 맥락을 잃었다. 그런데도 이를 제대로 짚지 못한 채 조한혜정은 다음과 같이 말한다.

> 윌리엄스를 읽고 어떤 학생은 개념들이 더 모호해졌다고 느끼는 반면 누구는 분명해졌다고 느끼는 것인지요? 그 차이가 어디서 올까요? 우리가 현실적으로 고민하는 문제를 풀어내주는 면에서인지 아니면 텍스

트 자체가 가진 스타일의 문제인지? 예를 들어 윌리엄스는 지배, 잔여, 부상, 이런 개념들이 실제로 선진단계의 자본주의 재생산 과정을 알아가는 데 필수적인, 그렇지만 간과된 영역임을 강조하고 있어요. 여기서 중요한 것은 그런 개념들이 우리 중 누구한테는 절실히 와닿고 어떤 이에게는 와닿지 않느냐가 문제죠. 누구는 선진자본주의 단계를 살고 있고 누구는 아니기 때문입니까? 와닿지 않는다면, 왜 와닿지 않느냐 하는 것을 토론했으면 좋겠어요. 바로 이것이 우리가 이제껏 간과해온 문화분석이 될 수 있으니까요.(이 이후 토론은 별 진전이 없었고 결국 내가 강의하는 식이 되어버렸다.)[46]

여기에 길게 인용문을 옮겨 적은 이유가 있다. 조한혜정은 윌리엄스의 논의가 누구에게는 와닿고 누구에게는 그렇지 않은 이유를 토론해보자 해놓고 불발로 그쳤다고 했다. 그 이유는 윌리엄스의 이론이 와닿고 닿지 않고를 논하기 이전에 윌리엄스의 이론적 개념에 대한 이해가 선행됐어야 하기 때문이다.

윌리엄스의 논의에서 중요한 '한계짓기'setting limit'와 '압력 가하기exerting pressure'라는 은유, 그리고 '지배domination' '잔여residual' '부상emergent' 같은 개념들을 학생들이 전혀 이해하지 못했다는 것은 이 개념들이 세미나에서 거의 논의되지 않았다는 데서 알 수 있다. 설령 논의됐다 하더라도 한두 번 논의된 대목에서 학생들은 이해가 안 간다는 말을 되풀이했다는 데서 논의에 대한 이해가 부재했음을 알 수 있다. 결국 윌리엄스의 이론이 와닿느냐 아니냐를 논하려면 이론의 이해 여부가 선결문제임이 밝혀진 것이다. 물론 윌리엄스의 개념적 틀을 이해하고 나서 그 주장에 공감을 표하지 않을 수 있다.

---

46 조한혜정, 같은 책, 99쪽.

그러나 이때는 윌리엄스의 글이 무얼 말하는지 전혀 이해 못하는, 즉 무지해서 와닿지 않는 것과 다른 차원이다. 이와 연관해, 그렇다면 윌리엄스의 고향인 영국 학생들은 윌리엄스를 읽으면 와닿을까? 이 세미나처럼 '기초가 전혀 없이' 읽는다면 그들도 마찬가지일 것이고 세미나는 별 진전이 없을 것이다. 일례로 하버마스를 다룬 기초적이고 간략한 입문서를 쓴 퓨시^{Michael Pusey}는 책 서문에 이렇게 썼다. "하버마스를 쉽게 이해하는 길은 없다. 이렇게 간략하게 쓴 입문서를 읽을 때도 학생들은 단단히 각오를 해야 하리라."[47] 서구 학생을 대상으로 영어로 쓴 소개 중심의 입문서에서 어째서 이런 말을 할까? 문화 차이가 없잖은가! 기초지식과 이해하려는 노력 없이는 아무리 쉽게 써도 하버마스가 무슨 말을 하는지 알 수 없다는 얘기다. 결국 선진사회의 구성원 입장과 후진사회의 구성원 입장에서 읽을 때 윌리엄스가 어떤 다른 느낌을 주느냐 같은—한국사회에서 윌리엄스의 논의가 '적실성'이 있느냐로 '번역할 수 있는'—질문은 일단 윌리엄스의 견해를 이해한다는 선결조건이 충족됐을 때나 가능한 것이지, 전혀 이해를 못하는데 그런 질문을 한다는 건 우스운 일이다. 조한혜정은 서구이론을 진지하게 연구하지 않은 채 1장에서 논의한 이론의 적실성 시비와 마찬가지 논리로 학생들이 윌리엄스를 이해 못하는 것은 문화 차이 탓이고 우리에게 적실성이 없기 때문이라며 '여우와 신포도' 같은 주장을 펼친다.

다른 문화에 살아서 와닿지 않는다는 이론이 어째서 나한테는 와닿을까? 내가 아직도 식민지적 사고를 하고 있어서일까? 와닿고 와닿지 않는 것이 문화 탓이라는 사실을 밝히는 것이 문화분석인가? 모든 해석이 문화 차이에 기인한다고 주장하고 싶은 조한혜정의 문

---

47 Michael Pusey, *Jürgen Habermas*, London: Taylor and Francis, 2002.

화상대주의 예찬은 이해하지만, 이론을 소화하려는 노력 없이, 이해하기 어렵고 무슨 말인지 모르면 무조건 문화 차이 때문이라고 강변하는 게 문화분석이라는 주장은 전혀 와닿지 않는다. 학생들이 "미로를 헤매는 느낌"이라며 그렇게 모르겠다고 호소하는데도, 왜 조한혜정은 문화 차이라는 말만 되풀이하나? 윌리엄스를 강의할 시간이 없어서? 좀 심각하게 데리다의 말대로 정확한 단 하나의 독해는 없고 오직 "의미의 차이差移, différance"만 있어서? 학생들의 몰이해조차 존중받아야 해서? 윌리엄스의 텍스트를 보면서 '검은 것은 글씨, 하얀 것은 종이'라는 말을 떠올리는 학생들 처지를 문화 차이라는 우회로를 거치지 않고 곧장 가로지르지 못하는 이유가 무얼까? 윌리엄스 하나 제대로 읽어내지 못하는 현실을 인정하기가 두려워서인가, 아니면 식민지 꿈나무의 민족 자긍심이나 학습능력에 상처를 주는 것이 두려워서인가? 그래서 위로의 차원에서 '우리식 윌리엄스 읽기'를 북돋는다면 그것이야말로 조한혜정 자신이 배격해 마지않는 '자민족중심주의'가 아닌가? 우리의 글과 삶 읽기가 존중받으려면 먼저 그들의 글과 삶을 충실하게 읽어야 한다.

이렇게 백 번 얘기해봐야 나도 윌리엄스를 "안개 낀 밤에 헤매는" 것처럼 만든다고 비판받을 수 있기 때문에, 다소 길지만 윌리엄스가 무엇을 말하려 했는지 내가 실제 강의하는 식으로 써보기로 하자. 「토대와 상부구조」 그리고 이 논문의 확장된 버전을 수록하고 있는 단행본 『마르크스주의와 문학』의 목표는 토대가 상부구조를 '결정한다'는 마르크스의 주장에서 '결정determination'의 의미를 면밀히 분석해 기존 마르크스주의가 비판받아온 단선적 결정론의 오류를 바로잡는 것에 있다. 예를 들어, 정통 마르크스주의에서 결정의 의미는 '매개mediation'나 '반영reflection'이라는 은유로 표현됐지만, 윌리엄스에 따르면 이 두 은유는 '결정'의 의미를 모호하게 할 뿐, 그 의미를 명확히 나타낼 수 없다. 여기서 놓치지 말아야 할 것은 '매개'나 '반영'이라는 은유가 내포하는 토대와 상부구조의 시공간적 '분리,' 즉 양자의 "분리된 개체성^{separate entitativity}"이 윌리엄스가 노리는 비판의 초점이라는 사실이다. 토대와 상부구조는 각각 분리된 개체이고 그런 분리하에서만 상부구조는 '토대의 반영' 또는 '토대를 매개하는 문화' 같은 은유적 표현이 가능하다. 그러나 반영은 정확히 무엇을 뜻하는가? 전통적으로 '속류 마르크스주의^{vulgar Marxism}'나 프롤레타리아 문예이론은 마르크스주의의 '과학성'이라는 구호 아래 조악한 반영론의 시각에서 토대가 당대의 심리적 문학적 사회적 의식을 결정한다고 주장해왔다. 그렇다면 토대가 당대 문학의 내용을 전부 '직접 기계적'으로 결정한다는 말인가? 윌리엄스는 속류 마르크스주의의 기계적 결정론에 대항하여 "사회적 존재가 의식을 결정한다"는 주장의 의미를 명확히 하고자 했다.

윌리엄스는 '반영'과 '매개' 대신 '한계짓기'와 '압력 가하기'라는 은유로써 "언어를 통한 인간의 상호작용 영역"에서 결정의 의미를 찾으려 했다. 그는 토대와 상부구조는 서로 분리된 영역이 아니라 토대가 이미 사람의 일상세계에 스며들어 그들의 언어와 인식, 상호작용을 가능케 하는 틀로 작동한다고 주장한다. 토대가 "압력을 가하고 한계를 짓는다"는 그의 주장을 '문화유물론^{cultural materialism}'이라고 부르는 이유가 바로 여기에 있다. 즉 윌리엄스에게 토대(물질적인 것)는 상부구조(문화)에 "배어 있거나 녹아들어가 있는" 것이지, 시공간적으로 '분리'되어 상부구조를 '원격조종'하는 게 아니다. 윌리엄스에 따르면, 마르크스가 역사의 진정한 전제라고 부른 물질적 삶의 조건인 토대는 속류 마르크스주의 추종자들의 주장처럼 언어나 역사적 자료와 동떨어져 있는 것이 아니다. 다시 말해 "물질적 사회생활이 먼저 여기에 있고, 그 뒤에 일정한 시간적 공간적 거리를 두고 의식과 그 산물(문화)이 나타나는 것이 아니라…… 의식과 그 산물은 비록 갖가지 형태를 띠고 있을지언정 언제나 물질적 사회적 과정의 일부인 것이다."[48]

이를 이해하지 못했기 때문에 세미나의 학생은 문화가 '과정'이라는 말이 무슨 뜻인지 모르겠다고 한 것이다. "물질적 사회적 과정의 일부"는 앞서 내가 사용한 "녹아들어가 있다"는 표현과 상응하는 것으로, 윌리엄스는 그람시의 헤게모니 이론을 끌어들여 이것을 설명한다. 영어로 'constitute'에 해당하는 '녹아들어가 있다'는 표현의 뜻을 정확히 알아야 헤게모니와 문화유물론의 연관을 알 수 있다. 설명을 돕기 위해 쿤Thomas Kuhn을 인용해보자.

쿤이 "paradigm is constitutive of nature"라고 했을 때,[49] 이 표현은 "패러다임 자체가 곧 자연세계다"라는 것을 의미한다. 패러다임이 외재하는 자연세계, 즉 '실재'에 대한 인식을 결정하는 것이 '아니고' 패러다임 자체가 실재라는 것이다. 쿤에게 패러다임은 추상적인 '이론'에 머무는 것이 아니라 그가 소위 '예시exemplar'라 부른 실제 문제풀이 과정에 '녹아들어가' 있다. 또한 그는 주어진 문제들을 풀어가는 행위/실천practice의 '과정 자체'가 바로 실재라고 주장한다. 실재 역시 문제풀이 '행위'에 녹아들어가 있다는 것이다. 하나의 패러다임을 공유한 과학자들에게 실재는 문제풀이와 따로 떨어진 것이 아니라, 문제풀이 과정에 녹아들어가 있다는 말이다. 결국 과학자들은 문제풀이라는 실천 행위와 실재에 대한 인식을 '동시에' 습득한다. 과학자들은 이렇게 문제풀이를 통해 습득한 실재의 '경계 안'에서(한계짓기!) 문제풀이, 즉 가설을 수립하거나 실험

48 Raymond Williams, *Marxism and Literature*, 61쪽.
49 Thomas Kuhn, *The Structure of Scientific Revolutions*, Chicago: University of Chicago Press, 1962, 109쪽.

을 진행하고, 이 과정에서 쉽사리 그 경계선을 넘지 못하게끔 제약을 받는다(압력 가하기!). 가설이란 결국 축적된 문제풀이 경험의 경계 안에서 있음직한 결과를 기대하는 것이고, 설사 실험결과가 기대에 어긋난다 해도 그 경계선 안에서 기대를 저버리지 않을 이유는 얼마든지 찾을 수 있다. 단순한 실험기기 조작상 실수나 시료 채취과정에서 발생한 오염에서 가설의 부분수정에 이르기까지 경계선을 지키는 안전장치는 전방위적이다. 이제 쿤이 패러다임과 자연세계는 두 개의 분리된 개체로서 하나(패러다임)가 다른 하나(자연세계)를 '결정'하는 것이 아니라 "constitutive of"라고 한 것의 의미를 알 수 있을 것이다. 요컨대, 문제풀이가 패러다임이며 패러다임이 곧 자연세계이다. 따라서 '문제풀이=자연세계'라는 등식이 성립한다.

윌리엄스의 경우 문제풀이는 우리가 매일 살아가는 일상적 실천에 해당하고, 이런 실천은 '물질적 과정'으로서 실재에 대한 우리의 인식을 한계짓고, 이런 인식을 벗어날 경우 압력을 행사한다. 이렇게 강의를 자세히 해도 학생들이 윌리엄스를 이해하는 것은 여전히 어려울 것이다. 그렇다면 또다른 예를 들어 이해를 돕도록 하자. 논의를 좀더 진전시키면 '결정'이 의미하는 바는 토대가 사람들의 일상적 언행과 "삶의 경험lived experience"—후설이 말한 '자연적 태도'—에 녹아들어가 작동한다고 할 수 있다. 삶의 경험은 로익 바캉Loïc Wacquant이 지적했듯이 부르디외의 하비투스habitus 개념과 일맥상통한다고 할 수 있다.[50] 양자의 견해를 병치시켜 요약하면, 생산력에 조응하는 생산관계 속 위치, 즉 주어진 계급구조 아래 특정한 계급

---

50 Pierre Bourdieu and Loïc Wacquant, *An Invitation to Reflexive Sociology*, Chicago: University of Chicago Press, 1992. 실제로 부르디외는 윌리엄스의 관점이 자신의 관점과 상통하는 것을 알고 세미나에 초청해서 강연을 부탁하기도 했다.

에 위치한 사람들은 '계급 하비투스^{class habitus}'를 몸에 체화하고 있는데, 이것이 일상의 모든 국면에 판단 기준으로 작동해서 사람들의 언어와 사고를 '제한'하고 '압력'을 행사한다.

사진 찍기가 '중간계급 예술^{middle-brow art}'이라고 한 부르디외의 주장을 생각해보면 토대가 상부구조와 갖는 관계가 무엇인지 좀더 구체적으로 이해할 수 있다.[51] 부르디외는 자신의 고향인 베아른의 노동자 계급이 즐기는 사진 찍기를 연구한 뒤, 그들이 사진 찍을 대상을 스스로 통제하고 한계짓는다는 결론에 도달했다. 계급 하비투스는 "객관적 계급구조의 주관적 재현 또는 내면화^{internalization of the objective structure or class structure}"로서, 이를 통해 프랑스 계급구조 안에서 중하위에 속하는 이 노동자들이 "찍고자" 하는 대상을 스스로 제한하고 통제하는 이유를 설명할 수 있다. 부르디외에 따르면 "찍을 수 있는 대상"을 자녀의 탄생, 졸업, 결혼 등으로 제한하는 것은 이들이 계급 하비투스를 체화한 결과인 것이다. 흥미로운 것은 계급 하비투스가 '특정한 정물'이나 '추상적 대상'을 찍는 것은 예술의 영역이고, 따라서 '그들'이 사진 찍을 대상은 아니라고 스스로 생각하게 만든다는 것이다. 즉 노동자 계급은 예술로서의 사진을 일상세계에서 이미 "스스로 배제하고 있다." 이는 다시 지배정서 또는 헤게모니 개념과 연관된다.

이들 노동자 계급의 하비투스가 객관적 계급 위치—윌리엄스의 '물질적 사회적 과정'—에 의해 결정된다는 것은 그들이 계급 위치로 인해 사회의 특정 영역에 접근할 수 없다는 사실을 말한다. 이같은 "사회적 배제"에서 파생한 삶의 체험은 이 계급의 "집단적인 역사적 경험"에 녹아들어 있고, 이는 다시 특정한 계급 정서^{ethos}를 형

---

51 Pierre Bourdieu, *Photography: A Middle-Brow Art*, Stanford University Press, 1996.

성하며, 이 계급 정서는 일상의 경계와 성취할 수 있는 것에 대한 한계를 스스로 설정하게 만든다.

윌리엄스는 그람시의 헤게모니 개념을 수정·분화시켜서 '지배문화dominant culture' '잔여문화residual culture' '부상문화emergent culture' 같은 일련의 개념들을 내놓는다. 속류 마르크스주의와 달리, 헤게모니는 피지배 계급의 동의를 전제하지만 당대 사회의식 전체를 '완벽하게' 장악하지 못하는데, 그 이유는 지배적 의식에 편입되길 거부하는 과거의 지배적 사유가 잔존하고, 한편으론 지배적 의식에 '대항'해 새롭게 부상하는 의식이 형성되기 때문이다. 그래서 비록 헤게모니가 있는 지배적 의식이 존재하지만, 당대 사회의식 전체는 항상 이 세 힘의 역동적 관계, 즉 지배와 저항의 동력학적 관계에 따라 형성하고, 변화하고, 이행한다. 윌리엄스의 『희망의 자원』[52]이라는 저서가 이른바 1980년대 서구 좌파들의 새로운 돌파구라고 불렸던 것은 바로 이러한 '저항'의 공간이 존재한다는 사실을 이론을 통해 열어놓았기 때문이다. 따라서 조한혜정의 세미나 수강생들 중 윌리엄스의 이론이 변혁과 실천에 대한 함의가 없다고 한 학생은 이러한 개념들 간의 연관을 전혀 파악하지 못하고 있었던 것이다.

내가 주관하는 세미나였다면, 강의는 물론 여기서 끝나지 않을 것이다. 왜냐하면 학생들의 질문과 내 대답이 곧바로 이어지고, 윌리엄스에 대한 비판이나 그 이론을 바탕으로 경험연구를 수행할 때 어떤 문제들이 나타날지 토론했을 것이기 때문이다. 이상의 긴 논의가 우리에게 말해주는 바는 무엇인가? 조한혜정의 말대로 내가 이론적 유식함을 자랑한 것인가? 대답은 사회과학도 자연과학이나 수

---

52 Raymond Williams, *Resources of Hope: Culture, Democracy and Socialism*, London: Verso, 1989.

학처럼 '기초'를 필요로 한다는 것이다. 윌리엄스를 읽으려면 마르크스, 베버, 그람시 같은 이데올로기 분석에 기초를 놓은 학자들을 독해하는 기본과정이 필요하다. 이 이론들이 한국에서 나고 자란 우리에게 적실성이 있느냐 없느냐는 이들을 먼저 숙지해야 판단할 수 있다. 물론 기초를 다지는 작업은 고되며 인내를 요구한다. 조한혜정이 책에서 지난날 자신의 이론 강의가 난해하기로 악명 높은 강의였다고 술회한 대목은 충분히 납득이 간다. 왜냐하면 서구이론, 특히 철학과 연관된 문화이론과 사회이론은 기초서적도 드물 뿐 아니라, 있다 해도 예외 없이 어렵기 때문이다. 그렇다고 갑자기 강의 형식을 바꿔 학생의 '자율적 몰이해'를 격려한다면 궁극적으로 아무도 이 분야에서 제대로 된 글쓰기 훈련을 받지 못할 것이고, 더 나아가 서양학자들에게 도전할 수 있는 문화사회학자는 절대로 등장하지 못할 것이다. 한마디로 이렇게 교육받은 학생들은 '글로벌 상징공간'에 진입할 입장권을 갖지 못한다. 이렇게 교육받은 차세대 문화사회학자는 자신의 언어라고 주장하는 '내밀한 언어'로 문화현상을 포착하겠지만, 결국 아무도 모르고, 따라서 아무도 인정해주지 않는 '혼자만의 언어' 안에서 표류하게 될 것이다.

이해가 안 되면 적실성이 없다 하면서, 내가 정한 기준이 중요하다 강변하고, 옳은 독해는 없고 임의적으로 읽으면 된다는 조한혜정의 기준은 연세대학교 강의실 '안'에선 통할지 몰라도 그 바깥으로 나오자마자 아무도 관심을 갖지 않는 그들만의 규칙이 되기 십상이다. 연구년에 케임브리지 대학에 갔을 때 그 학교의 교수들이 세미나에서 발표한 원고가 바로 출간되고, 이를 다른 대학에서 교재로 사용하고, '보편적인' 것으로 둔갑하는 것을 보고 "아차!" 했다는 조한혜정의 말은 자신의 지론을 스스로 반박하는 꼴이다.[53] 연세대에서 그냥 강의에 들어오는 몇몇 학생과 자율적 읽기를 하면서 자기들에게 무엇이 중요한지 얘기하면 그만이지, 왜 군이 케임브리지까지 가서 충격을 받을까? 이해가 가지 않는다. 우리가 주변부라서? 그들이 어떻게 생각하든, 불교의 유심론唯心論처럼 자신이 주변부라는 생각을 안 하면 주변부에서 탈피할 수 있지 않은가? 그것이 조한혜정이 권하는 자율적 성찰적 탈식민지적 지식인의 태도 아닌가? 조한혜정이 받은 충격과 자기모순은 그가 '글로벌 상징공간'에서 자기 위치를 깨닫지 못한 결과다.

이들의 세미나 결과가 보편적인 것이 되는 것에 충격을 받았다고 하지만, 엄밀히 따진다면 보편적인 것이란 말조차 오해의 소지가 다분하다. 이들의 주장도 논쟁, 비판, 수정을 거치면서 계속 진화하기 때문이다. 보편 진리는 시대를 초월해 변하지 않는 진리를 뜻하지만, 서구이론 중 어떤 이론이 그런 지위를 누리고 있나? 내가 보기에는 지극히 당연한 일에 조한혜정은 왜 충격 운운할까? 먼저 다음과 같은 질문에 답해보자. 그렇다면 왜 케임브리지 세미나의 글들은 조한혜정의 글과 다른 대접을 받을까? 이어질 4장에서 글로벌 상징공간에 대한 본격 설명을 통해 이 차이를 명확히 보여줄 테니, 여기서는 답변에 필요한 간략한 논의만 전개해보자. 케임브리지 교수들처럼 저명한 학자의 연구에 촉각을 곤두세우고 주목하는 사람들이 있고, 이 관심을 충족시키기 위해 이들의 연구를 출간하는 하버드, 프린스턴, 케임브리지 같은 세계 유수의 대학출판사와, 세이지Sage, 루틀리지Routledge and Kegan Paul 같은 권위 있는 대형 출판사들이 있다. 세미나에서 발표된 글들은 이들 출판사가 발간하는 여러 학술지에 게재되고 논쟁과 비판을 거쳐 상징공간 안에서 진화를 거듭한다. 한마디로 이들은 부르디외가 말하는 상징자본symbolic capital

---

53 조한혜정, 『탈식민지 시대 지식인의 글 읽기와 삶 읽기 1』, 19쪽.

을 손에 쥔 사람들이고, 자본의 양에 비례하는 상징권력symbolic power
을 휘두르는 사람들이다. 그런데 이 상징공간이라는 경기장에는 '당
연히' 준수해야 할 규칙이 존재하고, 이 규칙은 경기진행 방식뿐 아
니라, 경기도구의 규정, 선수의 자격, 제재사항 및 벌칙 등을 포함한
다. 물론 이 상징공간과 규칙은 서구 학자들이 만들어놓은 것이고
'당연히' 조한혜정이 필요하다고 주장하는 '우리의 언어'는 경기에
사용할 수 있는 '공인구公認球'가 아니다. 누군가 케임브리지 교수들
은 '처음부터 먹고 들어가는 게 있다'고 불평하겠지만, 그 점을 인정
하더라도 그들 역시 '거저먹는' 것은 아니다. 그들도 정규 리그를 통
해 상징자본 축적과 수익률 관리 등 상징권력 투쟁에 만전을 기하
고 있다. 이제 조한혜정은 두 가지 선택지를 가지고 있다. 하나는 글
로벌 상징공간의 경쟁 규칙을 무시하고 자신의 세미나에서 하듯 그
들의 작업을 마음대로 해석하고 평가함으로써 그 상징공간에서 스
스로를 배제하는 것이다. 또다른 하나는 경쟁 규칙에 따라 상징권력
이 있는 학자들과 싸워서 자신의 상징권력을 강화함으로써 자신의
세미나 결과를 즉각 세계적인 출판사에서 출간하는 것이다. 전자가
마치 씨름선수가 모래판 밖으로 도망가 내가 이겼다고 외치는 것과
같다면, 후자는 물론 모래판 안에서 진짜 승부를 가리는 것이다. 포
도가 시큼한지 달콤한지 따서 먹어봐야, 즉 씨름판에서 한판 해봐야
알 수 있지 그 판을 '외면'해선 절대 알 수 없다.

 물론 지금까지 살펴본 대로 조한혜정은 전자를 선택했다. 그러나
분명한 사실은 글로벌 상징공간에서 상징권력이 있는 사람들과, 이
들과 연계된 출판사나 학술지는 연세대학교에서 진행되는 조한혜
정 세미나에 아무 관심이 없다는 것이다. 왜? 상징공간에서 "지켜야
할" 규칙, 즉 치밀한 논리적 분석, 결정적인 경험적 증거, 설득력 있
는 논증을 통해 서구이론을 비판하지 않고 이 규칙들을 외면한 채

'자기만의 방'에 갇혀 혼잣말을 되풀이했기 때문이다. 예를 들어 조한혜정이 이 규칙에 따라 윌리엄스가 한국에 적실성이 없는 이유를 밝히고 더 나은 대안을 제시했다면, 그의 특수한 글 읽기는 글로벌 상징공간에서 독창성과 보편성을 획득했을 것이다. 하지만 서구의 언어를 배제한 채, 자신의 언어는 나름의 고유한 진리치를 갖는다며 학문적 타자들과의 소통을 거부했기에, 그 읽기는 한국의 한 대학 세미나실에서 나눈 '잡담'에 그치고 말 뿐이다. 어떤 길이 진정한 탈식민지적 지식인의 길인지 독자들이 판단할 수 있으리라.

나와 마찬가지로 한국이 지적 식민지로서 겪는 고통과 문제를 공감하는 이들이라면 조한혜정의 '탈식민지 전략'에서 허황한 구호가 아닌 구체적 방법을 기대할 텐데, 나는 그 책을 읽고 그 어디서도, 어떻게 서구사상에 오염되지 않고 지배받지 않는 우리식 사유와 글쓰기가 가능한지 답을 찾을 수 없었다. 여기서 후설이 생각났다면 좀 과한 것일까? 에포케를 통해 우리 의식이 생활세계에 정향되기 이전의 멸균상태로부터 의식의 구성과정을 연구하고자 한 후설이 실패했던 것처럼, 조한혜정도 우리 의식에 전염된 서구사상과 이론을 완벽히 제거한 무균실에서 우리 것을 시작하고 싶었겠지만 그건 불가능한 일이다. 진정한 '탈서구중심적 사고'는 서양의 이론적 범주를 탈피한, 서구의 이론적 박테리아나 바이러스를 멸균한 상태에서 시작해야 하지만, 슬프게도 조한혜정의 책은 그 전체가 이미 서양의 개념들로 심각하게 오염되어 있다.

3 학문장 바깥의 정치학: 상업주의와 사회과학의 저급화

글로벌 상징공간으로부터의 이탈과 외면은 최근 인문학, 사회과학, 심지어 자연과학 분야의 '대중화' 열풍에서 또다른 형태로 표출되고 있다. 대형서점의 베스트셀러 섹션에는 어김없이 인문학, 사회과학, 자연과학을 일반인에게 쉽게 소개하는 책들이 난무하고 있다. 이런 책들은 대략 다음과 같은 세 가지 공통점을 가지고 있다.

1. 이 책들은 하나같이 '참고문헌'이 없다.
2. 이 책들이 전부 '~식탁'이란 제목을 달고 있는 것은 아니지만, 이들 대부분이 최재천 교수가 유행시킨(정확히는 그의 스승 에드워드 윌슨이 썼던) '통섭統攝, consilience'이라는 명칭 아래 각 분과학문의 경계를 허문다는 주장을 전개한다. 다시 말해 '식탁'이라는 은유는 독자들에게 갖가지 음식을 한꺼번에 '늘어놓고' 맘껏 먹을 수 있도록 '지식의 향연'을 제공해준다는 인상을 심어주고 있다.
3. 각 장과 절은 길면 4쪽, 짧으면 3쪽이고, 읽는 데 5~10분이면 된다.

나는 왜 이런 책들의 무분별한 양산이 한국이 인문사회과학에서 영원히 서구를 추격할 수 없게 만든다고 주장할까? 이런 '식탁류' 책들의 저자들은 다음과 같은 반론들을 제기할지 모른다. 우선 참고문헌이 없다는 지적 앞에서 그들은 이렇게 대답할 것이다. "내 책은 나의 전문지식을 일반대중과 공유하고 소통하고자 쓴 것이지, 결코 내 경쟁자들인 동료 학자들을 대상으로 쓴 것이 아니다. 따라서 학문의 상징공간에서 요구하는 '정확한 참고문헌 달기'는 불필요하다. 내 책의 목표는 대중들이 '가능한 한 많은 분야의 지식'을 즐기도록 하는 것이기 때문이다."

이렇게 말한다 해서 문제가 없을까? 이런 식의 '대중화'가 지닌 문제점을 몇 가지 나열해보자. 첫째, 참고문헌이 없다는 것은 책 쓰기가 아주 쉽다는 것을 의미한다. 쉬우면 됐지, 뭐가 어떤가? 그러나 그렇게 간단하지 않다. 참고문헌이 없다는 것은 저자가 무엇을 읽고 그 내용을 썼는지 '출처'를 밝히지 않았다는 의미다. 학술서적도 아닌데 그러면 안 되나? 그러나 이 반응은 그런 유의 책이 지닌 중대한 문제점을 드러낸다. 바로 '무의식적 표절'이나 '비의도적 표절'의 함정 말이다. 내가 그런 식의 책을 썼다고 가정해보자. 아무리 쉽고 간결한 입문서를 쓴다 해도, 그 책에는 엄연히 내가 아닌 다른 학자의 생애와 업적이 등장한다. 그렇다면 내가 과거에 읽은 그의 저작이나 관련 연구에서 얻은 기억을 바탕으로 해서 쓴 입문서일 테지만, 결국 그 내용은 그의 삶과 견해를 '허락 없이' 또는 '인용 표시 없이' 도용하는 것이 된다. 지극히도 손쉬운 작업이다. 어째서? 이것저것 가릴 것 없이 막 가져다쓰면 되기 때문이다.

집단지성collective intelligence의 시대라고들 한다. 이는 무엇을 말하는가? 인터넷에서 누구나 편찬에 참여할 수 있는 '위키피디아 백과사전'을 보면 어떤 학자나 이론에 관해서도 간략하나마 대강의 내용 소개를 찾아볼 수 있다. 위키피디아가 줄곧 표절의 '원천'으로 지목받는 이유가 여기에 있다. 물론 위키피디아의 '짧은 글'에도 어김없이 자세한 참고문헌이 나오지만, 그 내용을 인용 표시 없이 가져다 쓴 경우 이를 확인하고 제재할 방법이 없다. 나는 물론 '식탁류' 책의 저자들이 표절을 했다는 얘기를 하려는 게 아니다. 그러나 그런 종류의 책은 표절 가능성이 높고 그것을 확인할 길도 어렵다는 것을 말하고자 하는 것이다. 한편 위키피디아와 '식탁류' 책들은 내용의 '간략함'이란 공통분모가 있다. 간결함이 왜 문제가 되는가? 어떤 주제든 간에 깊이 파고들어가지 않아도 되기 때문이다. 예를 들어 학자가 논문을 쓸 때 위키피디아를 보고 짜깁기해서 쓸 수는 없다. 왜? 논문을 풀어나가다 보면 반드시 '깊이 파고드는' 논의가 필요한데, 이런 식의 짜깁기로는 깊이 들어가기는커녕 금세 바닥이 드러나고 말기 때문이다.

사정이야 어떻든 독자 입장에서 '식탁류' 책은 '참고문헌'이란 등 짐이 없으니 가벼워서 좋고 잠깐만 짬을 내면 읽을 수 있으니 경제적 이라 생각할 수도 있다. 하지만 읽다보면 소개한 학자가 정말로 이런 주장을 했는지, 이것이 그가 얘기한 전부인지, 이게 도대체 무슨 말 인지 의문이 들 때도 있을 것이다. 그렇지만 그 학자의 저작을 직접 읽지 않는 한, 독자는 '그런가 보다' 하는 것 외에 뾰족한 수가 없다. 그 '권위'가 아무리 의심된다 해도 참고문헌 없이 간략한 해설만 있 는 책이라면 표절 검증은커녕 딱히 할말도 없기 때문이다.

이런 유의 인문학·과학 대중화의 최전선에 서 있는 최재천은 '콘 질리언스consilience'라는 개념에 함축된 어려운 철학적 의미를 단순 화하고, 학문들 간 '벽'을 허무는 것이 효과적인 학문의 방법이며 통 합된 학문의 길로 인도하는 것인 양 '쉽게' 말한다. 하지만 '통섭'[54] 으로 번역된 '콘질리언스'는 현실적으로 거의 실현 불가능한 것이 다. 그뿐 아니라 대단히 복잡한 인식론적 문제를 포함한다. 문제는 일반대중뿐만 아니라 대학, 심지어 한국연구재단도 통섭을 마치 쉽 게 실행할 수 있는 확립된 사실, 반드시 실현해야 하는 당위인 것처 럼 무분별하게 수용한다는 데 있다. 나는 이 문제는 반드시 명확히 짚고 넘어가야 한다고 생각한다. 왜냐하면 최재천이 얘기하는 통섭 은 실현 불가능한 '이상적인' 얘기일 뿐이기 때문이다.

최재천의 스승인 윌슨은 '통섭'을 통해 20세기 중반까지 논리실 증주의자들이 시도했던 이른바 '통합과학unified science'에 재도전했 다. 통합과학은 어떻게 가능한가? 여기에 통섭 개념이 등장한다. '통섭'은 원래 19세기 중엽 영국의 과학자이자 철학자인 휴얼William

---

54 이하 논의에서 이 번역어가 왜 부적절한지 알 수 있을 것이다. 다만 이를 밝히는 것이 이 절의 목표가 아니기 때문에 현재 일반적으로 수용된 '통섭'이라는 번역어를 그대로 사용한다.

Whewell이 구사한 개념이다. 휴얼은 "귀납의 통섭consilience of induction"
이라는 개념을 이용해 '좋은 과학'의 기준을 얘기하고자 했다. 일
단 귀납의 통섭이 무엇인지 알게 되면 독자들은 콘질리언스를 여러
'학문 간 소통'이라고 번역하는 데 문제가 있음을 금세 알게 될 것이
다. '좋은 이론'이란 무엇인가? 휴얼에 따르면, 좋은 이론이란 수
없이 다양한 현상을 몇 가지 '원리'나 '법칙'으로 모두 포괄하고 설
명할 수 있어야 한다. 다시 말해, 한 이론이 경쟁하는 다른 이론보다
경험적으로 관찰 가능한 다양한 현상을 더 많이 설명할 수 있을 때
'통섭력the power of consilience'이 강하다고 말할 수 있다. 그리고 이런
이론이 '진리'에 더 가깝다고 할 수 있다.[55]

　예를 들면, 분자생물학이 멘델 유전학이 설명하는 것을 남김없이
설명할 수 있을까? 만일 그럴 수 있다면, 분자생물학은 멘델 유전학
을 완벽히 흡수하고, 그 결과 멘델 유전학을 분자생물학으로 '환원'
할 것이다. 사회과학의 경우, 사회는 결국 개인들의 집합일 테니, 사
회학 이론을 개인의 심리현상을 다루는 심리학 이론으로 환원하고
이로써 모든 사회현상을 설명할 수 있을까? 더 나아가 심리학이 다
루는 심리현상을 신경생리학의 몇몇 원리로 다 설명하는 것이 가능
할까? 만일 그게 가능하다면, 심리학은 사라져야 하고, 신경생리학
이나 생물물리학biophysics만이 인간의 심리현상을 설명하게 될 것이
다. 유명한 행태주의 심리학자 스키너B. F. Skinner가 일찍이 「왜 나는
인지심리학자가 아닌가?Why I am not a cognitive psychologist?」라는 논문에
서, 만일 의학과 생리학이 인간 심리현상을 완벽히 설명할 수 있다
면 심리학은 그날로 사라져야 할 것이라고 한 것은 이런 통섭의 환
원론에 입각한 것이다. 다만 당시에는 생리학이 그렇게 할 수 없었

55　자세한 논의는 Michael Ruse, *Taking Darwin Seriously*, Oxford: Basil Blackwell, 1986 참조.

으므로 자신의 행태주의 심리학이 아직 존재이유가 있다고 한 것이다. 만일 분자생물학이 신경생리학을 모두 포괄하고, 신경생리학은 심리현상을 모두 설명한다면, 분자생물학은 이들 분야보다 더 많은 통섭력이 가지고 있는 것이라고 말할 수 있다.

월슨이 통섭이란 말을 사용한 이유는 학문의 이러한 수직적 '위계hierarchy'를 얘기하고 싶었기 때문이다. 즉 월슨의 통합과학은 모든 학문을 수직적으로 서열화하고 오귀스트 콩트가 학문 위계의 정점에 사회학을 놓은 것처럼 그 '정점'에 진화생물학을 놓고자 했다. 철학적으로 말하면, 모든 분과학문을 진화생물학으로 '환원reduce' 할 수 있다는 주장이다. 다시 말해, 사회현상, 심리현상, 윤리, 인간의 심미적 지각도 모두 진화생물학 원리로 설명할 수 있다는 것이다. 월슨은 룸스덴이란 물리학자와 함께 저술한 책에서 "후성 원리 epigenetic rules"라고 명명한 생물학 원리로써 사회, 물리, 심리 현상 일체가 환원될 수 있다고 주장한다.[56]

나는 여기서 월슨이 주장한 환원의 가능성을 다음의 두 가지 이유로 논하지 않을 것이다. 첫째, 월슨의 주장은 격렬한 논쟁을 불러일으켰지만, 이미 30여 년 전 일이고 격렬했던 불꽃도 사그라진 지 오래다. 예컨대 생물철학자 마이클 루스, 과학철학자 알렉산더 로젠버그 같은 월슨의 동조자가 있는 반면, 『우리 유전자에는 없다』의 공동 집필자 르원틴, 카민, 로즈를 위시해 과학철학자 키처 같은 이들은 월슨의 주장이 "터무니없다"고 신랄하게 비판했다.[57] 이 비판자들 모두 진화생물학 이론이 곤충이나 영장류의 행태를 설명하기에 적합할지 몰라도 그것을 인간의 사회와 문화에 그대로 적용하는

---

56 C. J. Lumsden and E. O. Wilson, *Genes, Mind, and Culture: The Coevolutionary Process*, Cambridge, Mass: Harvard University Press, 1981.

것은 몰상식이라고 지적했다.[58]

나 역시 다윈과 멘델의 진화와 유전을 둘러싼 논쟁을 과학사, 과학철학, 과학사회학의 시각에서 분석한 책을 출간한 바 있고,[59] 진화론적 인식론과 과학철학 관련 논문도 다수 발표한 바 있기에 생물학적 환원의 오류와 위험에 대해 한마디 할 수도 있을지 모른다. 하지만 이 분야 '최고 전문가'들이 축적한 지식을 요약하는 것 이상의 특별한 주장은 아닐 것이다.

둘째, 윌슨의 생물학적 환원에 대한 비판적 논의는 내가 '식탁류' 책을 비판하는 주된 이유가 아니다. 그렇다면 왜 '식탁류' 저자들에게 시비를 거는 걸까? 내 비판은 다음과 같은 질문에서 시작한다. "왜 최재천과 그를 따라하는 학자들은 이미 30년 전에 미국에서 일어났던 논쟁을 폐기물 재생업자처럼 '지금' 수입해 재생하는 걸까?" 앞서 잠시 언급한 글로벌 상징공간의 주인공은 윌슨, 루스, 르원틴, 굴드Stephen Gould, 키처같이 이 분야 연구를 주도해온 사람들이다. 최재천은 이들 중 하버드 대학의 윌슨이 가진 상징자본을 한국에 수입해 분배하고 있는데, 이런 수입과 분배는 앞서 김경동의 행태와 비슷하지만 차이도 있다. 우선 차이부터 이야기해보자. 김경동은 현대 이론사회학의 어려운 얘기를 '식탁류'처럼 대중화시켜 마

---

57 Michael Ruse, *Sociobiology: Sense or Nonsense?*, Boston: Reidel, 1979; *Taking Darwin Seriously*, Blackwell, 1986; A. Rosenberg, *Sociobiology and the Preemption of Social Science*, Baltimore, MD: Johns Hopkins University Press, 1980; R. Lewontin, S. Rose, L. Kamin, *Not in Our Genes: Biology, Ideology, and Human Nature*, New York: Pantheon, 1985; Phillip Kitcher, *Vaulting Ambition*, Cambridge, MA: MIT Press, 1985.

58 한국에서도 사회과학자, 철학자, 진화생물학자가 참여해 사회과학이 사회생물학 원리로 환원될 수 있는가를 다룬 논쟁이 있다. 하지만 이 내용은 결국 서구에서 이미 벌어진 논쟁을 재정리한 수준에 머물고 있다. 최재천 외, 『사회생물학 대논쟁』(서울: 이음, 2011)을 볼 것.

59 Kyung-Man Kim, *Explaining Scientific Consensus: The Case of Mendelian Genetics*, New York: Guilford, 1994. 이 책은 지금도 과학사회학과 유전학사 분야에서 자주 인용된다.

케팅하진 않았다. 즉 일반대중에게 분배하는 수입상 역할은 하지 않고 학계 내에서 그런 역할을 했다. 그러나 최재천과 그 아류들인 '식탁류' 학자들은 어려운 얘기를 대중화한다는 핑계로 자신들의 전공분야인 진화생물학 또는 철학의 권위 있는 학자들과의 진지한 대화나 치열한 논쟁은 회피한 채, 그저 전문지식이 없는 대중들 위에 마치 커다란 진리를 전달해주듯이 군림한다.

이제 '식탁류'의 책들이 가진 폐해가 어떤 것인지 자명해진다. 왜 최재천은 르원틴, 굴드 등에 도전해 윌슨을 옹호하고, 나아가 윌슨의 이론이 가진 문제점을 보완하고 발전시켜 씨름판, 즉 '글로벌 상징공간'의 주인공이 되길 스스로 포기하는가? 최재천과 '식탁류' 학자들은 박사학위를 받고 기여해야 할 전문분야, 즉 '씨름판' 안에서 벌이는 진짜 승부를 포기하고 모래판 밖에서 대중에게 말을 걸고 거기서 '권위'를 얻으려 한다. 이러한 권위, 명성, 유명세는 동료학자들이 아니라, TV를 비롯한 각종 미디어와 상업적 이득을 바라는 출판사가 공모해준 것이다. 왜 적장과의 싸움은 회피하고 별다른 노력 없이 무장도 하지 않은 양민들과의 싸움에서 승리했다고 기뻐하는 것일까? 물론 과학의 대중화니, 과학과 인문학의 융합이니 하는 온갖 구호를 갖다붙이겠지만, 나는 이런 행태가 지적 거인들과의 힘겨운 싸움은 회피한 채 세속적인 성공을 향한 '쉬운 길'로 가려는 '기회주의'의 소산이라는 의심을 지울 수 없다.

앞서 논의한 조한혜정과는 다른 의미에서 이들은 한국의 인문사회과학이 세계수준을 추격하는 데 걸림돌이 되고 있다. 이들은 외국에서 한물갔거나 이미 결론이 난 논쟁을 수입해 '당의정糖衣錠'을 만들고 이를 상업적인 마케팅을 통해 유통하면서 '저자-출판사-미디어'라는 단단한 '삼각 연줄'을 형성한다. 이들 문하에서 공부하는 학생들이 무엇을 보고 배울까? 과학과 인문학은 저렇게 해도 되나 보다 하고 선생을 따라하지 않을까? 무엇이 과학이고 철학인지, 어떻게 학문의 길을 가야 할지, 이정표를 세워야 할 후학에게 이들은 과연 어떤 교훈을 주는가? 서구학자들과 치열히 논쟁함으로써 창의적인 '국산' 과학과 인문학을 만들기보다 수입한 이론을 미디어로 정제, 가공, 판매하는 일에 치중한 결과가 '식탁류' 책들이다.

물론 최재천은 반론을 펼 것이다. "나는 윌슨과 달리 생물학이 모든 학문의 정점에 서 있고, 따라서 모든 학문을 생물학으로 환원할 수 있다고 보지 않는다. 오히려 나는 과학 간의 '위계질서'보다 나노과학도 사회학도 철학도 서로 소통해야 하고, 그럴 때 더 창의적인 것이 나올 수 있다고 얘기할 뿐이다." 그는 어쩌면 나를 그렇게 반박할지 모른다. 하지만 그가 즐겨 예로 드는 나노과학자와 일상인 간의 소통, 나노과학자와 사회과학자 간의 소통은 허무맹랑한 얘기다. 내가 직접 경험한 세 가지 사례를 들겠다. 먼저 사십대의 어느 공학자 E와 한국에서 저명한 원로 사회과학자 S 사이에 오간 대화를 소개하자.

> E: S 선생님! 선생님께서 펴내신 책, 참 재미있게 읽었습니다. 그런데 제가 선생님 책은 재미있게 읽을 수 있는데, 제 논문은 제 전공분야 사람들만 이해할 수 있고 선생님께서는 하나도 이해하시지 못하니 참 안타깝습니다.
> S: ……(얼굴이 빨개지면서 묵묵부답)
> 나: E 선생님! S 선생님 책은 쉽고 재미있게 읽으실 수 있었겠지만, 제 책은 선생님이 보셔도 하나도 이해하실 수 없을 겁니다.

이 대화에서 나는 무엇을 보고 무엇을 말하고 싶었을까? E 교수는 S 교수의 책이 자신과 같은 문외한도 읽고 이해할 수 있는 그냥 세상사는 이야기에 불과하다고 생각했고, 나는 그런 E 교수의 태도에 화가 나서 만일 당신이 내 책을 읽었다면 하나도 이해하지 못할 것이라고 귀에다 대고 조용히 얘기한 것이다.

두번째 예는 더 웃지못할 이야기다.(어떻게 보면 더 우스운 이야기이고.) 어느 집에 초대를 받아 식사를 마친 후 나를 포함한 손님들이 과일을 먹으며, 얘기를 나누고 있었다. 그런데 그중 한 사람이 나에게 다음과 같은 질문을 던졌다. 여기서 C는 책 읽기를 좋아하는 대기업 임원, J는 일류대 사회과학대학 교수다.

> C: 김 교수, 요새 '담론'이란 말이 철학뿐 아니라 신문, 미디어에 자주 등장하는데, 도대체 담론이 뭐야?
> 나: 글쎄, 내가 이 자리에서 담론이 무엇인가를 설명할 수 있을까? 그걸 설명하려면 철학, 사회과학에 대한 많은 배경지식이 필요하기 때문에 간략히 설명할 수가 없는데.
> J: 김 교수는 사회과학자와 보통 사람들의 소통이 어렵다고 생각하니까, 내가 대신 설명해주지.

J가 C에게 해준 담론에 대한 설명은 물론 보통 사람들이 이해하는 '이야기'라는 수준을 넘지 않는 엉터리 대답이었다. J는 담론과 같은 철학 개념과 거리가 먼 전공을 한 사람이었음에도 굳이 C의 이해를 돕겠다고 나섰는데 그 결과는 과연 '소통'일까, 학술 개념의 '왜곡'일까?

세번째 예는 최재천이 통섭이라고 말한 학문 간 소통이 얼마나 어려운지를 노골적으로 보여준다. 세계적인 과학철학자 애거시 Joseph Agassi는 과학철학과 과학 간의 소통이 얼마나 어려운가를 예시하는 자신의 경험담을 털어놓은 적이 있다. 애거시는 노벨상 수상자가 강연하는 자리에 초청받아 수상자 강연이 끝난 후 이 강연자에 대한 논평을 하기 위해 단상에 올라갔다. 그런데 그가 한창 논평하고 있을 때, 정작 노벨상 수상자는 단상을 가리키며, 이제 그만하고 내려오라고 소리쳤고, 좌장은 이를 말리지 않았다는 것이다. 이 일화는 애거시 역시 과학에 조예가 깊은 저명한 과학철학자임에도 이들 간의 소통, 즉 통섭은 매우 어렵다는 것을 말해준다.[60]

이상의 세 가지 예를 통해 내가 주장하고자 하는 바는 학문 간 소통이 불가능하다거나, 해서는 안 된다는 게 아니다. 이른바 '학제 연구interdisciplinary research'는 우리 시대에는 이미 상식이 됐다. 그러나 이는 사회학, 인류학, 심리학, 정치학, 철학 같은 인접학문 간이나 공학, 의학, 인지과학 같은 마찬가지의 인접과학에서나 적용 가능한 얘기다. 사회학과 지질학, 정치학과 물리학 등의 통섭은 내가 아는 한 아직도 어떻게 가능한지 그럴듯한 시나리오가 존재하지 않는다. 자연과학자와 일상인 간의 소통이나 통섭은 일반인이 생각하는 것보다 훨씬 더 어렵다. 통섭이 과연 "구체적으로" 어떻게 가능한지, 그 결과는 무엇인지 깊이 연구하지 않고, 모든 학술지식을 대중들이 쉽게 이해할 수 있고 각 분과학문이 쉽게 소통할 것인 양하는 것은 학문을 상업화하고 저급화의 길로 내몰 뿐이다. 그 폐해는 두말하면 잔소리다. 우리가 글로벌 지식장에서 서구학문과 정면대결을 벌이는 데 걸림돌로 작용할 뿐이다.

마지막으로 이러한 '식탁류' 저자들은 대중에게 과학과 철학을 알기 쉽게 전달하려고 했을 뿐, 학문 자체가 대중화되고 쉬워져야 한다고 말하진 않았다고 항변할 수 있다. 그러나 문제는 그렇게 간단

---

60 Joseph Agassi, "The Role of the Philosopher among the Scientists: Nuisance or Necessity?," *Social Epistemology* 3, 1989, 297~309쪽.

하지 않다. 대중과의 소통이라는 미명하에 저자-출판사-미디어와의 관계를 공고히 해온 학자들은 자신이 대중적 지식인에 지나지 않는다는 것을 교묘히 감추고, 오히려 글로벌 지식장에서 상당한 상징자본을 획득한 저명한 학자인 양 행세한다. 문제는 저자-출판사-미디어의 공모를 통해 탄생한 저명한 학자, 그 '스타 학자'가 중국에는 정부의 요직, 무슨 위원장, 무슨 연구기관의 우두머리로 둔갑해 승승장구한다는 데 있다. 이들은 각종 교육과 학술 정책을 좌지우지하면서 학문장에 난입해 장의 자율성을 심각하게 훼손한다. 부르디외가 주장한 바 있듯이 장 바깥의 정치와 행정이 결국 장 내부의 '물을 흐리고' 학문 성장을 가로막는 것이다.

3장

또 유학사상인가?

You can check out any time you like, but you can never leave.
—이글스의 노래, 〈호텔 캘리포니아〉 중에서

이 장에서는 이전의 탈서구중심주의, 탈식민주의와 비슷한 시도들의 '종합편'인 강정인의 『서구중심주의를 넘어서』가 제시한 탈서구중심주의 전략도 역시 미려한 수사에 그칠 뿐이라는 사실을 논증할 것이다.[61] 『서구중심주의를 넘어서』는 국내 사회과학의 서구 의존성을 다룬 수많은 논의들 중 가장 정교하고 엄밀한 분석을 제시했고 서구중심주의를 넘어서는 다양한 전략을 제시한 역작이라는 데 이견이 없을 것이다. 아래에서 나는 강정인의 저작을 관통하는 몇몇 주제를 분류하고 그에 대한 비판을 제시한 뒤 나름의 서구중심주의 극복 대안을 제시할 것이다. 나의 대안은 한국 사회과학의 연구체계와 학술문화의 문제점을 거시적으로 조명한 결과다.

강정인은 이 저서의 여러 곳에서 '서세동점西勢東漸'이란 표현을 써

61 강정인, 『서구중심주의를 넘어서』(서울: 아카넷, 2004).

서 서구열강이 약소국들을 침략하고 지배하는 과정과 거기서 파생한 비서구에 대한 경멸적인 논의들을 예로 들면서 서구중심주의는 서구인의 가치와 이론을 비서구인에게 강요한 결과라는 인상을 준다. 그러나 이렇듯 우리가 서구문물의 '피해자'였다는 함의를 한편으로는 강하게 전달하지만, 다음과 같은 주장은 나를 포함한 독자들을 매우 혼란스럽게 한다. 외국 이론을 무분별하게 차용하는 국내 학풍을 비판하면서 그는 이렇게 서술한다. "이러한 현상(외국 이론의 무분별한 남용)은 많은 경우 서구이론이 서구중심주의적이었기 때문이 아니라 이를 수용하는 국내 학자들이 무비판적으로 그 이론들을 보편화하려는 과정에서 발생한 것이라 할 수 있다. 따라서 이러한 현상을 놓고 이론을 만든 서구학자나 이론 자체를 비판할 자격이 우리에겐 없다."[62] 분명히 서구이론의 폐해를 지적하고 있지만 그 책임은 우리 학자들에게 있다는 지적이다.

그렇다면 강정인은 우리 학계의 문제가 더 크다고 본 것이 분명하고, 우리 학계에 대한 그의 비판은 한국에 적실성이 없는 서구이론을 억지로 적용하려는 국내 사회과학자들의 무모한, 때로는 계산된 행위에 집중된다. 이 적실성 문제는 강신표, 김경동, 한완상, 조한혜정 등이 우리 학문의 서구 의존성을 비판할 때 단골로 등장하는 핵심 쟁점이지만 또 그만큼 식상한 쟁점이다. 이 장에서 제시할 한국 사회과학의 조직체계와 연구문화에 대한 논리적인 분석은 이 적실성 비판이 '여우와 신포도' 같은 구실을 했을 뿐, 실제로 서구를 추격하고 의존성을 타파하는 데는 어떤 구체적이고도 실행 가능한 전략을 내놓지 못했음을 논증할 것이다.

---

62 같은 책, 403쪽.

1. 적실성의 문제: 한번 더?

앞서 논의한 학자들과 마찬가지로 강정인도 서구이론이 한국의 현실 혹은 실재와 거리가 멀어 적실성이 없는데도 마구 가져다써온 한국 학계에 심각한 문제가 있다고 지적한다. 로티나 하이데거를 다룬 국내 학자의 "다소 맹목적이거나 무분별"한 연구는 "그들의 철학사적 현실적 문제의식이 한국의 철학사적 현실적 문제의식과 어떻게 맞닿아 있는가 하는 연구(통약 가능성 또는 호환 가능성의 확보)와 함께 병행되어야 할 텐데, 사정은 그렇지 않은 것 같다."[63] 따라서 한국 학자들이 자신의 문제에 이 연구들이 어떤 '적실성relevance'이 있는지 따져보지 않았기 때문에 "한국사회의 절박한 문제들은 이론화의 계기를 갖지" 못했고, 고도로 추상적인 공허한 논쟁 속에서 관념의 세계로 증발했다는 것이다.[64] 강정인은 적실성 결여의 또다른 예로 롤스John Rawls의 『정의론A Theory of Justice』의 국내 수용을 거론한다. 그에 따르면, 롤스의 『정의론』은 1960년대에 풍요를 누리며 복지국가를 지향하던 미국에는 적실성이 있었지만, 발전된 민주주의와 경제적 풍요와는 거리가 먼 1987년 이전의 한국(군부 독재 및 경제적 낙후)에 정의론을 적용하는 것은 당시 "한국의 절박한 현실과 학자의 역사적 사명을 외면한 자기기만이자 현실 도피적인 지적 유희에 불과하다는 비판"을 받을 수 있다고 말한다. 강정인은 한국 현실을 외면하고 현실 도피적인 지적 유희를 벌여온 이들 국내 학자들은 "서구학계로부터 빌려온 이론"에 무임승차해 불로소득을 누리고, "고상한 이론에 탐닉하는 척"하며, 심오한 연구에 매진하는 듯한 인상을 주었다고 비판한다.[65]

---

63 강정인, 같은 책, 399쪽.
64 같은 곳.

그러나 강정인의 비판은 김경동, 조한혜정, 한완상과 마찬가지로 서구이론에 대한 깊은 연구 없이 적실성을 방패막이 삼아 서구이론에 정면도전하지 않는 우리 학계의 관성을 재확인시켜준다. 과연 로티의 철학이 강정인의 지적처럼 서양에만 적실성이 있는가? 지난 20년간 진행된 '하버마스-로티 논쟁'은 적실성 논쟁의 선결문제인 이론의 현실 적합성 여부—그들의 용어로는 "이론의 공적 유용성 public utility of theory"—에 초점이 있다. 길게 얘기할 순 없고, 요약하자면 로티는 강정인과 정반대로 이론의 '공적 유용성'을 부정하는 반면 하버마스는 이를 긍정한다. 그러나 하버마스의 입장은 강정인이 서구이론의 비적실성을 비판할 때 부당하게 전제한 소박한 진리대응론, 즉 이론이 이론 독립적인 현실이나 실재를 객관적으로 반영한다는 가정이 아니라, 진리는 '진리주장들의 타당성 상환 redemption of knowledge claims'을 통해 '만들어진다make'는 진리합의론에 기초한다. 다시 말해 이론의 공적 유용성을 옹호한 하버마스도 한국 사회과학자들 다수가 당연시하고 의심하지 않는 진리대응론을 기각하고, 신리는 고정된 실재 세계의 함수가 아니라 언어의 함수라는 점을 명확히 한 것이다. 결국 하버마스-로티 논쟁의 핵심은 이론과 외부세계의 대응 여부가 아니라 '이론언어theoretical language의 기능'인 것이다. 하버마스는 자신의 이론, 특히 보편 화용론이 행위자들의 일상에 만연하지만 인식하지 못하는 이데올로기의 지배를 행위자들 간 논쟁을 통해 스스로 깨닫게 하는 기능이 있다고 주장한 반면, 로티는 하버마스의 이데올로기 비판이 행위자들을 해방시킬 만한 그럴듯한 시나리오를 제시하지 못했다고 비판한다. 그러니까 하버마스

---

65 같은 책, 397쪽. 그러나 강정인은 이들이 누구인가는 구체적으로 밝히지 않았기 때문에 그가 비판한 모든 사람들은 허구의 인물로 남아 있다.

와 로티 모두 일상언어뿐 아니라 이론언어조차 진리를 나타내는 중립적인 도구가 아니라는 점을 분명히 했는데, 이 주장은 우리가 지금까지 당연시해온 '지식인 담론의 특권^{privileged status of the intellectual} discourse'을 기각해야 한다는 것을 의미한다.[66]

물론 강정인을 비롯한 다른 한국의 학자가 로티와 하버마스의 진리관을 비판할 수 있고, 토착이론이야말로 우리 현실을 객관적으로 나타낼 수 있으리라 주장할 수도 있다. 내 말은, 하버마스와 로티를 비판할 수 없다는 게 아니라, 우리 학자들이 아무 의심 없이 "이론은 쓸모 있어야 하고 우리 현실의 절박한 문제를 해결하는 데 서구이론은 적합하지 않다"고 당연시하는 가정이야말로 사실은 당연하지 않다는 것이다. 나는 지금까지 당연시된 이론의 기능과 역할을 비판한 하버마스와 로티의 견해가 우리에게 큰 '적실성'이 있다고 본다. 다시 말해 하버마스와 로티처럼 당연시된 이론의 기능을 꼼꼼히 되짚고 성찰해야지, 그렇게 하지 않은 채 '서양이론이니까 적실하지 않다'는 투의 막연한 비판은 그 자체가 적실성이 없다는 얘기다.

아무리 간략히 하버마스와 로티의 논쟁을 설명해도 '이론의 현실적합성'이나 '이론과 현실의 대응'은 쉽게 이해하기 어려운 문제로 다가올 것이다. 이 논쟁 자체가 서구이론의 역사를 포괄하는 넓고 깊은 주제들을 끌어안고 있다. 그러나 이 복잡한 역사를 다 알지 못하더라도 이론과 현실의 적합성 문제는 강정인을 비롯한 여러 학자들처럼 단순히 전제할 수 있는 게 아니라, 그 자체가 매우 논쟁적인 쟁점이라는 것만은 반드시 기억해주기 바란다.

이제 롤스의 『정의론』을 다룬 국내 연구들의 문제점을 지적한 강

---

66 이들의 논쟁에 관한 자세한 논의는 곧 출간될 나의 책, 『진리와 문화변동의 정치학: 하버마스와 로티의 논쟁』(파주: 아카넷, 2015)을 참조할 것.

정인의 비판을 살펴보자. 앞서 잠깐 언급했듯이 강정인은 롤스의 『정의론』이 최소한 1987년 이전의 한국 상황에서는 적실성이 없었고, 따라서 그 논의는 일종의 고급한 지적 유희로 전락했다고 꼬집었다. 이에 나는 두 가지 반론을 내놓겠다. 첫째, 로티의 예에서 보듯 강정인의 문제의식 저변에 '이론은 추상적이면 안 되고 절박한 문제를 해결할 도구여야 하며 또 그럴 수 있다'는 검증되지 않은 가정이 깔려 있다. 둘째, 강정인의 생각대로 롤스의 이론이 당시 미국 현실에 적실성을 지녀 미국 사회의 분배정의를 해결하는 데 실제로 도움이 됐을까, 아니면 그저 지식인 간의 고도로 추상적이고 이론적인 지적 유희에 머물고 말았을까? 내가 아는 한, 롤스를 비롯해 노직Robert Nozick, 샌델Michael Sandel 등이 맞붙은 분배정의를 둘러싼 자유주의 한계 논쟁은 미국에서조차 철학자 간의 고도로 추상적인 지적 유희로 "증발"—강정인의 용어 그대로—해버리고 말았다.

이제 이 적실성 비판의 논리적 귀결을 논의해보자. 강정인뿐만 아니라 많은 한국의 학자들이 서구이론의 심층적인 연구를 회피하는 수단으로 들먹이는 '적실성 결여' 비판은 사실 '이론의 적실성'이 무엇인지에 대해서는 전혀 검토하지 않고 이론은 절박한 현실문제를 규명하고 해결할 수 있다는 검증되지 않은 가정을 당연하다는 듯이 전제했을 때만 가능하다. 그러나 20세기 말부터 이를 둘러싸고 하버마스, 데리다, 로티, 매카시Thomas McCarthy, 기든스, 바우만, 테일러 사이에서 오간 논쟁은 별 결론 없이 아직도 진행중이다.

끝으로 내 경우를 사례로 적실성 문제를 환기해보자. 강정인이 비트겐슈타인의 적실성을 문제삼은 적은 없지만, 그의 주장대로라면 비트겐슈타인은 고도로 추상적인 지적 유희를 일삼는 서구전통에서나 유의미한 철학자임에 틀림없다. 그러나 나는 『담론과 해방』에서 비트겐슈타인의 언어게임 이론의 중심 개념인 '규칙 따르기rule following'의 구체적인 사례로 한국 고유의 '효孝' 문화가 적실하다는 것을 보여주었고, 이로써 기든스가 비판사회이론과 사회개혁의 연결고리로 기획한 '이중해석학double hermeneutics'의 맹점을 비판했다. 결국 한국 사회과학자들의 가장 큰 문제점은 서구이론이 한국에 적실성이 없는데도 무차별적으로 차용한 데 있는 게 아니라, 애당초 적실성이 무엇인지에 대한 '황소걸음' 같은 진득한 탐색과 고구가 전혀 없었다는 데 있다. 게다가 적실성을 둘러싼 서구의 논쟁을 치열하게 검토하지 않고 무조건 적실성이 없다고 등한시하는 것은 서구이론의 무비판적 수용만큼이나 비판받아야 할 일로 보인다.

2. 주제topic와 개념적 자원conceptual resources의 혼동

강정인의 적실성 비판은 많은 한국 학자들이 혼동하는 또하나의 오류를 내포하고 있다. 이 오류를 밝히기 위해 강정인의 비판에서 다시 주목할 부분은 서구이론을 무비판적으로 차용하다보니 정작 "한국사회의 절박한 문제들은 이론화의 계기"를 갖지 못했다고 지적하는 대목이다. 다시 말해 지금까지 우리는 우리 문제를 연구주제화하지topicalize 않았고, 서구사회에서 발원한 사회이론에 매몰되어 우리와 관계도 없는 공허한 논쟁을 벌여왔다는 것이다. 그러나 나는 이 주장에 전혀 동의할 수 없다. 모두 잘 알다시피 국내 연구자의 연구는 대개 한국에 관한 연구이며, 심지어 외국에서 취득한 사회과학 분야 박사학위 논문주제조차 대개 한국에 관한 것이기 때문이다. 나는 오히려 한국에 대한 연구가 일반이론에 대한 연구보다 압도적으로 많은 게 문제라고 생각한다.

그렇다면 무엇이 문제인가? 이렇게 한국을 주제로 한 연구가 무성하건만 왜 우리는 아직도 서구중심주의가 문제라고 떠드는가? 예를 들어보자. 강정인은 우리 학자들이 푸코의 난삽한 이론과 프랑스 형벌제도에 대해서는 알지만 정작 조선시대 형벌제도에 대해서는 무지하다고 주장한다.[67] 어느 정도는 옳은 말이다. "어느 정도"라고 한 이유는 푸코의 난삽한 이론을 잘 아는, 그래서 적실성을 잘 판단할 수 있는 국내 학자가 사실상 그리 많지 않다고 보기 때문이다. 그러나 이런 사안을 접어두고 한 발 물러나서, 만약 한국적인 주제를 연구한다고 한다면 과연 그 문제가 해결될까? 나는 아니라고 본다. 그 이유는 조선의 형벌제도를 연구한다 해도 우리는 이 주제를 개념화하고 이론화하고 분석할 수 있는 우리 고유의 이론을 가지고 있지 않기 때문이다. 우리에게 푸코의 "담론장discursive field"이나 "권력power" 또는 "분류와 담론 구성체classification and discursive formation"나 "계보학genealogy" 같은 강력한 이론적 자원이 있는가?

다른 예를 하나 더 들어보자. 1900년대 초의 형평사 운동이라는 한국적 주제를 연구한다 해서 토착사회이론의 길이 저절로 열리는 것이 아니다. 형평사 운동은 형평사 조지을 중심으로 한 '백정들'의 신분제 철폐운동, 인권운동, 반제국주의 민족해방운동, 각종 사회사업과 교육사업 등 광범위한 영역을 아우른다. 따라서 이를 분석하려 한다면 서구 지식사회학—예컨대 카를 만하임의 지식사회학—의 중심 개념인 '계급' '불평등' '지배' '이데올로기'를 빌려올 수밖에 없다. 황우석 사건을 분석하는 경우에도 마찬가지다. 이 사건을 다루려면 '과학적 사기scientific fraud'라는 주제를 짚어야 하는데, 이것을 머튼Robert K. Merton 이래 영미의 과학사회학, 유럽의 과학사회학 이론 없이 설명할 수 있을까? 과학논쟁과 사기, 과학자들 간 합의를 설명할 우리의 고유한 이론이 과연 있는가? 과학사회학 전공자의 한 사

---

67 강정인, 『서구중심주의를 넘어서』, 406~407쪽.

람으로서 그 대답은 단연코 '아니다'이다. 우리는 우리 문제를 다룰 만한 개념적 자원을 아직 갖추지 못하고 있다.

결론적으로, 적실성 문제를 떠나 어떤 문제를 한국 학자가 연구하더라도 우리는 우리 고유의 '개념적 자원$^{conceptual\ resources}$'이 없기 때문에 서양이론을 차용할 수밖에 없다. 물론 롤스의 이론에 대한 시대착오적인 고상한 연구 말고도 엄혹한 시대의 절박한 현실에 천착한 한국 학자들이 분명 존재했다. 하지만 이들조차 군부 독재나 계급불평등 같은 시대의 절박한 문제를 설명하는 데 당시 유행했던 바깥의 이론들, 철지난 '관료적 권위주의론' '종속이론' 등 서구와 남미의 이론을 가져다썼음을 부인하기 어렵다. 따라서 문제는 적실성이 아니다. 적실하든 않든, 당면문제의 해결이든 고도의 지적 유희든, 그간 한국 사회과학자들은 현실의 어떤 문제에 접근할 때면 매번 서구의 개념적 자원에 기댈 수밖에 없었다.

3. 다중심적 다문화주의와 혼융 전략: 과연 실현 가능한 전략인가?

이제 강정인이 제시하는 구체적인 서구중심주의 극복 전략을 논의해보자. 그는 서구중심주의를 극복하기 위한 네 가지 전략을 제시하는데, '동화' '혼융' '해체' '역전'의 전략들이 그것이다.

먼저 동화 전략은 우리가 원하는 독자적인 한국 사회이론을 발전시키는 데 별 도움이 되지 않는다. 왜냐하면 이 전략은 서양이론을 수입하고 흉내내는 순응 전략이기 때문이다. 혼융 전략은 강정인이 가장 효과적이라면서 다른 전략보다 비중 있게 논의한 것인데, 이에 관해서는 나중에 상세히 살펴보기로 하고, 해체 전략을 먼저 얘기해보자. 잘 알려져 있다시피 해체는 본래 데리다의 개념으로, 이미 서구학자들이 후기구조주의의 깃발 아래 자신들의 전통철학과 사회이론을 해제했기 때문에 뒷북치듯 우리가 동일한 개념적 자원을 가지고 그들의 지적 전통을 해체하는 것은 큰 의미가 없다. 이제 마지막으로 볼 역전 전략은 '검은 것이 아름답다'는 슬로건처럼 기존 패권적 위계질서를 말 그대로 거꾸로 뒤집는 전략인데, 강정인은 사회과학 분야에서 이 전략을 실천한 대표 인물로 조한혜정을 꼽는다. 내가 이미 2장에서 '주변부가 아름답다'는 조한혜정의 구체적인 실천을 상세히 논평했기 때문에 역전 전략에 대한 평가 역시 그것으로 충분할 것이다.

이제 강정인이 동화, 해체, 역전의 전략보다 한층 더 실현 가능하고 가장 그럴싸한 전략이라고 내세우는 혼융 전략을 다룰 차례다. 먼저 그가 왜 혼융 전략에 주목하는지 살펴보고, 이 전략도 왜 실패할 수밖에 없는지 논증해보자. 강정인은 혼융 전략의 요체를 '다중심적 다문화주의polycentric culturalism'로 요약한다. 인도계 미국 정치학자 파레크Bhikhu Parekh의 견해에 근거해, 서구는 '문화의 확충과 보존'을 위한 평등한 대화의 상대로 비서구를 받아들일 때 자기 문화를 깊이 성찰할 수 있고 나아가 편협하고 지엽적인 자문화중심의 사고를 벗고 인간과 사회를 총체적인 시각으로 볼 수 있다고 주장한다.[68] 다중심적 다문화주의의 핵심인 혼융 전략의 실천이 "서구문명 자체의 다양한 시각과 우리의 전통문화적 시각, 이 둘의 장단점을 엄격하게 교차평가해 창조적으로 수렴하고 융합함으로써 가능하다"고 본다.[69] 이 규범적인 호소가 서구에 어떤 반향을 일으킬지 가늠하면서, 단기적으론 비관적이지만 장기적으론 동아시아 경제발전에 힘입어 호혜적인 문화교류가 가능해지리라 예측한다. 일단 여

---

68 강정인, 같은 책, 498쪽.
69 같은 책, 497쪽.

기서 하나만 짚고 가자. 과연 동아시아 경제발전이 동아시아 사회과학의 서구 의존성을 감소시켜왔을까? 싱가포르 국립대 교수 알라타스가 지적한 바와 같이, 일본이 경제적으로는 세계 최고 수준일지 몰라도 사회과학에서는 여전히 서구학문의 수입국으로 남아 있다는 사실은 강정인의 예측이 틀렸다는 것을 보여준다.[70]

이 문화 혼융의 논리는 사회과학 분야에서 어떤 전략으로 나타날까? 강정인은 『서구중심주의를 넘어서』의 말미에 혼융 전략은 '전통의 현대화'를 통해 그 실효성을 극대화할 수 있다고 명시했다. 그는 로크[John Locke]를 예로 들면서, 로크가 필머[Robert Filmer]의 왕권신수설에 반해 사회계약론에 의거한 자유주의사상을 정초할 때, 영국 외부의 사상적 자원이 아니라 왕권신수설의 모태인 성서를 재해석하고 재전유하면서 기독교라는 "동일한 문화적 지형 위에서 사상투쟁을 벌였다"라는 점을 강조한다.[71] 그가 이를 강조하는 이유는 로크와 달리, 우리는 우리의 사상적 자원을 재해석하고 재전유하여 새로운 한국적 이론의 지평을 열려 하기보다 서구사상을 무분별하게 수용해 "끊임없이 전통의 파괴와 단절 과정"[72]을 겪어왔음을 부각시키려 했기 때문이다. 이에 대한 강정인의 논거는 매우 재미있지만, 나는 그가 말하고자 하는 바와 정반대 주장을, 똑같이 로크의 예를 들어 아래에 제시할 것이다. 일단 잠시 우회해보자.

---

70 Syed F. Alatas, "Academic Dependency and Global Division of Labor in the Social Sciences," *Current Sociology* 51, 2003, 599~613쪽.

71 강정인, 『서구중심주의를 넘어서』, 507쪽.

72 같은 책, 506쪽.

4. 해석학과 전통의 현대화

가다머[H. G. Gadamer]와 하버마스의 '해석학 대 비판이론[Hermeneutics vs. Critical theory] 논쟁'에서 쟁점은 과연 사회문화적 전통에 대한 객관적인 비판이 어떻게 가능한가라는 질문으로 수렴된다. 이 논쟁의 복잡한 전개를 논하는 자리는 아니지만, 모든 치열한 논쟁이 그렇듯 이 논쟁 또한 양자의 첨예한 입장 차이 못지않게 상당한 공통점을 가지고 있다. 즉 하버마스는 가다머를 비판했지만 그 또한 특정한 사회문화적 전통에 대한 어떤 비판도 주어진 언어게임/전통 '바깥[from without]에서'는 불가능하며, 결국 해당 언어게임/전통 '안쪽[from within]에서' 시작할 수밖에 없다는 점을 인정했다.[73]

비판은 특정한 언어게임의 안쪽에서 시작해야 한다는 하버마스의 주장은 사실 그의 주저 『의사소통행위이론』의 핵심이다. 하버마스는 이 책에서 이론가가 제3자의 객관적이고 탈맥락적인 비판[disembodied critique]을 제기하는 것은 불가능하다는 점을 정밀하게 논증했다. 바꿔 말하면, 어떤 비판도 해당 게임의 참여자가 가질 수밖에 없는 편견이나 전제, 일상적 지식 등을 배제한 특권을 누릴 순 없다는 것이다. 하버마스는 이렇듯 비판이란 결코 객관적일 수 없지만 소기의 목적을 효과적으로 수행할 수 있다고 본다. 어떻게? 상대방의 언어게임 '안'으로 들어가 대화를 주고받는 동안 논의 방향은 보다 심층적이고 근본적인 문제를 가리키게 되는데 이 과정에서 지금껏 드러나지 않던 대화의 전제나 일상적 지식, 심지어 게임 규칙 자체를 비판의 표적으로 삼아 해당 언어게임을 바꿀 수 있게 된다는 것이다. 여기서 주의해야 할 점은 탈맥락적 비판이 불가능한 이유는

---

73 Jürgen Habermas, "A Review of Gadamer's *Truth and Method*," Fred R. Dallmayr and Thomas McCarthy (eds.), *Understanding and Social Inquiry*, Notre Dame: University of Notre Dame Press, 1977, 335~363쪽.

무릇 비판이 비판이라는 이름에 걸맞으려면 항상 다 드러나지 않은 언어게임/전통이 배경에 깔려 있다는 가정을 전제하고 진행해야 하기 때문이라는 점이다. 이는 우리를 다시금 비판과 언어게임 사이의 '해석학적 순환hermeneutic circle'으로 인도하는데, 왜냐하면 어떤 비판이든 그것은 이미 비판의 대상인 특정한 언어게임에 대한 선이해pre-understanding가 성립돼 있음을 상정하기 때문이다.[74]

이를 명확히 하기 위해 노이라트O. Neurath의 배 수리 예를 사용해보자. 항해 도중 고장난 배를 수리하려면, 배 전체를 바다 한가운데서 전부 해체해 다시 조립할 수는 없기 때문에, 배의 다른 부분들은 괜찮다고 '가정'하고 당장 필요한 부분을 배가 '떠 있는 상태'에서 수리해야 한다. 그러고 나서 문제가 있다고 생각한 또다른 부분을 '다른 모든 부분들이 괜찮다'는 가정 아래 고쳐야 한다. 이 과정이 바로 하버마스가 제시한 의사소통행위communicative action를 통한 언어게임/전통의 변화를 예시해주는 적절한 은유다. 이 은유에서 핵심은 배를 한꺼번에 해체하고 재조립할 수 없다는 사실이다. 배를 일시에 해체한다는 것은 언어게임/전통을 일시에 무너뜨리고 완전히 다른 언어게임/전통으로 대체하는 것을 의미하는데, 이것은 사실상 불가능하다. 유일한 대안은 배가 떠 있는 동안 배의 다른 부분에 대한 '검증하지 않은 또는 당연시한 가정들'이 옳다고 여기고 문제가 있다고 생각한 부분을 수리하는 길뿐이다.[75]

이제 해석학 논쟁을 로크의 예에 어떻게 적용할 수 있는지 살펴

---

74 이에 관한 좀더 자세한 논의는 나의 글, "Habermas on Understanding: Virtual Participation, Dialogue and the Universality of Truth," *Human Studies* 34(4), 2011, 393~406쪽 참조. 또는 『담론과 해방』(서울: 궁리, 2005)을 참조할 것.

75 김경만, 「해석학과 집단적 박식에 관한 생선비늘 모형이 세계수준의 한국 사회이론의 발달에 갖는 함의」, 『사회와 이론』 7(한국이론사회학회, 2005), 263~280쪽 참조.

보자. 강정인에 따르면 필머의 왕권신수설을 논박하려던 로크는 가용한 사상적 자원을 "다른 문명으로부터 수입하거나 유럽 문명 내에서 찾아내어 활용할 수 없었고" 따라서 유일한 대안인 "기독교와 성서를 필머와 '달리' 혁신적으로 '재해석'함으로써" 자유주의사상의 기초를 마련할 수 있었다.[76] 이는 로크도 그가 속했던 전통 바깥이 아닌 안쪽에서 그 전통을 비판하고 재전유한 결과, 새로운 해석과 이론으로 자신이 속한 전통을 넘어섰다는 것이다. 여기까지는 강정인의 주장에 동의하지만, 문제는 "로크에게 열려진 유일한 대안"이 기독교와 성서를 재해석하는 길, 즉 주어진 전통을 재해석하는 것 외에 없었다는 주장을 어떻게 해석하느냐이다. 그에게 로크의 예는 우리의 전통(유교)을 재해석하고 재전유해서 한국 사회과학의 서구 의존성을 극복할 수 있다는 것을 암시하고 있지만, 내게 로크의 예는 서구 의존성을 극복하려면 유교가 아니라 서구에서 빌려온 사회과학의 개념과 전통 '안'에서 시작할 수밖에 없다는 것을 뜻한다. 이제 문제는 로크와 마찬가지로 우리에게 주어진 유일한 대안이 무엇인가로 좁혀진다. 나는 그와 다르게 우리에게 열려 있는 유일한 대안은 유교가 아니라 서구의 사회과학 전통이라고 본다. 나는 유교가 대안이 될 수 없는, 설령 된다 해도 아주 비생산적인 대안이 될 수밖에 없다고 보는 두 가지 이유를 제시하고자 한다. 먼저, 강정인은 개화기 지식인들이 서구의 자유와 평등 개념에 바탕을 두고 전통 유교를 재해석해서 고유한 자유주의사상을 확립하는 대신, 쉬운 길을 택해 서구에서 수입한 기독교사상에 기대어 자유주의를 옹호했다고 본다.[77] 이 주장이 가진 심각한 문제는 자유니 평등이니 하는

---

76 강정인, 『서구중심주의를 넘어서』, 507쪽.
77 같은 책, 508쪽.

'자유주의'의 핵심 개념 자체가 서구사상 안에 위치한 혹은 박혀 있는embedded, 그래서 유교 전통에서는 대응 개념이 없다는 점을 간과한 것이다. 강정인이 주장하는 바대로 유교를 재해석해서 '자유주의 사상'이나 '진보사상'을 확립한다는 것은 무엇을 뜻하는가. 이는 서구의 개념적 렌즈인 자유, 평등, 진보 등을 가지고 유교사상을 재단한다는 것이다. 즉 유기적인 사상의 총체인 유교에 억지로 자유, 평등, 진보 등의 개념을 덧씌워서 단지 몇몇 요소만을 서구식으로 재해석하는 것은 유기적 총체 안에서 그 요소들이 지닌 고유한 의미를 왜곡하는 것이나 다름없다.

효도를 예로 들어 이 점을 더욱 명확히 해보자. 『효경孝經』이 유교 13경 가운데 하나라는 사실에서 알 수 있듯이, '효'는 유교사상의 한 요소로서 '충忠' '경敬' '신信' 같은 덕목과 분리해서는 그 의미를 논할 수 없는 일종의 '유기적 개념의 연결망'을 형성한다. 효는 유교사상이라는 유기적 총체 안에서 특정한 지표적 의미indexical meaning를 지니기에, 피상적인 조응만 고려한 채 'filial(자식의)'을 붙여 'filial duty'니 'filial obligation'으로 풀 수는 없다. 단적으로 '효'든 '충'이든 얼마든 호환할 수 있다. 하지만 과연 서구 자유주의 전통에서 그 조합이 가당키나 한가. 도대체 효가 duty(의무)인가, obligation(필수적 의무)인가. 유교의 효는 절대로 그런 용어로 환원할 수 없다. 그야말로 마음에서 우러나야 하는 것이 효이지, 의무로 행하는 것은 효가 아니라는 것쯤은 이곳에서는 누구나 잘 안다. 그렇다면 서구에는 '효'에 상응하는 개념이 없는가? 당연히 없다. 서구에서 "부모한테 잘해야 한다You should be nice to your parents"는 말은 우리의 효도 개념과 매우 상이한—비트겐슈타인의 개념을 빌리면—다른 언어게임에 속한다. 사정이 이러할진대, 자유나 평등에 대응하는 개념도 없는 유교 전통에다 서구 자유주의 전통을 억지로

끼워 재해석하고 재구성하는 게 무슨 의미가 있겠는가. 강정인이 제안한 '유교페미니즘'도 마찬가지의 비판을 면할 수 없다. 이는 '혼융'이 아니라 전통의 '왜곡'일 뿐이다.

다음으로, 강정인의 전략에 대한 현실적인 반론을 제시해보자. 일단 그의 주장대로 유교를 재해석하고 재전유해서 우리 고유의 이론을 만들어낼 수 있다고 치자. 그렇다면 누군가 유교에 입각한 새로운 개념적 자원을 창출하고 이를 우리 현실에 맞게 정교화하는 동안, 다른 사람들은 무엇을 해야 하나? 예를 들어보자. 복잡한 통계기법을 사용하는 연구자들은 단순히 통계기법만이 아니라 그 통계기법에 맞는 주제를, 다시 말해 조작화operationalization가 가능한 주제를 다뤄야 한다. 만약 이들이 한국의 계급문제를 연구하려면 유교 전통 안에서 계급이 무엇인지 재해석하고 재전유할 때까지 기다려야 하나? 만일 그렇다 하더라도, 통계기법과 그 아래 깔려 있는 실증주의적 인식론은 또 서구의 것 아닌가? 결국 문제는 유교 전통을 되살려서 무엇을 얼마나 얻을 수 있느냐 하는 것이다. 비용/수익 분석을 해보면, 유교 전통을 되살려 한국적 사회과학을 발전시킨다는 것은 시간, 에너지, 실효성 측면에서 절대로 대안이 될 수 없다.

이제 로크의 예가 왜 강정인이 의도한 바와 전혀 다른 함의를 갖는지가 분명해졌을 것이다. 로크는 외부로부터 어떤 사상적 자원도 가져올 수 없었기에 '주어진' 기독교 전통을 재해석해 새로운 이론을 창출했다. 그렇다면 우리에게 현재 주어진 사회과학 전통은 무엇인가? 나는 강정인과 다르게, 우리는 이미 서구 사회과학의 개념적 자원과 틀에 젖어 있고 그 언어게임 안에서 움직여왔기 때문에 우리에게 현재 주어진 전통은 유교가 아닌 서구 사회과학임을 강조한다. 유교를 재해석하는 것은 여러 문제가 있고 비용면에서도 현실성이 없는 작업이다. 매몰비용을 생각하면 서구이론과 개념에 따라 연구해온 우리의 과제는 내재적 비판을 통해 서구 사회과학을 변증법적으로 극복하는 것이지, 고비용 저효율이 거의 확실한 '유교의 재활용'은 아니다. 우리가 재해석, 재전유할 대상은 유교처럼 이미 내생적인 서구 사회과학 전통이다. 서구 사회과학 전통이 내생적이란 증거는 슬프게도 유교 전통에서 "무엇을 어떻게 재해석해야 하는가"라는 질문의 답조차 서구적 개념 자원에 따라 결정할 수밖에 없다는 데 있다. 예컨대, 유교페미니즘은 '유교에서 무엇을 발굴해 재해석할 것인가'라는 질문의 답을 서구 페미니즘이 재단하고 선점한 것에서 찾으려는 시도임을 상기하라. 왜 페미니즘을 천착하고 그에 유교 전통을 혼용하려 하는가. 왜 페미니즘을 굳이 내걸고 주제화하고 연구대상으로 삼는가. 불행히도 그것은 페미니즘이 서구 사회과학 게임의 주요 개념이자 연구영역 중 하나라 그렇다고 말할 수밖에 없다. '혼용'으로 아무리 그럴싸하게 미화한다 해도, 궁극적으로 연구주제와 연구영역—부르디외가 말한 "내기물what is at stake"—은 이미 서구 의존적일 수밖에 없는 현실을 말해준다.

이 장 첫머리에 인용한 우리에게 잘 알려진 록그룹 이글스의 히트곡 〈호텔 캘리포니아〉의 노랫말처럼, 강정인은 언제든 서구의 개념적 자원(호텔)에서 가상적으로나마 마음대로 퇴실check out을 할 수는 있을 것이다. 하지만 '실제적'으로는 서구의 개념적 자원을 결코 떠날 수 없다you can never leave. 왜냐하면 떠나서는 아무것도 할 수 없기 때문이다.

4장
글로벌 지식장과 상징폭력

2005년『사회와 이론』에 게재한 논문에서 강신표는 중견 이론사회학자 강수택과 김상준을 거론하면서 30여 년 전의 김경동처럼 이들도 수입상 비판에서 자유롭지 못하다고 지적했다. 또 이들 연구는 서구이론이 어떤 면에서 한국사회에 적합성이 있는지 논의하지 않은 채 "서양 도사들로부터 전수받은" 추상적 지식만 "활개"치게 했다고 혹평했다. 그에 더해 강신표는 호주 라트로브 대학의 스기모토 요시오杉本良夫 교수가 한국 내의 국제학술대회에 참가한 뒤, 한국에서는 하버마스, 기든스, 베버의 이론만 무성할 뿐 "한국 현실에 기초하고 한국사회에서 출발한 이론과 방법"이 전무해 실망했고 앞으로는 현실에 뿌리박은 이론과 방법이 발전하길 기대한다며 일침을 놓았다는 일화를 전하며, 이 비판을 곱씹어야 한다고 충고했다.[78] 그러면서 그는 다음과 같이 일갈한다.

이론이 무엇인가에 대한 기본이 안 된 것에 우리의 비극은 시작됐다고 본다. 본디 사회이론은 한국사회를 대상화해야 한다. 다른 말로 우리가 다룰 수 있고, 다루어야 할 사회는 이 땅의 사람들이 사는 한국 사회와 문화이다. 연구대상만이 아니라 연구방법도, 대상이 다름에 따라 방법도 또 다를 수밖에 없다. 서구 사회학자들의 이론은 서구사회와 그 성원들을 대상으로 발전해온 것이다. 비록 그들이 비서구 사회를 대상으로 한 연구라 할지라도 그 학자인 사람은 서구적 '안경'을 벗어날 길이 없다. 그 안경은 그들의 세계관의 표출이요, 저들의 패러다임이요, 저들의 철학적 학문적 전통 위에서 정립한 명제와 이론이다. 이론은 추상일 뿐이다. 주어진 현상을 이해하고 설명하기 위한 '방편'으로서 '추상 abstract'한 것이다. 강수택과 김상준의 논문 속에 보이는 '화려한 추상'은 저들의 학계academic community에서 하나의 유행으로 통용되는 '상품'일 뿐이다. 그 상품을 수입해서 이런 긴 논의를 하는 것은 과거에 내가 김경동의 사회학을 비판하면서 한 말을 다시 상기시킨다.[79]

이론의 기본기도 못 갖춘 것이 우리의 '비극'이라던 강신표는 김경동 비판으로 한국 사회학계에서 받은 불이익을 스스로 '토착이론'이라 부른 "대대문화문법"으로 설명한다.[80] 즉 강신표는 "자주 주어지던 발표, 토론, 사회자의 역할"을 할 기회가 그 사건 이후 없어졌다는 사실,[81] 자신의 논문 일부가 사전 허락도 없이 난도질당하고 삭제된 사실[82] 등을, 한국인의 문화문법을 구성하는 세 가지 요소를

78 강신표, 「한국이론사회학의 방향에 대한 작은 제안」, 247쪽.
79 같은 글, 247~248쪽.
80 같은 글, 257쪽.
81 같은 글, 254쪽.
82 같은 글, 257쪽.

가지고 분석한다. 이 세 가지 요소란 첫째, 집단성, 둘째, 급수성, 셋째, 연극/의례성이다. 가장 먼저 집단성은 "사회학은 사회학 내에서만 놀아야 한다"는 집단 폐쇄성을 뜻하는데, 인류학자인 자신이 사회학자 김경동을 비판하자 '김경동 충성파'가 집단적으로 이 비판을 막으려 했고, 만일 어떤 사람이 이 집단적인 움직임에서 이탈하려 하면 사회학계에서 살아남기 힘들다는 것이다. 둘째, 급수성은 위계서열을 뜻하는데, 학계의 정상인 서울대 교수라는 직위에서 '수입 사회학 이론'의 유행을 선도한 김경동은 학계에서 자신보다 '높은 등급'에 속하고, 따라서 그가 배출한 많은 제자들은 조선시대부터 뿌리깊게 내려온 자기 선생에 대한 맹목적인 충성심을 발휘해 김경동보다 낮은 등급인 자신을 배척했다는 것이다. 셋째, 연극/의례성은 "좋은 것이 좋다"는 태도를 말하는데, 자신이 김경동에 대한 비판을 되짚어보려 했을 때 주위에서 "그 사건이 아직 유효합니까?"라고 반문하는 것에서 알 수 있듯이 '뭘 그런 걸 가지고 그러느냐, 지나간 일이니 없던 것으로 하자'는 식의 다분히 연극적이고 의례적인 "한국적 문화문법"을 말한다.[83]

그러나 토착이론으로 한국문화의 특성을 설명한다는 게 과연 이런 것일까? 나는 이런 현상들이 군이 '토착'을 요구할 만큼 한국문화의 특이성을 반영하는지, 더 근본적으로 '이론'의 기본기는 잘 갖추고 있는지 지극히 회의적이다. 우선 앞서 나열한 세 요소는 서구문화, 구체적으로 서구학계에서도 얼마든지 확인할 수 있다. 서구에서는 개별 학문 간 소통을 가로막는 집단성, 폐쇄성이 없는가? 아니, 당연히 있다! 이를 '자학문중심주의ethnocentrism of disciplines'라고 한다. 예컨대, 사회학자들이 경제학을 비현실적인 추상적 수학놀이

---

83 같은 글, 257~259쪽.

4장 | 글로벌 지식장과 상징폭력

일 뿐이라 비판하면 경제학자들은 떼거지로 자신들의 학문을 방어하는 일이 벌어지고 또 그 반대의 경우도 빚어진다.[84] 사회학, 정치학, 인류학, 철학을 전통 경제학과 통합해 경제학의 새 패러다임을 구축하려던 영미 이단 경제학자들heterodox economists이 주류 경제학자들에게 배척과 고통을 받는 것은 동일한 학문분과에 집단성이 얼마나 강하게 작용하는지를 보여주는 좋은 사례다.[85]

다음으로, 급수성이 없는 사회는 없다. 1960~70년대 로버트 머튼이 미국을 비롯한 세계 사회학계에서 행사한 막강한 권력은 굳이 부르디외의 말을 옮기지 않아도 모두가 잘 아는 사실이다.[86] 머튼이 70년대에 등장한 새로운 과학지식사회학자들에게 비판받을 때, 머튼의 제자들인 기린Thomas Gieryn, 콜Stephen Cole 등은 '등급이 낮은' 비판자들에 맞서 '등급이 높은' 머튼을 옹호했고 논쟁을 벌였다. 물론 김경동과 머튼의 차이는 후자는 방어할 자기 이론이 있고 전자는 그런 게 없다는 데 있겠지만, 중요한 것은 급수성이란 보편적 특성이기 때문에 '토착'을 동원할 필요가 전혀 없다는 것이다.

마지막으로, 연극적이고 의례적인 특성이란 것도 전혀 새로울 게 없다. 일찍이 19세기 말엽 에밀 뒤르켐이 그런 관점으로 인간과 사회를 분석한 바 있고, 현대로 접어들면 빅터 터너Victor Turner 같은 인류학자나 어빙 고프먼Erving Goffman 같은 사회학자가 "모든 사회 행

---

84 사회학, 경제학의 자학문중심적 경향을 다룬 흥미로운 논문으로는 Paul Hirsh, Stuart Michaels, and Ray Friedman, "Dirty hand versus Clean Models: Is Sociology in danger of being seduced by Economics?," *Theory and Society* 16, 1987, 317~336쪽을 들 수 있다.

85 예를 들면, David F. Ruccio and J. Amariglio, *Postmodern Moments in Modern Economics*, Princeton, NJ: Princeton University Press, 2003을 볼 것.

86 1990년 미네소타에서 열린 한 학회에서 터너Stephen Turner는 나와 저녁을 먹으며 "1960~70년대에 머튼에게 밉보이면 사회학 교수직을 얻기 힘들 정도로 위세가 엄청났다"는 말을 했다. 이는 "학계 내 머튼의 권력은 제왕 같았다"고 했던 부르디외의 언급과 일맥상통한다.

위는 의례가 중심이 되는 연행performance이다"라는 점을 강조하며 마찬가지의 분석을 수행했기 때문이다. 따라서 한국인의 행위만 연극/의례성을 지녔다고 할 수 없다.

그렇다면 강신표의 토착이론은 '이론'의 기본기를 잘 갖추었을까? 이 세 가지 개념은 사실 한국인으로서 우리가 일상에서 흔히 쓰는 '패거리' '짬밥' '예의상' 같은 말에 내포된 함의를 세련되게 표현한 것일 뿐, 그가 자부하는 토착이론에 걸맞은 이론적 개념이 아니다. 그러나 더 큰 문제는 "문화문법"이란 우리의 행위와 사고에 배어 있기 때문에 고정된 원리 몇 개로 포착할 수 있는 게 아니란 데 있다. 한국인의 문화문법에 집단성, 급수성, 연극/의례성만 있을까? 훨씬 더 많을 것이다. 강신표처럼 그 특성을 나열한 게 토착이론이라면 조선일보에 '한국인의 의식구조'를 500회 연재한 이규태는 문화문법의 비조일 것이다. 문화문법은 어떤 이론틀 하나로는 다 포착할 수 없는 '문화적 실천cultural practice' 곳곳에 배어 있다! 그런 식이라면 500회가 대수겠는가, 5,000회인들 못할까. 하지만 우리는 그린 것을 '이론'이라고 하지는 않는다.

지금까지 살펴본 바와 같이 강신표, 한완상, 조한혜정, 강정인은 모두 토착이론이 필요하다고 했지만, 토착이론을 논하기 전에 '이론이란 과연 무엇인가'에는 질문도 대답도 하지 않았다. 이론은 단순한 추상인가? 만일 한완상의 말대로 이론이 그렇게 고도로 추상적인 것이라면 왜 토착이론이 필요한가? 한국이란 특수한 상황을 설명하는 데 무슨 이론이 필요한가? 일반화나 추상화도 필요 없이 그저 한국이란 특수한 사회에 대한—이규태의 '한국인의 의식구조'처럼—구체적인 사례연구면 충분하지 않을까? 그러나 문제는 '구체'나 '추상' 또는 '보편화'나 '일반화' 등이 이론과 맺는 관계를 논한 적 없는 우리로서는 우리보다 '앞서' 이 개념들을 놓고 치열한 논쟁의 지적 전통을 쌓아올린 서구 과학철학에 기대야 한다는 데 있다.

1. 이론이란 무엇인가 : 한국적 이론의 허구성

앞서 등장한 학자들을 비롯해 한국 사회과학자 상당수가 믿어 의심치 않는 적실성 주장대로라면 결국 러시아 이론, 헝가리 이론, 일본 이론이 각각 필요하다는 궤변에 도달하고 말 것이다. 그렇지만 역사적으로 봐도 당대에 가용한 이론적 자원은 항상 희소했다. 이런 이론적 자원을 '지배이론dominant theories'이라 부르는데, 오늘날에는 기든스, 하버마스, 부르디외 같은 학자의 이론이 그에 해당한다. 물론 이 거장들 외에도 나름의 이론을 펼치고 있는 수많은 이론가가 있지만, 그들 이론의 기본축 역시 세 거장의 이론에 크게 의존한다. 예컨대, 존 오닐John O'Neill은 세계적인 사회이론가로 꼽히지만 그의 주저 『포스트모더니즘의 빈곤The Poverty of Postmodernism』의 결론 부분은 결국 하버마스 옹호로 끝난다. 역사를 거슬러오르면 과거에도 오늘날과 마찬가지로 마르크스, 베버, 뒤르켐의 이론 같은 몇몇 지배이론이 당대를 풍미했고, 그 희소한 가용자원을 수정하고, 확장하고, 발전시킨 결과가 부르디외, 기든스, 하버마스의 지배이론이다. 어느 시대, 어느 나라, 어느 사회와 문화현상을 설명하든 간에 가용자원인—라투르Bruno Latour가 "거부할 수 없는 준거점obligatory point of reference"이라 했던—지배이론은 언제나 소수에 불과하다.

  일례로 폴란드, 영국, 일본, 한국, 그 어떤 나라의 문화현상을 다루든 간에 부르디외의 이론이 '거부할 수 없는 준거점'이 되는 게 학계의 현실이다. 물론 윌리엄스, 홀Stuart Hall, 바우만 등의 관점도 문화연구에 자주 쓰이는 지배이론에 속하고, 어떤 문화연구든 이들 관점을 수정·비판·재구성하지만, 부르디외 이론의 영향력은 이들보다 훨씬 더 막강하다는 사실을 부정할 사람은 없다. 이는 콜린스가 수행한 동양과 서양의 철학사를 아우르는 방대한 경험적 연구에서도 고스란히 드러난다.[87] 당대의 '지적 관심 공간intellectual attention space'에서 살아남는 학파나 사유의 수는 항상 '소수의 법칙the law of small numbers'을 따른다. 그 수는 적게는 셋이고 많게는 여섯이다. 따라서 각 나라마다 그에 적합한 이론을 만든다는 건 역사적으로—즉 경험적으로—불가능하다. 그런데 어째서 한국 사회과학자들은 경험적으로 불가능한 테제를 수십 년간이나 되새김질하고 있을까? 이론은 고사하고 지식사회학적인 기본, 과학철학적인 기본 논의 자체가 없는 학계에서 토착의 깃발만 홀로 나부끼는 진풍경을 마주하게 된다. 강신표, 한완상, 김경동, 조한혜정, 강정인 같은 학자들, 탈서구의 한국적 이론을 주장하는 학자들은 이론이 무엇인지조차 논하지 못하고 있다. 이론이 무엇인가 하는 것을, 이론에 대한 서구이론—주로 이론에 대한 서구의 과학철학적 논의들—을 참조하지 않고는 논의할 수도 없는 상황에서, 한국적 이론을 발전시켜야 한다는 당위만 난무하는 것이 뼈아픈 우리의 현실이다.

그렇다면 이론이란 무엇인가? 사회과학자들이 다루는 대상은 자연과학자들이 다루는 대상 못지않게 추상적이다. 예를 들어 '사회적 상호작용'이란 무엇인가, 혹은 '계급'이란 무엇인가? 이런 대상들은 만질 수도, 냄새 맡을 수도, 볼 수도 없는—물론 사람들의 '물리적' 움직임은 보이지만—추상적 대상이다. 이 대상들은 우리에게 친숙하지 않은 그래서 '개념화conceptualization'해야 할 대상들이다. 이 개념화에 대해 이제부터 차근차근 논해보자.

---

87 Randall Collins, *The Sociology of Philosophies: A Global Theory of Intellectual Change*, Cambridge, MA: Harvard University Press, 1998.

어쨌든 사회과학의 대상은 '직접 접근direct access'이 불가능하다. 그렇다면 이렇게 추상적 대상을 어떻게 '구체적'이고 '접근 가능한' 대상으로 변환할 수 있을까? 많은 방법론 교과서가 말해주듯 연구는 관찰에서 시작한다고 가정해보자. 이 가정하에 한 연구자가 밖에 나가 관찰을 시작했다. 우선 그는 학교 앞 음식점에 가서 사람들의 대화와 행위 등을 관찰하고 그것을 노트에 적었다. 그런 뒤 카페에 가서 다시 사람들의 대화와 행위를 상세히 관찰하고 기록했다. 그런데 그는 예전에 배웠듯이 학교 앞이라는 '제한된' 지역의 관찰은 편향돼 있을 거라 보고 다른 지역의 음식점, 학원, 편의점 등을 다니며 관찰한 것을 기록했다. 하지만 그는 지금까지 관찰한 지역들의 소득수준이 비슷해서 발생할 수 있는 또다른 편향에 대한 우려가 생기자 이전 지역들과 소득수준이 현격히 다른 지역을 찾아가 관찰한 것을 기록했다. 이처럼 관찰과 기록을 이어갔다고 하자. 이제 그는 관찰을 기록한 많은 양의 노트를 갖게 됐다. 이 관찰기록은 그에게 무엇을 말해주는가? 맞선 상대의 생김새에 대한 자세한 묘사와 여러 지역에 대한 자세한 관찰기록의 공통점은 무엇일까? 이 두 종류의 자세한 묘사는 한마디로 자료뭉치나 자료더미에 불과하다. 자료뭉치는 어떤 과정을 거쳐 질서가 잡혀 이해 가능한 윤곽을 띠게 될까? 이 무질서한 자료에 질서를 부여하는 것이 바로 이론이다. 한국 사회과학의 현실은 어떻게 설명해야 할까? 앞으로 논의하겠지만, 역설적으로 한국 사회과학의 낙후는 부르디외의 장이론을 글로벌 지식장으로 확장해 적용함으로써 설명할 수 있다.

실제 사례가 논의를 이해하기 쉽게 할 것이다. 찰스 다윈은 갈라파고스 군도에서 몇 년 동안 수집한 자료를 '다윈 노트북Darwin Notebook'이라 불리는 관찰일지에 빼곡히 기록했다. 그러나 이 방대한 관찰기록도 그가 '자연선택이론theory of natural selection'을 만들어

'질서'를 부여하기 전까지는 '해석 불가능한' 단순한 자료뭉치에 지나지 않았다. 예컨대, 다윈은 갈라파고스 군도에서 관찰한 핀치새의 부리 모양이 섬마다 비슷하면서도 약간씩 다르다는 사실을 어떻게 해석해야 할지 고민했다. 어째서 서식하는 섬에 따라 부리 모양이 차이가 날까? 결국 다윈은 자연선택의 착상을 얻은 뒤에야 비로소 부리 모양의 다양성―경험적 관찰―에 질서를 부여할 수 있었고, 그렇게 해서 관찰기록은 불가해한 자료뭉치에서 나름의 체계를 갖춘 '설명 가능한' 자료로 변신할 수 있었다. 이 과정에서 이론의 기능은 불가해한 자료뭉치에 질서를 부여해서 자료와 이론이 일종의 '정합성coherence'을 갖게 하는 것이다. 이론적 해석을 가하기 전까지 "자료는 스스로 말하지 않는다data don't speak for themselves." 다시 말해, 자료 그 자체가 해석방법을 알려주는 것은 아니라는 말이다. 이른바 '다윈의 은유Darwin's metaphor'로 불리는 '자연선택이론'은 부리 모양의 '변이variations'가 각 섬마다 상이한 생태환경에 핀치들이 각기 달리 적응한 결과라고 설명한다. 즉 일정한 범위 내의 부리 모양 차이를 보이던 핀치 무리가 지각변동으로 생긴 섬들에 흩어졌고, 그곳 생태환경에 맞지 않는 부리를 가진 새는 도태되고 우연히 맞는 부리를 가진 새만 살아남아, 후대까지 유전을 거듭하면서 섬마다 부리 모양이 다른 핀치가 살게 됐다는 것이다.

다윈이 어떻게 자연선택이론의 착상을 얻게 됐는지에 관한 흥미로운 이야기들이 있다. 대체로 두 가지 영감의 원천을 꼽는다. 그중 첫번째는 육종가들의 경험이다. 학자가 아닌 동식물을 기르고 교배해 새로운 변종varieties을 얻는 육종가들과 친분이 두터웠던 다윈은 어떻게 새로운 변종이 탄생하는지를 잘 알고 있었다. 다윈이 주목한 것은 자연상태natural population에서 우연한 변이, 예를 들어 변종색의 장미가 나왔을 때 이것만 '고립'시킨 채 교배를 하면 새로운 색깔의 장미를 얻을 수 있다는 점, 그리고 이는 육종가가 자연상태에서 등장한 변이른 '인위적으로 선택artificial selection'해서 교배시킨 결과라는 점이었다. 여기서 영감을 얻은 다윈은 인위적 선택을 '자연선택'이라는 '은유'로 대체했다. 두번째 영감의 원천은 토머스 맬서스의 인구론인데, 잘 알려졌다시피 맬서스는 인구가 식량에 비해 엄청나게 빠르게 성장하며, 그에 따른 식량부족은 기아, 질병 그리고 전쟁 등을 통해서만 해결할 수 있다고 봤다. 다윈이 여기서 얻은 영감은 '주어진 적소ecological niche' 내의 먹이는 한정적인데 반해, 그 적소의 개체 수가 엄청나게 늘어나면 이른바 '재생산 압력reproductive pressure'이 발생하는데, 이 압력을 견디지 못하는 개체들은 자연히 도태된다는 것이었다. 요컨대 '압력'은 생존을 위한 투쟁을 낳게 되고 자연은 적응하는 변이를 가진 개체들만 '선택'한다. 이렇듯 다윈이 활용한 은유는 '압력'과 '선택'으로, 전자는 맬서스로부터, 후자는 육종가들로부터 얻은 영감에서 유래했다.

무질서한 자료에 질서를 부여하는 것이 은유라면, 은유와 이론은 어떤 관계를 갖고 있을까? 또하나의 예는 '은유의 기능'을 명확히 밝혀줄 것이다. 한 여자가 선을 보고 들어왔다. 어머니가 궁금해서 '그 남자 어떻게 생겼더냐?'라고 물을 때, 이 여자가 남자의 생김새를 하나하나 자세히 묘사해 전달할 수 있을까? '얼굴이 갸름하고 턱에 점이 있고, 코에는 여드름 자국이 있고……' 그런 식으로 하나하나 묘사하는 것은 결국 실패할 것이다. 자료뭉치의 예에서 보았듯이 이런 묘사는 자세하지만 특정한 '형태'를 결여하기 때문이다. 어머니는 짜증을 내며 이렇게 물을 것이다. '한마디로 탤런트 누구 닮았더냐?' 물론 탤런트라고 원빈이나 장동건처럼 잘생긴 사람만 있는 건 아니다. 각양각색으로 생긴 사람들이 텔레비전에 등장하는데, 중요한 것은 어머니가 탤런트들의 생김새에 '익숙'하다는 점이다. 따라서 탤런트 누구를 닮았다고 하면, 어머니는 금세 하나의 '형태'를 떠올리고 그것을 통해 그 맞선 남자의 생김새를 짐작한다.

이와 같이 특정한 형태를 부여하는 것이 은유의 기능이다. 명심해야 할 것은 외부세계(남자의 얼굴)와 이론언어(딸의 묘사) 간의 "일대일 대응"—얼굴에 어떤 점이 있고, 턱은 살짝 뾰족한데 주걱턱 끼가 있고, 입술은 약간 두툼하지만 거뭇하다 등—만을 가지고는 이론을 만들어낼 수 없다는 점이다.[88] 앞에서도 살펴봤듯이 남자의 얼굴에 있는 점 하나까지 놓치지 않고 수없이 자세히 묘사하고 조합한다고 해도 그 남자의 생김새는 어머니에게 잘 와닿지 않을 수 있다. 바꾸어 말하면, 다윈이 맬서스와 육종가들에게 받은 영감과 은유로부터 착안한 자연선택이론이 없었을 때에는 그 많은 양의 자료에 질서를 부여할 수 없었던 것처럼, 어머니 역시 익숙한 탤런트의 얼굴이나 잘 아는 사람의 얼굴을 떠올리지 않는다면, 딸이 아무리 많은 양의 정보를 제공한다고 해도 맞선본 남자의 얼굴이 어떠한지 파악해낼 수 없다고 할 수 있다.

과학철학자들의 주장대로 이론이 일종의 은유라는 말은 연구대상의 세부적 경험내용empirical detail의 일부를 희생하더라도 은유를 매개로 낯설거나 추상적인 대상을 익숙하고 구체적인 대상으로 치환하는 '이론적 이상화theoretical idealization' 과정을 함축한다. 베버의 '이념형'이 그렇듯 '이상화'는 '바람직한 것'이나 '원하는 바'를 추구하는 게 아니라, 낯선 연구대상이나 미래 사윗감의 얼굴에 대한 '크로키'라고 볼 수 있다. 그렇게 함으로써 추상적이고 친숙하지 않았던 대상이 은유를 통해 친숙하고 구체적인 것으로 다가오게 된다. 예를 들어, 상징적 상호작용론, 민속방법론, 비트겐슈타인의 '규칙

---

88 이 문제는 콰인의 '반환원주의'에 대한 논의에서 더 구체적으로 설명할 것이다.

따르기' 개념에서는 '사회적 상호작용'을 종종 '춤'이나 '도로운전'
에 비유한다. 두 사람이 호흡을 맞춰야 하는 댄스스포츠의 경우 능
숙한 커플은 상대의 시선이나 동작을 특별히 의식하거나 신경쓰지
않고 발을 밟는 일 없이 '마치 한몸처럼' 음악을 타 아름다운 춤사
위를 선사한다. 또 능숙한 운전자는 다른 운전자들과 '진지하게 상
의하지 않고' 오디오에서 나오는 노래를 흥얼거리며 '주변 차량의
흐름에 무리를 주지 않고' 차선을 변경하고 출구를 빠져나가고 추
월을 한다. 이것이 사회생활에서 타인과의 상호작용이 무엇인지 포
착하는 데 쓰이는 은유다. "보이지만 암묵적인 사회적 상호작용의
특성seen but unnoticed features of social interaction"이란 가핑클의 난해한 표
현도 '도로운전'의 은유를 상기하면 금방 파악할 수 있다. 능숙한 운
전자들 간 상호작용—차선 변경, 고속도로 진입, 추월 등—은 분명
잘 드러나 보인다. 하지만 이때 그들 사이에 무엇이 적절한 상호작
용인지 묻고 일일이 확인하는 명시적인 절차 같은 건 없다. 운전자
들은 의식이 아니라 몸에 밴 능숙함과 드러나지 않는 암묵적 대화
를 바탕으로 거대한 차량의 흐름에 동참한다. 이렇듯 은유는 추상적
이고 익숙하지 않은 대상을 평소에 익숙한 대상으로 치환해 구체적
이고 접근 가능하게 만드는 기능을 수행한다.

　그럼 사회과학자들에게 익숙한 이론 개념인 '계급'을 논하는 것
으로 이론에 대한 이해를 심화시켜보자. 계급이란 무엇인가? 이 질
문은 맞선을 보고 온 언니에게 여동생이 묻는 '그 남자 어떤 사람
이야?' 하는 것만큼이나 모호하고 추상적이다. 일단 계급을 개념화
하려면 은유가 필요하다. 사회학에서 대표적인 계급이론 두 가지를
예시하면 명쾌한 답이 나올 것이다. 우선 마르크스를 필두로 한 좌
파 전통에서 계급이란 무엇인가? 이 전통의 유서 깊은 은유는 한 계
급이 다른 계급들을 지배하고 착취한다는 '갈등'의 은유다. 이 은유

에 따라 계급 간의 이해는 항시 충돌하는데, 다만 경제적이고 물리적인 강제력과 이데올로기적인 세뇌가 계급투쟁의 폭발을 억누르는 것으로 그려진다. 이 갈등관계의 기원과 양상은 은유가 수반하는 어휘들의 '그물망'으로 표현된다. 계급에 대한 마르크스주의적 인식은 계급의 기원인 '잉여가치' '착취' '지배' '특권' '권력' '허위의식' 등의 용어를 유기적으로 연결해 계급의 현실에 의미를 부여하는 작업이다. 사회적 생산에서 발생한 잉여는 누가 차지하는가? 자본주의 사회에서 잉여가 자본가의 몫이라면 그들은 어떻게 잉여를 착취하는가? 그들은 어떻게 이런 '특권'들을 정당화하고 유지할 수 있는가? 이러한 사안들이 마르크스주의 계급이론에서 자연스럽게 제기되는 질문들인 것이다.

뒤르켐을 축으로 발전한 기능주의 계층론의 전통에서 사회계급을 바라보는 은유는 마르크스주의자들과는 정반대로 '조화'의 은유다. 이 전통에서는 각 계층이 서로 조화를 이루고 이 조화를 통해 균형 있게 유지되는 사회를 그린다. 자주 쓰이는 좀더 구체적인 은유는 '오케스트라'다. 오케스트라가 연주할 때 각 악기의 연주자들은 각각의 위치에서 무얼 해야 하는지 명확히 의식하고, 궁극적으로 이 의식은 오케스트라의 목적인 훌륭한 연주를 지향한다. 만일 심벌즈 주자가 한 시간이 넘는 연주에서 기껏 수십 초만 연주한다는 데 불만을 품고 다른 연주자와 갈등을 빚는다면 그 악단은 얼마 안 가 와해될 것이다. 이 전통에서는 각 부문의 연주자들이 자신의 기여나 기능에 대한 어떤 '합의'하에 최상의 하모니를 위해 같이 노력한다고 본다. 나아가 뒤르켐의 철학적 인류학^{philosophical anthropology}은 애초부터 '사회'가 성원들로 하여금 자신이 속한 계층을 자신의 능력에 맞는 계층으로 인식하고 받아들이도록 '조정'했다고 강조한다. 기능주의 관점에서 두드러지게 강조하는 용어들은 '능력' '지능' '노력' '투자' 등이다. 따라서 마르크스주의 계급론과 달리, 기능주의 계층론이 제기하는 문제들은 다음과 같다.

의사, 변호사 같은 전문직 종사자들은 왜 다른 계층에 속한 사람들보다 더 많은 보상과 인정을 누릴까? 어떤 사회적 메커니즘이 보상과 인정을 차별적으로 분배하고 그 결과인 계층구조를 유지할까? 지능, 노력, 부모의 투자 등 기능주의 계층이론을 구성하는 단어들의 '망'은 다음과 같은 답을 제시할 것이다. 사회에서 이런 계층의 중요한 기능은 아무나 수행할 수 없고, 앞서 열거한 능력, 지능, 노력, 투자 등의 조건에 부합하는 '소수'만 담당할 수 있다. 따라서 희소한 조건을 갖추려는 노력에 합당한 '보상'이 없이는 아무도 그 중요한 기능에 걸맞은 능력 배양에 투자하지 않을 것이고, 결국 중요한 직업군은 만성적인 공급부족에 처하게 될 것이다. 이것이 이들이 다른 계층에 속한 사람보다 더 많은 인정과 보수, 명예를 갖게 되는 이유다. 이를 확대하면, 사회를 유지하기 위해 각 계층이 수행하는 역할은 중요성과 기여도의 차이에 따라 차등 보상을 받는다는 면에서 사회는 하나의 '조화'를 이루는 전체로 작동한다.

이런 방식으로 간략하게 두 계급이론을 비교했을 때 계급의 특정한 의미는 상이한 이론을 구성하는 단어들의 '망' 안에서 주어질 뿐, 이 망을 벗어나면 의미를 규정할 수 없다. 즉 계급의 의미는 '지표성 indexicality'을 띤다. 따라서 마르크스주의이론의 계급이 착취와 불평등이라는 사회병리현상을 집약한 개념이라면, 기능주의이론의 계급은 정당한 보상의 결과라는 사회의 유지 및 발전에 필수적인 메커니즘을 집약한 개념이다. 계급은 이렇듯 동일한 개념이 지표성에 따라 극단적으로 상반되는 의미를 갖게 되는 전형적인 사례.

아마 이쯤에서 철학을 좀 아는 사람이라면, 내가 제시한 이론의 개념이 콰인이 「경험주의의 두 독단」이란 논문에서 다룬 전일주의

holism에 입각했다는 것을 알아차릴 것이다.[89] 콰인이 비판한 두 독단 중 하나는 '이론과 사실의 분리'—분석적인 것(선험적인 것)과 경험적인 것의 분리analytic/synthetic distinction—이고, 나머지 하나는 '환원주의reductionism'이다. 먼저 논리실증주의의 핵심 명제인 환원주의는 어떤 명제를 그것을 구성하는 단어들로 쪼개고, 그 단어 각각이 바깥세계와 '대응'하는가를 확인해서 진리값truth value을 결정하고, 이 진리값들의 합이 그 명제의 진위를 결정한다고 본다. 콰인의 '반환원주의anti-reductionism'는 하나의 개념이 그것과 연결된 다른 개념들로 구성된 망을 벗어나게 되면 외부세계와 대응하는 고정된 의미를 상실한다는 것을 말하는데, 이는 바꿔 말하면 어떤 개념도 그 개념을 포함하는 이론 전체를 벗어나면 '특정한' 경험적 의미를 갖지 못한다는 것이다. 마르크스, 파슨스, 나아가 라이트E. O. Wright, 로머John Roemer가 구축한 이론 전체의 품속에서만 계급의 특정한 의미를 말할 수 있고, 이를 넘어 계급 '일반'의 의미를 규정하려는 경험론자의 시도는 무의미할 뿐 아니라, 엄밀히 말해 불가능하다. 따라서 개념들의 망인 '이론 전체'가 외부세계와 대응해 '의미론적 지평'을 마련할 때라야 각각의 개념들이 의미가 있지, 그 역은 성립하지 않는다. 결국 우리가 외부세계에 의미를 부여하는 것은 특정한 개념들의 망으로 구성된 '이론 전체theory as a whole'를 외부세계와 대응시킴으로써만 가능하다.

이 맥락에서 볼 때 전통적인 경험론자의 첫째 독단도 깨지게 되는데, 그 이유는 분석명제와 종합명제의 구분 자체도 결국 이런 명제들을 구획하는 이론적 개념들의 망 '안'에서만 얘기할 수 있기 때

---

89 W. V. O. Quine, "Two Dogmas of Empiricism," *The Philosophical Review* 60, 1951, 20~43쪽.

문이다. 경험적으로 다루어야 할 문제와 선험적으로, 즉 당연시해야 할 문제는 해당 패러다임에 따라 결정된다는 쿤의 주장을 상기하면, 이 구분에 대한 콰인의 비판을 이해할 수 있을 것이다. 예를 들면, 지질학에서 지각변동의 연속성을 강조하는 균일론^{uniformitarianism}은 세계가 연속적으로 변한다는 것을 자명한—경험연구를 통해 입증할 필요가 없는 '선험적'인—것으로 여기는 반면, 급격한 변화를 강조하는 격변론^{catastrophism}은 세계가 불연속적으로 움직인다는 것을 자명하게 여긴다. 무엇이 선험/분석 명제인지는 맥락을 초월한 보편 기준이 아니라, 주어진 이론틀에 따라 결정된다. 그렇다면 인간 사회를 기본적으로 '갈등'의 관계로 보아야 하는가, 아니면 '조화'의 관계로 보아야 하는가. 마르크스의 정치경제학과 뒤르켐의 사회인류학은 이 질문에 대한 서로 다른 선험적/분석적 답을 제시한다고 볼 수 있다.

이제 비로소 이론이 무엇인지 정의할 때가 된 듯하다. 전통적으로 통용돼온 이론의 정의는 "현실을 설명하고 예측하기 위한 명제들의 집합" 정도일 것이다. 그야말로 어떻게 써먹어야 할지 막막한 추상적인 정의다. 그러나 지금껏 논의한 바, 이론은 "실재나 현실을 잡아내거나 담아내기 위해 고안된 유기적으로 연결된 개념들의 망"이다. 망을 어떻게 짤 것인가에 대한 영감을 제공하는 것이 '은유'이고, 은유에 따라 망에 들어갈 개념들이 결정될 뿐만 아니라 개념들의 관계도 결정된다. 다음 두 절에서는 부르디외의 장이론이 어떻게 두서없는 인신공격으로 보이는 '강신표-김경동 논쟁'이나 조한혜정과 강정인 등의 상투적인 탈서구 담론을 이론적으로 이해 가능하도록 해주는가를 살펴봄으로써 한국 사회과학의 활로를 모색할 것이다. 주목할 것은 부르디외의 장이론이 지금껏 우리가 논의한 이론의 정의에 얼마나 부합하고, 무질서하게 보이는 한국 사회과학의 현실을 어떻게 '질서' 있고 이해할 수 있게 만드느냐이다.

2. 글로벌 지식장과 상징폭력: 한국 사회과학의 낙후에 관한 이론적 설명

부르디외의 복잡한 '장이론field theory'을 중심적 개념들만 유기적으로 연결해 아주 간략하게 풀어내보자. 그 중심 개념들은 '장' '상징폭력' '상징자본' '일루지오' '하비투스' 등이다. 이 가운데 우선 '장'은 "특정한 경계가 있는 상징공간"이라 볼 수 있다. 여기서 상징공간은 물론 물리적 공간과 구별되는 개념인데, 내가 쓴 이론 논문에서 하버마스나 기든스를 논할 때 그들과 나는 물리적으로 상이한 공간에 있지만, 내가 그들의 저작을 읽고 이해하고 비판하는 과정은 '상징공간' 안에서 그들과 대화한다는 것을 의미한다. 그렇다면 특정한 '경계'가 있다는 것은 무엇을 말하는가? 이 경계 역시 물리적 공간의 경계와 다른 의미가 있다.

　'구조'와 '행위'의 관계를 새롭게 모색한 앤서니 기든스의 '구조화이론structuration theory'을 생각해보자. 기든스는 구조화이론을 구축하기 위해, 전통적으로 구조를 강조해온 마르크스, 레비스트로스 등에 대한 비판적 독해와, 이들이 간과한 미시적 상호작용에 초점을 맞춘 미드, 가핑클, 블루머 등에 대한 비판적 독해를 결합했다. 상징공간을 이해하려면 구조화이론이라는 결과가 아니라 이론의 원재료와 생산공정에 주목해야 한다. 그래야 한국 사회과학자들의 '숙원'인 토착이론의 '현실적 가능성'도 가늠할 수 있다.[90] 기든스는 영국 사람이고, 그래서 당연히 미국의 가핑클, 프랑스의 레비스트로스와 다

---

90 이 문제를 둘러싼 좀더 자세한 논의는 김경만, 『담론과 해방: 비판이론의 해부』(서울: 궁리, 2005)를 참조할 것.

른 물리적 공간에 있을 뿐만 아니라 상이한 역사적 문화적 정치적 공간에 있다. 그러나 그가 상이한 공간들을 가로질러 가핑클, 레비 스트로스, 메를로퐁티 등으로 나아가고, 더 과거로 거슬러올라 뒤르켐, 마르크스 등에 대한 독해와 비판에 이르는 여정은 그가 어떤 상징공간에서 작업해왔는지를 잘 보여준다. 이 공간은 오랫동안 '스콜레'^{skholè}라는 '학자적 관점'을 공유한 학자들이 그네들만의 '소통'을 통해 창출해낸 공간이다.

그렇다면 이런 상징공간의 경계는 어디인가? 상징공간의 경계는 경계 밖과 안에 존재하는 사람을 구분한다. 기든스처럼 경계 '안'에 들어갈 수 있는 사람은 어떤 사람들인가? 이들은 구조주의, 현상학, 기능주의, 합리적 선택이론, 상징적 상호작용론, 해석학 등 인간의 행위를 이해하고 설명하기 위해 고안된 갖가지 이론을 이해하고 이 이론들 간의 차이와 유사점을 능숙하게 구분할 수 있는 사람들이다. 우리는 이들을 가리켜 '이론가'라고 부른다. 이론가들은 오랫동안 진화와 발전을 거듭해온 사고공간^{思考空間}, 즉 상징공간에 '진입비용'을 치르고 들어온 사람들이다. 진입비용은 아무나 이 공간에 들어올 수 없다는 것을 함축하는데, 이 공간에서 작업을 하려면 학문전통에 대한 일정 수준 이상의 이해를 갖추어야 한다는 뜻이다. 이런 자격은 통상 해당 분야의 박사학위를 가리킨다. 그런데 단순히 명목상의 자격이 아니라, 구체적으로 무엇을 어떻게 획득하는지를 좀더 살펴볼 필요가 있다.

"하비투스란 객관적 구조의 내면화^{internalization of the objective structure}이다"라는 부르디외의 규정을 통해 우리는 상징공간과 장이론의 세목을 보다 깊이 이해할 수 있을 것이다. 학부에서 사회학 이론 과목을 듣고 이론 분야에 관심을 갖게 된 학생이 상징공간에 진입할 자격을 획득하려면, 그러한 관심을 심화·발전시킬 수 있는 대학원 과정에 진학해야 한다. 이제 그는 대학원에서 더 심화된 이론 과목을 수강신청하고, 강의 첫날 사회이론의 대가들과 중요 문헌들이 빼곡히 적힌 수업계획서를 받을 것이다. 여기서 놓치지 말아야 할 것은 앞에서 강신표 교수에게 "한국 학자들이 베버, 하버마스, 기든스만 논의했지 자신의 이론을 발전시킨 것은 보질 못했다"라고 일침을 가했다는 스기모토 교수가 사태를 호도하고 있다는 사실이다. 그가 가르치는 호주 라트로브 대학의 사회이론 강의는 물론이고 미국, 일본, 한국 대학의 어느 사회이론 강의에서도 마르크스, 베버, 뒤르켐, 하버마스, 부르디외, 기든스 등은 그 주인공을 양보한 적이 없기 때문이다. 사회이론 분야의 지배담론을 이루는 이들의 문헌은 한국의 대학원 강의는 물론 미국과 일본의 대학원 강의에서도 거의 예외 없이 '중요하게' 읽어야 한다고 강요된다. 여기서 '강요된다'는 말은 일종의 비유다. 즉 사회학 이론을 전공하는 대학원생들은 물론 사회학 전공자라면 그 문헌들을 반드시 읽고 최소한 기본적인 요점을 알아야 앞서 얘기한 '신입비용'을 치를 수 있고, 비로소 상징생산의 공간에서 일할 수 있는 자격을 얻을 수 있다. 상징공간에서 작업한다는 것은 지배이론을 습득하고 이렇게 습득된 지식을 기반으로 자신의 견해를 구축하는 것이다.

이른바 '학자적 하비투스$^{scholastic\ habitus}$'란 일련의 교육과정을 시작으로 전문 사회학자가 되고 학회에 가고 논쟁을 하고 논문을 쓰고 새로운 이론을 창출하는 전 과정을 통해 지식장의 규칙을 체화하고 내면화한 것이다. 일례로 논문을 발표하고 평가를 받고 반론을 제기하는 등의 '실천'을 통해 상징공간에서 설득력 있는 논지전개 방식을 체화하는 것도 '학자적 하비투스'의 하나다. 결국 '학자적 하비투스'는 학자의 소명, 학문성취의 평가기준, 학술경력의 관리(상징자본의 축적)에 필요한 투자감각, 학자들 간 직간접적 상호작용의 규범 등, 간략히 매뉴얼화할 수 없는 학술적 실천 전반에 필요한 '자재와 장비 일체'를 포괄한다.

이쯤에서 "객관적 구조의 주관적 내면화가 '하비투스'"라는 부르디외의 개념 규정을 한번 떠올려보자. 먼저 상징공간의 '객관적 구조'는 도대체 무엇인가? 이 객관적 구조는 다시금 상징공간에서 '지배적 위치'를 차지하고 있는 학자가 누구인가 하는 질문으로 이어진다. 사회이론 전공자의 상징공간이라면 당연히 하버마스, 기든스, 부르디외, 푸코를 위시한 몇몇 학자들일 것이다. 이들은 그전 세대의 상징공간에서 지배적 위치를 차지하던 마르크스, 베버, 뒤르켐 등을 확장하고 재해석하여 새로운 상징공간을 창출하거나 기존 상징공간의 구조를 '재배치'한 인물들이다. 이제 이들의 업적은 대학원생은 물론이고 사회이론의 '장'이라는 상징공간에서 작업하는 학자들에게 강제적인 준거점으로 작용하면서, 이들이 탁월한 이론적 작업의 규준을 체화하고, 또 그 논리구조를 모방하고 궁극적으론 넘어서려는 시도를 하도록 이끈다.

객관적 구조는 몇 안 되는 현대 사회이론의 거장들이 구축해놓은 지적 지형地形을 의미하는 바, 이를 설명하는 데 등고선의 비유가 적절해 보인다. 히말라야 산맥의 거봉들을 일일이 다 열거할 수 없지만, 우리는 에베레스트, 마나슬루, 안나푸르나 등이 히말라야 산맥의 최고봉들이라는 것쯤은 알고 있다. 우리가 모형지도를 만든다면 이 험준한 산들은 아주 진한 고동색으로 칠하고 찰흙을 이용해 높낮이를 나타낼 수 있다. 진한 고동색 봉우리 아래 자리한 좀더 낮은 봉우리, 구릉, 평야 순으로 적절한 색깔과 높낮이를 표현하면 입체 모형지도를 완성할 수 있다. 이 낮은 봉우리들은 최정상의 거장들을 '추격'하고 있는 학자들, 예컨대 랜들 콜린스, 조너선 터너, 악셀 호네트Axel Honneth, 존 오닐 등이라 할 수 있다. 다시 말해, 이 봉우리의 높이는 바로 학자들이 소유한 '상징자본'의 양에 비례한다.

객관적 구조의 내면화란 학문적 수련기를 거쳐 상징공간에 투신하면서, 누가 이 지형의 우뚝 선 준거점이고, 누가 그 아래 봉우리에 자리하고, 이 봉우리들이 어떻게 생성되었으며, 이렇게 융기하려면 어떤 자세로 공부해야 하는지 등을 감지할 수 있는 '게임감각^{feel} $^{for\ the\ game}$'이 몸에 밴 것을 가리킨다. 한마디로 이러한 '체화된 성향'이 '하비투스'의 다른 이름이다. 하비투스는 철학적 의미에서 "경향어$^{dispositional\ concept}$"[91]이기 때문에, 당연히 그 세부 내용을 일일이 다 열거할 수 없는 '열린' 개념이다. 부르디외가 애용하는 '게임감각'은 어떤 학자가 상징공간에서 더 많은 상징자본을 축적하기 위해 전략적으로 운신할 수 있는 공간과 그 공간을 점유하는 데 필요한 구체적인 전술적 '실천감각$^{practical\ sense}$'을 제공한다. 따라서 객관적 구조의 내면화라는 의미에서 하비투스는 장 참여자들이 차지하는 '위치들 간의 관계$^{relations\ of\ positions}$'를 내면화하고, 그에 따라 움직이는 성향이나 경향이다.

이제 '상징폭력$^{symbolic\ violence}$'이 무슨 뜻인지 논할 차례다. 상징폭력은 말 그대로 물리적 폭력에 대비되는 말로, 교육과정을 마치고 전문 사회학자가 되어서도 거인들의 어깨 위에서 연구를 진행시킬 수밖에 없다는 데서 발생한다. 예를 들면, 우리나라뿐 아니라 어느 나라의 문화연구도 부르디외의 기여를 '모른 척' 무시할 수 없다. 부르디외의 의견에 동의하든 반대하든 간에, 그의 유산에서 시작할 수밖에 없다는 점에서 그는 여러 나라 연구자들에게 '상징폭력'을 행사하고 있는 것이다. 그러나 재미있는 것은 상징폭력은 누구에게나 가해지는 성질의 폭력이 아니란 것이다. 그렇다면 이 폭력의 '담

---

91 이에 대한 철학적 논의는 김경만, 『과학지식과 사회이론』(파주: 한길사, 2004) 참조.

지자'는 누구일까? 상징폭력의 행사자나 피해자는 부르디외가 말한 "이른바 '일루지오illusio'라는 '장의 환상'을 '공유'하는 사람들"이다. 상징공간에 진입해 장에서 중요하다고 설정된 내기물stake이 연구할 만한 가치가 있고 또 투자할 만한 가치가 있다고 "믿는"─부르디외에 따르면 "오인misrecognition"하는─행위자에게만 상징폭력을 행사할 수 있고 그 효력을 발휘한다. 일루지오는 특정한 장의 성립을 위한 전제조건으로, 쉽게 말해 장의 생산물에 대한 흥미나 관심 또는 몰입commitment으로 옮길 수 있다. 이를테면 문화이론에 관심이 있어 해당 장에 투신한 사람들은 문화를 대하는 학자적 관점, 부르디외, 윌리엄스, 바우만 등의 문화관이 평범한 사람의 문화관보다 '진리'에 더 가깝고 연구할 '가치'가 있다고 여기는 집단이다. 부르디외가 자주 언급하는 것처럼 장 바깥의 일상인에게 이론적인 문화연구는 아무 의미도 없고 어떤 흥미도 유발하지 않는다. 그렇기에 이들은 연구자들이 설정한 게임의 내기물─예컨대, 토대가 상부구조를 결정하는가, 담론적 실천이란 무엇인가, 지식/권력의 관계는 무엇인가 등─에 전혀 관심을 기울이지 않는다. 다시 말해, 일루지오는 장의 참여자 모두가 자신들의 학술활동이 유의미하며 몰입해 투자할 가치가 있다고 여기는 '공모'의 산물인 것이다.

'상징투쟁Symbolic struggle'은 장에서 내기물을 설정하고 상징폭력을 행사하는 권한과 깊이 연관되어 있다. 즉 다른 사람들이 특정한 이론틀을 중요한 것으로 '오인'해서 '수용'하게 함으로써, 부르디외가 말한 "상징이익을 얻을 수 있는 기회구조structure of the chance of profit" 에 영향력을 행사하는 사람이 과연 누구인지가 상징투쟁의 핵심이자 관건이다. 문화연구자라면 부르디외가 창안해낸 이론적 단어들인 장, 하비투스, 상징자본, 상징폭력, 일루지오 등을 결코 외면할 수 없다. 물론 모든 연구자가 부르디외의 이론틀을 연구할 필요는 없지만, 어쨌든 그들이 이를 언급하거나 인용할 때마다, 또 이를 사용하여 연구를 수행할 때마다 부르디외는 상징자본을 점점 더 많이 축적하게 된다고 말할 수 있다.

　지금까지 나는 부르디외의 장이론을 개괄하며 이론이 무엇인지 다시 한번 설명했다. 부르디외의 이론이 무엇이냐고 묻는다면 이 다섯 개념들이 유기적으로 얽히고설킨 관계의 '망'이라 답할 수 있다. 이 개념의 망이 우리가 이해하려는, 일견 무질서해 보였던 현실을 '질서'있게 재배치해서 그 다양한 양상과 동학을 설명해준다. 여기서 핵심은 '유기적'이란 수식어로, 그 의미는 기축 개념인 하비투스와 장이 서로 전제하는 동시에 다른 개념을 내포하지만 상징폭력과 일루지오를 전제하지 않으면 양자의 존립근거를 설명할 수 없고, 상징자본이나 상징투쟁 없이 양자의 다양한 국면과 변동 메커니즘을 포착할 수 없다는 것이다. 이때 주의할 것은 "장이 하비투스를 결정한다"는 식으로 개념의 단선적인 '인과적 결정'이나 '순차적 연결serial connection'을 떠올려 유기적 연결망을 오해해선 곤란하다'는 것이다. 유기적 연결이란 이 다섯 개념이 서로를 '순환적으로' 정의하고 그 맥락에서 개념의 함의를 서로 '강화한다reinforce'는 뜻이다. 요컨대, 장 없는 하비투스는 있을 수 없고 그 역도 마찬가지다. 각 개념은 개념의 연결망이 부여하는 '특정한 의미'를 갖는 성질, 즉 '지표성'을 띤다. 바꿔 말해, 하비투스는 장, 상징폭력, 상징자본, 일루지오로 연결되는 유기적 망에 위치할 때 비로소 특정한 의미가 있다. 그리고 개념의 망은 하나의 '유기적 총체organic whole'로서 우리가 이해하려는 현실이나 실재에 '의미'를 부여한다.

　우리가 설명하고 이해하려는 한국의 현실은 해외유학의 역사가 반세기를 넘겼지만 아직도 숱한 학생이 박사학위를 받으려 미국과 유럽의 명문대학으로 떠난다는 사실이다. 왜일까? 오랫동안 탈식민지이론, 토착이론을 부르짖고도 여태껏 이렇다 할 우리 이론은 없기 때문이다. 아니, 우리 이론이라기보다 '독창적 이론$^{original theory}$'이 없다 해야 옳을 것이다. 글로벌 지식장에서 관건은 외국 학자들이 준거로 삼을 독창적 이론을 과연 우리가 창안할 수 있느냐에 달렸다. 부르디외의 이론이 상당 부분 베버, 후설, 마르크스 같은 독일의 철학과 사회사상에 의존한다 해서 그것을 '독일적' 사회이론이라 부를 근거는 없다. 또 뒤르켐, 메를로퐁티, 레비스트로스의 영향을 받았다 해서 그것을 '프랑스적' 사회이론이라 부르지도 않는다. 부르디외의 이론은 그의 독창적 이론일 뿐이고, 그 독창성에 힘입어 글로벌 지식장에서 엄청난 상징권력을 행사하는 것이다.

3. 글로벌 지식장과 길 잃은 아이

글로벌 지식장 이론을 이용하여 우리는 해외유학의 역사가 60년이 넘는 지금껏 어째서 글로벌 지식장에서 상징이익을 거둘 수 있는 독창적 이론을 만들 수 없었는지 설명할 수 있다. 한 사회학자는 나와 얘기를 나누면서 "한국에는 '장'이 없기 때문에 프랑스산이란 딱지가 붙은 장이론을 적용할 수 없다"며 예의 그 '비적실성'을 단언했지만, 나는 장이론이 한국 사회과학의 비생산성과 후진성을 설명하는 데 아주 유용하다고 생각한다. 장이론은 '탈식민지적 사회학'이니 '한국적 사회학'이니 하는 주장들이 왜 구호에 불과한지 명확하게 드러내주기 때문이다.

첫째, 한국 사회과학을 글로벌 지식장 안에 위치시키면, 강신표가 '매판'이라 몰아붙인—사실 30여 년이 지난 지금까지 여전한—'수입도매상 사회학'의 위상을 흥분을 가라앉히고 조금 다른 각도에서 볼 수 있다. 먼저 우리는 이미 서구에서 만들어놓은 글로벌 상징공간에 속해 있고 그 결과 상징폭력에 노출돼 있음을 솔직히 인정해야 한다. 이것은 한국 사회과학이나 흔히 서구의 지적 지배를 받는다고 보는 일본이나 중국 등의 아시아 사회과학자만이 아니라, 미국, 영국, 이탈리아 사회과학자에게도 공히 적용되는 얘기다. 즉 서구의 대다수 학자들도 상징폭력을 당하고 있고, 그래서 '지적 종속'이 비단 우리 학계만의 문제는 아니라는 것이다. 비근한 예로 영국 사회학자가 부르디외의 이론으로 영국 사회를 연구하면 '매판'으로 매도될까? 강신표, 조한혜정, 강정인의 논의에 따르자면 그는 '지적 식민성'을 벗어나지 못한 셈이 된다. 그러나 글로벌 지식장의 관점에서 볼 때 중요한 문제는 부르디외처럼 창의적 이론으로 상징이익을 거둘 수 있느냐 없느냐에 있다. 불행히도 한국 사회과학자들은 상징이익을 극대화하는 방식으로 장의 지형을 변환시킬 수 있는 이론을 갖고 있지 못하기 때문에 좋든 싫든 상징폭력을 '당해야' 하는 위치에 있다. 이미 간파한 독자들도 있겠지만, 이것이 부르디외의 "성찰적 사회학reflexive sociology"의 시작점이나. 여기서 성찰이란 자신의 주장을 장의 다른 참여자들이 차지하고 있는 '상대적 위치'에 따라 '객관화'함으로써 자기주장의 타당성을 평가하는 것을 의미한다. 이런 객관화는 우리 학계가 글로벌 지식장의 일부로서 상징폭력에 노출되어 있다는 것을 말해준다.

둘째, 글로벌 지식장에서 상징폭력의 피해자인 한국 사회과학의 위치를 고려했을 때, 이미 3장에서 논박했던 문제, 즉 한국 문제를 연구대상으로 삼는다고 저절로 '한국적 사회과학'이 만개하지 않는다는 비판의 함의가 더욱 명확해진다. "사회이론은 한국사회를 대상화해야 한다. 다른 말로, 우리가 다룰 수 있고 다루어야 할 사회는 이 땅의 사람들이 사는 한국의 사회와 문화이다. 연구대상만이 아니라 연구방법도, 대상이 다름에 따라 방법도 또 다를 수밖에 없다."[92]라는 강신표의 주장과, "한국사회에 '유관 적합성'이나 '실용적 시사점'이 없는 사회과학은 지양해야 한다"[93]는 김경동의 말을 다시 떠올려보자. 이들의 주장과 달리, 폴 윌리스$^{Paul Willis}$가 영국의 한 산업도시에서 노동계급으로 성장하는 '사나이들^{lads}'에 대한 문화기술지『노동계급 되는 법 배우기』[94]를 저술할 때 마르크스의 계급론과 이데올로기론을 원용했다는 이유로, 그를 매판사회학자 또는 유관 적합성 없는 연구를 한 학자라고 비판하는 사람은 아무도 없었다. 오히려 윌리스는 이 저작으로 영국 사회과학계에 기여했을 뿐만 아니라 글로벌 지식장의 세부 영역—마르크스주의 문화이론과 계급론, 하위문화연구, 교육사회학 등—에서 상당한 상징이익을 거두었다. 주지하다시피, 외국 유명대학 한국 유학생들의 박사학위 논문주제도 대부분 한국에 관한 것이다. 그런데 왜 한국 문제를 고민하는 사람들이 외국 대학에 유학을 가 외국 학자에게 배운 이론으로 한국을 설명하는 박사학위 논문을 썼을까? 왜 이들은 서구이론을 사용해 한국을 주제로 한 박사학위 논문을 써놓고 귀국해서는 자신이 써먹은 서구이론을 한국에 적용할 수 없다는 자가당착에 빠질까? 반복해 말하지만, 한국적 토픽을 고민한다고 매판이 아닌 토착 사회과학의 성과로 이어지는 게 절대로 아니다. 이들이 한완상처럼 한국 문제를 고민하고 박사학위 논문을 썼다 해서, 매판사회학자가 안 되고 토착사회학 발전에 이바지하는 사람인 것일까?

셋째, 장의 높은 자율성, 즉 지식장과 외부세계를 가르는 높은 장벽은 장내 투쟁에 논증, 검증 같은 학술적인 투쟁도구 이외에 정치

---

92 강신표, 「한국이론사회학의 방향에 대한 작은 제안」, 248쪽 참조.
93 김경동, 「격변하는 시대에 한국 사회학의 역사적 사명을 묻는다」, 1~18쪽.
94 Paul Willis, *Learning to Labor: How Working Class Kids Get Working Class Jobs*, New York: Columbia University Press, 1977.

적 이데올로기적 선동이나 미디어, 사회운동, 지배권력, 대중적 인지도 등을 내장한 '트로이 목마'가 들어오는 것을 엄격히 금하고 있다. 하지만 대중성을 생존 전략으로 내세우는 한국 사회과학계는 지난 수십 년간 '경계 허물기'라는 명분으로 장의 자율성을 계속 무너뜨려왔다. 장벽이 낮다는 것은 진지한 학술논쟁을 회피하고서도 교수직, 학회, 연구기관의 다양한 연줄에 기생해 제도권력을 행사하기가 쉽다는 것이고, 지식장의 허울뿐인 명성으로 장외에서 챙길 수 있는 이익이 많다는 것을 함축한다.

부르디외의 장이론은 한국 사회과학을 글로벌 지식장에 위치시켜 한국 사회과학의 민낯을 직시할 수 있도록 해주고 미래 과제를 조망하게 하는 매우 풍부한 '적실성'이 있다. 한국 사회과학계에 국한된 근시안으로는 함의를 가늠하기 어려웠던 강신표-김경동 사건이나, 한국 사회과학계가 오랫동안 앓고 있는 고질적인 풍토병의 원인도 글로벌 지식장 이론으로 분석했을 때 비로소 그 전모가 확연하게 드러날 수 있기 때문이다. 다시 말하지만, 한국 사회과학의 비생산성과 후진성은 글로벌 지식장에 적극적으로 참여하고 투쟁하고, 거기서 독창성을 인정받고, 상징이익의 기회구조를 '변형'하려는 노력의 부재에서 말미암은 것이다.

넷째, 그렇다면 서구 의존성을 넘어설 수 있는 '실현 가능하고 효과적인 전략'은 무얼까? 나는 『담론과 해방: 비판이론의 해부』의 서문에서 "상아탑에 안주하는 것이 안주가 아니라 치열한 고통"이며, 지금까지 진화해온 고도로 추상적인 이론의 망을 통해 형성된 계보나 전통 '안'에서 논쟁해 창의적 이론을 정립하는 것만이 고통스럽지만 글로벌 지식장에서 상징이익을 거둘 수 있는 유일한 길이라고 주장했다. 상아탑 안에서, 또는 대중과 고립된 자율적 연구의 장에서 엄격한 방법론과 인식론을 바탕으로 서로의 연구를 평가하고 비판해 장 안에서 발전을 '체감'하는 학자집단의 부재가 곧 우리의 치명적 약점이다. 적실성 문제도 자율적 장의 결여에서 파생된 표피적 문제다. 이런 치명적 약점은 더 깊이 있고 학술적으로 통제된 이론적 인식론적 논쟁을 요구하는 글로벌 지식장의 참여자가 되기보다 대중과 미디어의 시선을 끌 흥미 본위의 시사적인 작업을 하며 장외의 방관자로 남길 원했던 우리 학자들 자신의 책임이다.

지금까지 논한 바와 같이, 한국 학자들은 '현실 적합성의 결여'를 문제삼아 서구이론에 대한 정교하고 치밀한 연구는 외면하고, 마치 이론이 현실의 문제를 단박에 해결해줄 도구인 양 지식인과 대중 사이의 경계 허물기에 몰두해왔다. 귀에 못이 박힌 '행동하는 지식인'이란 그럴싸한 명분을 앞세워, 학문연구에 매진하는 학자를 상아탑에 안주하는 폐쇄적이고 보수적인 꼰대라고 비웃으며 비난해온 것이다. 그토록 서양이론의 부적합성을 질타하면서도, 내가 아는 한, 깊이 있는 비판적 성찰의 무게를 실어 서구이론에 '도전한' 사회과학 서적은 아직 한 권도 없었다. 이러한 사실은 우리 학계가 '현실 적합성'이란 방패 뒤에 숨어 글로벌 지식장을 멀리하다 급기야 '길 잃은 아이' 상태로 전락하고 말았음을 증명한다.

서구이론은 고도로 추상적인 지적 유희일 뿐 한국 현실에는 적합성이 없다면서 무조건 "이론과 실천은 하나이고 같아야 한다"라고 한 이들이, 이론과 실천의 문제에 평생을 바친 부르디외나 하버마스처럼 혼신을 담은 '연구'를 해본 적이 있을까? 이론과 실천의 관계가 그리 단순하다면 부르디외와 하버마스는 왜 그걸 평생의 화두로 삼았을까? 한완상, 강신표, 강정인, 조한혜정 같은 학자들이 주장하듯 정말 서구학자의 이론이 추상적인 현학에 불과하다면, 왜 그것이 추상에 그칠 뿐 아무 가치가 없는지 구체적으로 밝혀야 하건만, 그런 도전과 비판은 없이 무조건 우리 현실과 유리된 지적 유희라고 일축하는 게 우리의 풍토이다. 그러나 하버마스나 부르디외 같은 서구학자가 방한하면 정작 자신의 주장은 까맣게 잊은 채 무슨 대단한 일이라도 되는 양 법석을 떨며 세계적인 학자이니 한국 현실에 대해 한마디 해달라고 간청하는 양면적인 모습이 우리 학술문화의 자화상이다. 우리가 글로벌 지식장에서 방향감각을 상실한 국제 미아로 전락해버린 데는 이러한 병적인 풍토와 서글픈 자화상이 한몫했음을 부정할 수 없다.

왜 이 지경이 되었을까? 글로벌 지식장에 우리 사회과학을 위치시키면 그 답을 얻을 수 있을 것이다. 우리 학자들은 거장들의 작업을 읽고 이해하고 거기서 부딪힌 개념적 철학적 이론적 이슈들과 '씨름'하기가 어렵기 때문에 맞대결을 피해온 것이다. 부르디외와 하버마스의 글은 난해하기로 악명이 높기에, 이 '씨름'은 우선 '끈질김'을 요구한다. 네덜란드의 한 사회학자와 부르디외가 주고받은 대화는 한국 학계의 문제를 명시적으로 보여줄 것이다. 그 사회학자가 다음과 같이 물었다. "당신 글은 왜 그토록 어렵고 난해한가? 좀 쉽게 쓸 수도 있을 텐데……" 이에 대한 부르디외의 대답은 "사회학이 다루는 사회현상이 그만큼 복잡하고 어렵기 때문에 쉽게 쓸 수 있는 방법은 없다"[95]는 거였다. 하지만 나는 부르디외의 이 대답이 절반만 옳다고 생각한다. 왜냐하면 그의 글이 어려운 것은 대상의 복잡성 때문만이 아니라, 그가 상대한 수많은 학자들의 글이 일상세계와 유리된 학문장에서 오랜 세월 진화해온 상징산물들이기 때문이다. 이를 이해하려면 앞서 말한 '진입비용'이 적잖이 필요하다. 쉽게 말해, 부르디외를 이해하려면 부르디외의 선배와 동시대의 수많은

---

95 Pierre Bourdieu, *In other Words: Essays towards a Reflexive sociology*, Stanford, CA: Stanford University Press, 1990, 51쪽.

동료들이 상징공간을 변형시키고자 벌였던 상징투쟁의 역사와 내 기물을 파아해야 한다. 글로벌 지식장에 힘빌히 힘여힘으로써 장의 객관적 지형을 바꾸려는 학자들은 장에서 새로 등장하는 이론과 경험적 사실을 따라가느라 눈코 뜰 새 없이 바쁠 것이다. 하지만 장의 방관자들은 이를 무시하고 미디어와 대중의 요구에 따라 흥미를 불러일으킬 얘기만 하면 그만이다.

한국에서 학문을 한다면 역설적이게도 진정성 있는 학문적 자세는 그다지 환영받지 못한다. 왜? 서구이론을 비판하고 넘어서려는 노력을 해본들 현학적이네, 추상적이네 하는 편잔을 듣기 일쑤이고, '현실 적합성 부재'나 '실천할 수 없는 현학'이라는 난도질을 피할 수 없기 때문이다. 서구이론을 비판하고 넘어서려는 끈질긴 노력은 결국 자신과의 외로운 싸움일 수밖에 없다. 바로 이것이 부르디외가 '글로벌 상징공간에서의 투쟁'으로 표현하고자 했던 것이다. 읽고 또 읽고, 떠오르는 생각을 정리하고, 행간의 심연을 응시하고, 궁극적으로 '비판적 이해'에 도달하는 과정, 이 모든 것들이 시간과 투자를 요하는 작업이다. 이런 진입비용을 지불하지 않고는 글로벌 상징공간의 구성원으로 인정받기 어렵고 그들과 게임을 할 수도 없다. 그들의 작업을 두루두루 꿰지 않고는 투쟁도 극복도 독창적 이론도 모두 불가능하다는 말이다.

그러나 "이론은 실천이다"라는 말로 이런 고된 진입과정을 눙쳐버리면, 그에 따른 비용도 고통도 감내할 필요가 없다. 오히려 행동하는 지식인들은 민중을 대변하고 권력을 비판한다는 명분하에 여러 대중매체에 글을 쓰고, TV에 출연해 토론하고, 각종 위원회에 가고, 심지어 아나운서 자리를 뺏으면서까지 토론회 사회를 도맡으며 행동하는 지식인의 전형을 보여주는 데 분주하기에, 글로벌 '상징공간에서 일어나는 투쟁'에는 관심이 없다. 그렇다면 각종 사회문제와 시사현안에 목소리를 높이는 이들이 진정 민중과 사회적 약자를 대변하는 것일까? 이들은 정말 어떤 이해관계로부터도 자유로운 객관적 진리를 담지하고 항상 지고의 정의를 실현하고자 투쟁하는 집단일까? 이 행동하는 지식인들은 현실참여의 대가는 전혀 바라지 않고 그저 억압받고 소외당한 사람만을 위해 자기희생을 하는 자들일까? 그간 이들이 '행동하는 지식인'이란 슬로건 아래서 무엇을 어떻게 누려왔는지 살펴보면 답이 금방 나올 것이다.

글로벌 지식장을 이탈한 한국 학자들이 열을 올리는 '학자와 대중 간 경계 허물기'의 가장 큰 폐해는 사회과학 연구의 질을 장외의 정치, 경제, 미디어, 대중과의 이해관계에 따라 '평가'하도록 방치한 데 있다. 한국에서 누가 훌륭한 사회과학자인가? 이는 누가 TV, 대중잡지, 신문 등에 얼굴을 자주 내밀었느냐에 달려 있다. 무슨 명분으로 출연하고 글을 쓰든, 미디어에 많이 노출될수록 훌륭한 학자로 평가받고, 궁극적으로 정치적 영향력을 행사할 수 있는 요직을 차지하게 되는 것이 오늘날 한국의 현실이다. 굳이 예를 들 필요도 없이, 학계에서 묵묵히 연구만 하던 사람이 어느 날 갑자기 국무총리, 국회의원, 위원회 위원장, 연구소 소장, 연구재단 이사장으로 임명되는 일은 거의 없다. 이해관계에 따른 평가는 학계-미디어-대중이 얽히고설켜 미디어의 기준이 곧 대중의 기준, 학계의 기준이 되는 어처구니없는 환경을 조성해왔다. 학계가 상징생산물의 품질관리에 속수무책인 상황에서 결코 가벼이 볼 수 없는 폐단 중 하나가, 글로벌 지식장의 서구 헤게모니를 극명하게 보여주는 기초연구 분야의 연구자들이 홀대받는 현상이다. 이들은 미디어, 대중, 정치권 어디서도 제대로 평가받지 못하고 약방 감초처럼 끼어드는 '현실 비적합성'의 잣대에 눌려, 실용성 없는 연구를 하는 자로 비난받는다. 이렇다보니 결국 대중의 관심, 미디어의 관심에 영합하는 연구를 해야 뛰어난 학자로 인정받는 풍토가 공고해지는 것이다.

서구학자들의 연구주제 대부분은 대중, 정치권, 미디어가 주목하는 '시사적인' 토픽과 거리가 먼 학문전통 내에서 생성되지만, 유독 한국에서는 시사성이 중시된다. 시사적인 흥미와 관심을 충족시켜줄 만한 반응점^{responsive chord}을 건드리는 학자들만이 미디어, 대중, 정치권으로부터 '힘'을 부여받고, 이 힘이 사회과학계에서 '학문적 권위'로 둔갑해 기만적인 '권력'을 행사하게 하는 악순환이 반복된다. 몇 년 전 KBS에서 특집으로 방영한 〈시사기획 '쌈'〉에서는 우리나라에서 중요한 직위를 차지하는 교수들 대부분이―교수 출신 정치인, 각종 국가 위원회의 장, 학교의 중요 보직교수를 두루 포함해―이중게재, 표절 그리고 제자의 논문에 상습적으로 무임승차했다는 의혹에서 자유롭지 못하다는 것을 몇 년간의 자료조사와 추적을 통해 밝혀낸 바 있다. 이 모두가 '대외활동'에만 전념하고 정작 진지한 학문연구는 현실과 유리된 '자족적인 지적 유희'라고 매도해온 한국 사회과학의 낯부끄러운 학술문화의 유산이다. 더 심각한 문제는 미디어-정치권-대중이라는 연줄을 등에 업은 '저명한' 학자들이 각종 연구위원회와 연구재단의 요직, 학술정책 입안의 중추를 틀어쥐고 연구지원사업과 프로젝트의 선정기준, 즉 '긴요하고 시의적절한 연구의 기준'을 좌지우지하면서, 동시에 재정지원에 목마른 사회과학계가 이를 '우수한 연구의 기준'으로 적극 수용하게 함으로써, 기존의 학술문화와 연구조직을 '재생산'한다는 사실이다. 결국 한국 사회과학자들의 '초인적인' 대외활동과 현실참여의 이면에는 자신과 자신이 등에 업은 연줄의 이해관계를 어떻게든 관철하려는 의도가 깊숙이 자리하고 있다.

순수한 학문연구를 무시하는 풍토에서 지식장의 자율성을 기대할 수 없고, 그러다보니 지식장 밖에서 추대한 사회과학의 가짜 거장들이 판치는 난국이 형성돼 있다. 이런 상황에서는 학문적으로 뛰어난 학자가 지적 리더십을 발휘해 학계를 끌어가고 더 나아가 궁극적으로 서구 헤게모니에 도전하는 모험을 감행하기란 처음부터 불가능하다. 행동하는 지식인 노릇을 해본 적이 없어 모르겠지만, 나는 '글로벌 상징공간에서의 투쟁'이 TV 출연이나 신문칼럼 쓰기, 식탁류 대중교양서 저술과는 비교도 할 수 없는 고통과 인내를 요구한다는 것쯤은 안다. 내 말이 미심쩍다 싶은 사람이라면 1,000쪽에 이를 만큼 방대한 하버마스의 주저 『의사소통행위이론』을 들춰서 읽어보거나, 350쪽에 걸쳐 풍성한 이론의 향연이 펼쳐지는 부르디외의 『실천논리The Logic of Practice』 같은 책을 직접 한번 읽어보기 바란다. 내 말의 진위를 가릴 수 있을 것이다.

사회과학이 대중과 호흡해야 한다는 뿌리 깊은 강박은 한국 사회과학을 시사문제에 대한 해결책이나 대중적 흥미를 채워주는 학문으로 인식하게 만들었고, 결과적으로 '독립적인 자율적 지식장'에서 생산되는 사회과학지식과 일상지식 간의 경계를 허무는 것이 사회과학자의 임무인 양 착각하게 했다. 눈앞에서는 한국적 이론 구축을 주장하면서 뒤로는 이론과 실천의 경계 허물기에만 여념이 없는 상황에서 독창적 이론이 나올 가능성은 아예 없는 것이다. 지난 반세기 넘게 한국적 이론을 외쳐왔음에도 아무 결실을 못 거둔 이유가 바로 여기에 있다. 부르디외가 말한 것처럼 "학문은 실천과 거리를 둔 '관조적 자세contemplative attitude'를 취해야" 가능한 일이건만, 이론과 실천의 경계를 허물어뜨린 우리는 이론을 만들어내기 위한 스콜레(학자적 관점)로 구성된 자율적 상징공간을 형성하는 데 당연히 실패할 수밖에 없다. 아니, 실패란 말도 어폐가 있다. 왜냐하면 앞서 언급한 바와 같이, 한국 학자들 대부분은 독립된 상징공간에 몰입해 이론을 만들어낼 시도조차 하지 않았기 때문이다. 빠르게 변하는 국

내의 정치이슈와 시사현안에 천착하고, 거기서 얻는 대중적 명성에 집착해온 우리의 사회과학자들은 글로벌 상징공간의 어떤 '이론적' 전통에도 속할 수 없는 미아가 되고 말았다. 지금 같은 상황이라면 우리는 앞으로도 어떤 이론적 전통도 갖지 못한 채 길을 잃고 헤맬 수밖에 없고, 우리의 학문은 대중의 교양적 수준(상식)을 벗어나지 못한 채 낮은 평지만을 답보할 수밖에 없다.

제2부
글로벌 지식장 안으로

1부의 논의는 서구의 지배를 극복한 우리만의 탈식민지적 이론을 외쳐왔던 많은 학자들이 그들의 주장과는 다르게 아직도 서구 종속성을 벗어날 대안을 전혀 제시하지 못했다는 것을 보여준다. 2부에서는 최근에 사회학, 인류학, 심리학에서 새로운 접근방법으로 부상한 소위 '자기민속지autoethnography'를 통해 나 자신이 어떻게 글로벌 지식장에서 투쟁해왔는가를 서술할 것이다. 글로벌 지식장에 입문해서 평야와 구릉을 넘나들고 봉우리를 향해 숨 가쁘게 내달린 지 25년, 되돌아보니 나름대로 투쟁의 '지적 궤적intellectual trajectory'을 남기게 되었다. 물론 포스트모던 인식론적 관점에서 본다면 이러한 지적 궤적에 대한 자기묘사는 나의 관점에서 서술한 하나의 이야기narrative일 뿐이다. 그러나 독자들이 극히 개인적인 나의 '학문적 궤적'에 대한 서술과 1부에서 제시한 한국 사회과학 비판을 연관해서 이해하고 그 결과 나의 서술에 공감한다면 2부에서 의도했던 바에 성공했다고 볼 것이다.

1장

우리에게 '학자 경력'은 있는가?

―――――

한국에서든 외국에 유학을 가서든 왜 수많은 대학원생들은 밤낮을 가리지 않고 피나는 노력을 하고 있을까? 1부 4상에서 논한 상징공간의 지형, 즉 지식장의 높낮이가 이 질문에 대한 답을 제시한다. 우리 사회과학계는 글로벌 지식장에서 매우 낮은 지형에 위치하고 있다. 한국이나 외국에서 박사과정을 이수하는 이유는 고산지대를 형성하고 있는 히말라야의 봉우리들에 오르길 희망하기 때문이다. 그렇다면 높은 산봉우리를 정복하려면 어떤 과정을 거칠까? 누구나 아다시피 높은 산을 오르려면 희박한 산소를 견뎌내야 하고, 추위와 예측할 수 없는 일기변화를 이겨내야 하므로, 남다른 정열과 믿음, 용기와 끈기가 필요하다. 그러나 박사학위를 받았다고 해서 등정이 끝난 게 아니다. 오히려 그것은 이제 등반준비가 됐다는 사실을 얘기해줄 뿐이다. 중요한 것은 힘이 들어 산기슭에 머물려는 사람이 있는 반면, 끝없이 높은 산을 정복하려는 사람들도 있다는 점이다.

오르려는 의지가 없는 사람들은 산기슭에 머물면서 박사라는 자격증이 가져다주는 일정한 이익만을 추구할 것이고, 산기슭에서 열매나 따먹는 편한 생활을 거부하고 끝없이 더 높이 올라가려는 사람들은 마치 산귀신이 쒼 듯 더 높은 산으로 향할 것이다.

그러나 등산과 지식장의 투쟁은 중요한 차이가 있다. 등산에서는 악천후는 있을지언정 학문장에서 벌어지는 것처럼 위에서 아래로 돌을 던지고 뜨거운 물을 끼얹고 또 아래에서도 위로 돌을 던지는 그런 '투쟁'은 없다. 아서 보크너가 지적한 바 있듯이 대학원에서 배우는 것은 어떻게 하면 다른 학자들의 주장을 바보같이 보이게 하고 쓸모없게 만드는가 하는 것이다.[96] 지식장에서도 마치 권투나 다른 격투기와 마찬가지로 처절한 인정투쟁이 벌어진다는 것이다. 다만 등반과정과 달리, 지식장에서는 산 밑에서 올라오는 사람들이 정상에 있는 사람들을 '끌어내리려고' 하고, 정상에 있는 사람들은 산 밑의 사람들이 '올라오지 못하게' 막는다.

그런데 왜 올라가려고 할까? 2011년 안나푸르나 등정 때 사망한 박영석 대장을 생각해보면, 왜 한국 사회과학이 세계수준에 미치지 못하는지가 자명해진다. 사망하기 전, 그는 이미 남극과 북극, 히말라야 14봉을 정복한 세계적인 탐험가요 등반가였다. 그런 그가 히말라야 14봉에 영국 루트, 일본 루트가 아닌 '코리안 신루트'를 개척하려고 도전에 나섰다가 끝내 불귀의 객이 되고 말았다. 등산에 무관심한 일반인에게 그의 도전은 '무모한 미친 짓'으로 보였을지 모른다. 세계 최초로 산악 그랜드슬램을 달성해놓고도 왜 계속 올라가려 했던 걸까? 등산에 '관심'이 있는 이들은 무엇을 공유하는 걸까? 그들은 돈, 명예 같은 세속적 가치와는 다른 것을 추구한다. 그들은

---

96 Arthur Bochner, "Criteria Against Ourselves," *Qualitative Inquiry* 6, 2000, 266~272쪽.

높은 산을 올라 대자연과 영적 교감을 나누고, 인간 한계를 시험하는 극한의 고통을 이겨내고, 무언가 성취하려는 '충동' 혹은 '성향'을 공유한다. 박영석 같은 산사람에게 선망의 대상은 재벌도 학자도 무용가도 아니다. 이들에게 위대한 사람은 극한의 오지를 탐험하고 정복하고 대자연과 교감해서 삶의 의미를 찾는 '성향'을 공유한 자들이다. 1부 4장에서 논한 부르디외가 '일루지오,' 이른바 '장의 환상'이라고 부른 그 '성향'이 바로 이런 것이다.

그렇다면 사회과학 분야에서 박사학위를 받고 '학자 경력^{scholarly career}'을 시작하는 사람들이 가치 있게 생각하고 추구하는 것은 무엇인가? 일찍이 로버트 머튼이 1957년 미국사회학회 회장 취임연설 '과학발견에서의 우선성'[97]에서 설파했듯이 과학자들이 추구하는 것은 돈도 사회적 지위도 아닌 "동료 학자들의 인정"이다. 잘 알려진 뉴튼과 라이프니츠의 '미적분 발견 우선성 논쟁'처럼 과학자들은 과학장 밖의 어떤 것이 아니라 그들만이 알 수 있고 인정할 수 있는 '창의성^{originality}'을 두고 경쟁한다. 다윈이 자연선택론을 발표하는 과정에서 빚어진 복잡한 사정도 마찬가지일 것이다. 자연선택론의 얼개를 완성해놓고 그것이 불러올 사회적 파장을 예견하고 수년간 발표를 미루다가 젊은 박물학자 월러스^{A. R. Wallace}가 평가를 청하며 보낸 논문에서 자신과 거의 유사한 생각이 있음을 확인하고 당황한 다윈이, 라이엘^{Charles Lyell}과 후커^{Joseph Dalton Hooker}의 도움을 받아 월러스와 공동으로 자연선택론을 발표하게 된 것도 자신이 이미 완성한 자연선택론이 월러스의 이름만으로 발표되는 것을 두려워했기 때문이다. 만일 월러스의 이름 단독으로 자연선택론이 발표

97 Robert K. Merton, "Priorities in Scientific Discovery: A Chapter in the Sociology of Science," *American Sociological Review* 22(6), 1957, 635~659쪽.

됐다면 다윈은 분명 자신의 연구를 보상받을 길이 없었을 것이다. 이때 그 보상 역시, 금전적인 이득이나 대중적인 명예 추구와는 관계가 없는, 부르디외가 말한 특정한 관심, 이른바 '과학장의 일루지오'를 통해 설명이 가능하다. 다윈이, 라이엘과 후커처럼 자신이 존경하는 학자들이 인정해준다면, 다른 사람들이 전부 자신의 이론을 외면한다고 해도 상관없다고 말했다는 것도 장의 '일루지오'와 동일한 맥락에서 이해할 수 있다.

학자 경력에서 중요한 것은 학자들 사이에서의 인정이다. 기업에는 신입사원, 대리, 과장, 부장, 이사, 상무이사, 전무이사, 대표이사 등의 경력 경로career path가 있고, 직장인이라면 이 길을 따라가려고 노력하겠지만, 한국 사회과학자들은 무엇을 어떻게 추구해야 하는지 모르는 아노미 상태에 있다. 바꿔 말하면, 한국의 사회과학자들은 박사학위를 받고 교수가 되고서도 방향감각이 없다는 말이다. 한국의 젊은 사회과학자는 학문을 통해 무엇을 추구하고 궁극적으로 어디에 도달하게 될까? 이 질문에 대한 답은 한국에서 유명하다는 사회과학자들의 경력을 보면 나온다. 성공한 사회과학자가 보여주는 경력의 '정점'은 어디인가? 국책연구소의 장, 국무총리, 장관, 대통령 비서실장, 대학 총장, 외국 대사, 심지어 국가 브랜드 위원장, TV 대담 프로그램 사회자 등이다. 젊은 사회과학자들이 스스로 원하는 미래의 자화상을 그려본다면 위에 열거한 각종 '대외 경력'은 그릴 수 있어도 학자 경력은 상상할 수 없다. 왜? 학자 경력을 추구하고 한 단계 한 단계 밟아 올라가 성공한, 그야말로 귀감으로 삼을 학자의 전례가 우리에게 없기 때문이다. 왜? 학자 경력은 외국에서나 의미 있고 헌신할 만한 일로 여겨질 뿐, 한국에서는 다른 경력을 위한 '방편'이거나, 헌신한다고 해도 그에 합당한 보상을 전혀 기대할 수 없기 때문이다. 서구에서 성공한 학자 경력과 대조해보면 내 주장의 핵심이 드러날 것이다. 대학에도 교수들의 연구 역량과 업적에 따라 부여하는 영예로 기부자의 이름을 딴 '석좌교수Chaired Professor'나 '특훈교수Distinguished Professor'가 있고, 그 위에 그 대학을 대표한다는 의미의 최고 영예인 '대학교수University Professor'가 있다. 이런 영예는 대학의 보직이나 대중매체의 인정, 정치적 영향력이 아니라, 지식장 안에서 거둔 성과와 능력에 따라 주어진다.

철학과 심리학에서 세계적인 업적을 이룬 철학자와 심리학자를 번갈아 초청해서 열리는 하버드 대학의 윌리엄 제임스 강연William James Lecture에는 칼 포퍼, 미셸 푸코, 도널드 캠벨 등이 강연자로 초청받았다. 포퍼, 푸코 그리고 나의 선생님이셨던 캠벨은 생전에 학술활동과 무관한 단체의 장이나 여타 행정기관장을 역임한 이력이 없다. 그 대신 이들이 평생에 걸쳐 이룩해낸 업적은 동료들과 후학들의 존경과 부러움을 사고, 이런 존경의 표시는 윌리엄 제임스 강연뿐 아니라 예일의 테리 강연Terry Lecture, 하버드, 예일, 프린스턴 등이 주관하고 참여하는 태너 강연Tanner Lecture, 에든버러 대학을 포함한 스코틀랜드의 대학들이 주관하는 지포드 강연Gifford Lecture과 같은 경의와 축하의 '의례'로 표출된다. 마찬가지로 아도르노 상이나 로버트 머튼 상, 템플턴 상 같은 다양한 학술상도 평생을 학문에 바쳐 커다란 족적을 남긴 학자의 학문적 성과를 기리기 위한 것이다. 학자들은 강연장과 시상식장에서 일찍이 뒤르켐이 말한 의례를 통한 "집합의식"을 표출하며, 강연장과 시상식장을 가득 메운 흥분과 열기가 입증하듯이 학자집단만이 공감하고 감응할 수 있는 "집단적 열광collective effervescence"에 휩싸인다.

우리 내부로 눈을 돌리면 어떠한가? 국내 학자, 학회들이 지난 수십 년간 학술지들을 운영하면서도 심사의 기준과 엄격성을 확립하지 못하고 수많은 학술지가 난립한 결과, 학술진흥재단(현 한국연구재단)이 나서서 회원 수, 연간 발행 횟수, 심사위원 수 등을 평가해 소위 "학술진흥재단 등재지"란 걸 만들어냈다. 세상 천지에 어느 나라가 국가가 나서서 학술지에 등급을 매기나? 다른 한편으로, 젊은 사회과학 교수들은 나이 먹으면서 조교수, 부교수, 정교수로 올라갈 것을 알고 예상하지만, 그 너머에 무엇이 있을지 자문해보면 답은 정해져 있다. 정교수가 되어 정년이 보장되면 이제 대학 내 보직, 연구소장, 정관계, 신문방송을 포함한 문화예술계 같은 장 밖으로 진출하는 길만 남는 것이다. 그렇다면 석좌교수직은 어떻게 운용하고 있을까? 여기저기서 낙하산 인사를 성토하고 있지만 석좌교수직만큼 '파격적'일 수 있을까? 사회과학계 석좌교수직은 대개 은퇴한 유력인사들의 노후를 화려하게 장식해줄 액세서리에 불과하다. 학술상 또한 사정이 딱하긴 매한가지다. 몇몇을 제외하고 대다수 학술상들이 탁월한 업적을 기리는 게 아니라, 이른바 원로학자가 베푼 은혜를 기억하고 무병장수를 기원하는 후학이나 제자들의 '감사패'로 전락한 지 오래다. 이 모든 것이, 우리의 학문전통 쌓기—다시 말해, 지식장의 자율성을 지키고 학자 경력의 이정표인 학자의 역할모델을 정립하기—를 등한시한 결과인 것이다.

2장

자기민속지로 살핀 글로벌 지식장의 동학

1. 1980년대 말 과학사회학 장의 지형과 나의 박사학위 논문쓰기

이제 내가 공부를 시작한 1980년대로 거슬러 당시 글로벌 지식상의 지형으로 들어가보자. 한국을 포함해 글로벌 상징공간에서 낮은 지형에 속하는 국가 출신의 유학생은 글로벌 상징공간의 높낮이를 '어렴풋하게'밖에 모른다. 내 경우는 학부에서 경제학을 전공하던 3학년 때 도서관에서 우연히 토머스 쿤과 에밀 뒤르켐이란 사람이 있다는 걸 알게 됐고, 프롬을 읽는 등 좌충우돌하며 경제학이 아닌 뭔가 좀더 기초적인 학문을 하고 싶다는 마음을 품게 됐다. 하지만 그때 나는 이 분야의 지형을 전혀 모르는 학부생에 불과했다. 유학 준비 시절 외국 문헌을 뒤적여 얻는 정보라고는 시카고 대학이 인문사회과학에서 다수의 걸출한 세계적 학자를 보유하고 배출해왔고 특히 경제학, 사회학에서 '시카고학파'를 형성하고 있다는 정도였다. 그 이상을 알긴 무리였지만, 한 가지 확실한 것은 우리가 미국

보다 학문적으로 뒤처져 있다는 인식이었다.

내가 경제학을 그만두게 된 중요한 이유는 강의시간에 사용하는 거의 모든 교재가 미국 교재였고 교수들도 수업시간 내내 케인스니 프리드먼Milton Friedman이니 토빈James Tobin이니 하는 영미 경제학자 얘기뿐이란 게 불만이었기 때문이다. 아는 게 없었지만, 의문이 들었다. 경제학적으로 말해, 왜 우리는 '순 소비자'의 입장인 걸까? 왜 아무런 이론도 생산하지 못하는 걸까? 쿤과 과학철학에 깊은 관심을 갖게 된 것도, 이후에 과학지식사회학을 전공한 것도, 오늘날 한국이 왜 세계적인 연구를 생산하지 못하는가를 주제로 책을 쓰는 것도 다 이 질문의 답을 찾는 여정이라 볼 수 있다. 아마도 내 안에서 지식의 생산과 소비, 유통, 지배구조 등의 내막을 좀더 캐봐야겠다는 욕구가 분출했던 듯하다. 그래서 경제학보다 기초학문을 하고 싶다는 생각을 하게 됐고 기왕이면 '학파'를 많이 만들어낸 시카고가 최적의 학교일 거라는 판단을 하게 됐다. 물론 그때는 상징공간은커녕 부르디외란 이름조차 몰랐다.

시카고 대학에서 여러 과목들을 신청하고서 강의계획서를 받았다. 계획서에는 수강생들이 읽어야 할 여러 가지 책과 논문이 적혀 있었고, 나는 그 문헌들을 읽도록 '강요'받았다. 상징폭력이 작동하고 있었던 것이다. 이것은 다시 상징공간의 높낮이와 밀접한 관련이 있다. 상징공간의 높낮이는 상징자본의 양에 비례한다. 상징자본은 한 학자가 다른 학자들에 비교해서 지니고 있는 상대적인 권력을 의미한다. 권력은 '폭력'을 낳고, 그래서 부르디외는 상징폭력이란 말도 사용한다. 왜 대학원생이던 나는 폭력을 '당해야만' 했을까? 답은 간단하다. 나는 아무런 상징자본을 소유하지 않은 이제 겨우 상징자본을 획득하려고 준비하는 단계에 있었기 때문이다. 시카고 대학 박사과정 학생이라는 것도 부르디외에 따르면 상징자본의 하나겠지만, 이것은 본격적인 상징투쟁에 돌입하고자 하는 전초전을 치르는 중이라는 표식에 불과하다.

시카고 대학의 수업에서 처음 만났던 교수들은 학부에서 경제학을 전공한데다 아는 것이라고는 쿤과 뒤르켐이 고작인 내게 참으로 생소한 글들을 읽으라고 강요했다. 흥미로운 것은 그 교수들도 상징폭력을 행사하며 다른 한편 상징폭력을 당한다는 사실이었다. 그들이 독창적인 이론이나 연구 성과를 만들어내서 다른 학자와 학생이 읽도록 강요할 때는 상징폭력을 행사하지만, 자신의 성과가 어떤 지적 전통 안에 자리잡게 하려면 해당 이론이 구축된 전통 안에서 자신보다 먼저 상징적인 신화를 만들어낸 학자들의 유산을 흡수하도록 강요받기 때문이다.

그러나 여기서 한 가지 짚고 넘어갈 것은 읽도록 강요당했다지만 사실은 '강요당하고 싶어서 당했다'는 의미에서 어떻게 보면 모순적인 측면이 있다는 것이다. 강요당했지만 스스로 강요당길 원해서 그 강요를 받아들였다는 것이다. 박사는 왜 하는가? 누가 시킨 게 아닐진대, 지식장의 참여자가 되길 원하고, 지식장에 진입할 수 있는 '최소한의 자격'을 얻으려 자발적으로 박사과정에 입학한 것이다. 여기서 관건은 '일루지오'다. 학문에 입문하는 사람은 누구나 장이 요구하는 것을 습득하고 그 '안'에서 통용되는 규칙을 체화하도록 강요받지만, 이렇게 강요할 수 있는 이유는 장의 환상(일루지오)에 빠지고 싶은 자발적인 관심 때문이다.

이렇게 볼 때 박사과정을 시작하는 이유가 아주 밋밋한 평지에서 구릉을 이루고, 구릉에 뭔가 더 쌓고, 그에 더해 고원을 만들고, 궁극적으로 봉우리를 만들어 자신도 상징폭력을 행사하고 싶어서라고 한다면…… 거부감이 드는 표현일진 몰라도, 그 내용만큼은 사실이다. 즉 상징폭력을 행사하기 위한 최초 단계가 박사라고 보면 된다. 나는 '사회학적 탐구sociological inquiry'란 필수과목을 두 학기 내내 듣고, 역시 필수과목인 통계학 세 과목을 들으면서 별로 즐겁지 않았지만, 내가 앞으로 몰두하고자 하는 분야—그때는 막연히 '사회과학철학' 즉 사회과학과 철학이 만나는 어떤 지점—에서 연구할 수 있으리라 생각하며 묵묵히 견뎌냈다. 이 모든 것이 지금 생각하면 사회학에 입문하기 위해 '진입비용'을 치르는 과정이었다. 내가 읽기 싫어도 1980년대 초의 사회학계에서 중요하다고 생각하는 문헌들을 읽으라고 강요받았던 것이다.

이렇게 3년 동안을 훈련받으면서, 이수해야 할 27개 과목을 들은 후 박사예비시험을 통과하고 나서야 비로소 전공시험Special Field Examinations을 볼 수 있었는데, 전공시험은 박사학위 논문과 밀접한 관계가 있는 두 분야에서 치러야 했다. 여기서 학위과정을 묘사하려는 것은 아니고, 요점은 전공분야가 정해지고 그 분야에서 학위논문을 쓰려면, 일단 그 분야의 연구자들이 '공유'하는 배경지식을 습득해야 한다는 것을 말하고자 함이다. 박사학위 논문은 물론 공통의 배경지식에 논문제출자의 '창의적' 요소를 더한 것이다. 이제 학위논문을 시작할 단계가 되면 '새로운 것'을 써야 한다는 중압감이 엄습한다. 다시 말해, 필수과목을 끝냈다고 해서 상징폭력의 양이 줄어들기는커녕 오히려 늘어난다. 왜냐하면 이제 자신이 전공하고 싶어하는 흥미 있는 분야에서 상징자본을 가장 많이 가진 학자들의 작업을 정말 깊이 있게 파고들어야 하기 때문이다.

내가 박사학위 논문을 쓸 당시로 가보자. 논문을 쓴다는 것은 이미 상징공간에서 일을 한다는 의미를 가진다. 나는 1989년 시카고대학에 박사학위 논문으로 제출하고, 이후 몇 년의 수정작업을 거쳐서 1994년 한글로는 『과학적 합의에 관한 설명: 멘델 유전학 사례』로 옮길 수 있는 'Explaining Scientific Consensus: The Case of

Mendelian Genetics'라는 제목의, 사회학적 역사적 철학적 접근을 통해 과학이론의 변동을 설명한 첫 저작을 미국의 길포드출판사에서 출간할 수 있었다.[98] 학위논문 쓰기, 논문을 수정해 책 펴내기, 그것의 반향 살피기…… 내가 이런 일련의 과정을 굳이 서술하려는 것은 그 과정 하나하나를 서술하는 것이 사적 경험을 넘어, 학자와 글로벌 지식장이 어떻게 상호작용하는가에 대한 '궤적'을 보여줄 수 있다고 보기 때문이다.

박사예비시험을 통과하고 전공시험 분야로 과학사회학과 사회과학철학을 택한 나는 과학사회학 전공시험을 보기 위해, 평소 학위논문 지도교수로 염두에 뒀던 저명한 과학사회학자 벤다비드[Joseph Ben-David] 교수에게 연락했다. 그는 일 년 중 절반은 예루살렘 히브리 대학에서 보내고 나머지는 시카고 대학에서 가르치는 분이었다. 그와 한 학기 내내 과학사회학 세미나를 마치 개인과외를 하듯 함께했던 터라, 그가 미국에 오는 대로 당연히 시험을 치를 수 있겠거니 생각하고 예루살렘으로 연락을 취했다. 그러나 그가 보낸 답장은 나를 깊은 걱정과 절망에 빠뜨렸다. 그는 자신이 "병을 앓고 있으며, 언제 치유될지 알 수 없고, 따라서 올해는 시카고로 돌아갈 수 없다"고 하면서 자신이 "지도해야 하지만 사정이 이렇게 되어 안타깝다"는 편지를 보내왔다. 이 얘기를 상세하게 되새기는 이유가 따로 있다. 벤다비드 선생님은 일대일 세미나를 시작할 때 과학사회학의 중요 문헌들이 촘촘하게 적힌 목록을 건네주며 매주 해당 문헌을 읽고 소논문[paper]을 써오게 했고, 세미나를 진행하던 그분 연구실에서 내가 제출한 7~10매 분량의 소논문을 그 자리에서 읽고 곧바

---

98 Kyung-Man Kim, *Explaining Scientific Consensus: The Case of Mendelian Genetics*, New York: Guilford Press, 1994.

로 코멘트를 해주었다. 이제 와 돌이켜보면, 매주 한 시간 이상, 때로는 두 시간까지 이어진 세미나에서 벤다비드 선생이 보여준 열정은 아무나 흉내낼 수 없는 대단한 것이었다.

선생님은 세미나를 약속한 날 연구실에 늦게 오는 경우가 잦았다. 그럴 때마다 연구실 앞에서 기다리던 내게 '웃으면서' 병원에 들렀다 오느라 늦었다며 미안하다고 하셨다. 그때는 연로해서 그런 것이려니 했고, 나중에 간간이 전해주신 안부 편지에서도 아무 언급이 없어 몰랐지만, 그때 이미 그분은 병이 깊었다. 그런데 어떻게 매주 거의 두 시간씩, 그것도 박사학위 논문지도도 아닌 대학원 3년차 학생과의 세미나에 형언하기 힘든 고통을 참고 심지어 미소까지 띠우며 그렇게 많은 시간을 할애해주셨을까. 하지만 놀라움은 이게 다가 아니다. 내가 1997년 첫 안식년을 같이하기로 약속한 콜린스 교수를 만나, 암 투병을 하며 열정적으로 지도해준 벤다비드 선생을 떠올리자 그는 그게 뭐 그리 대단한 일이냐며 반문했다. "그럼, 암에 걸렸다고 학생지도를 하지 않나? 병에 걸렸대도 자신이 맡은 연구와 교육은 해야 하는 것 아닌가?" 콜린스 교수는 벤다비드 교수와 각별한 인연이 있는 사제관계이다. 왜냐하면 벤다비드 교수가 버클리 캘리포니아주립대 방문교수로 있을 때, 콜린스는 자신의 석사학위 논문을 벤다비드 교수의 지도하에 썼고, 나중에 이를 같이 수정해 『미국 사회학 평론*American Sociological Review*』(1966)에 게재한 바 있는데, 그 논문이 바로 과학사회학의 고전이 된 「신생과학 출현의 사회적 요인들: 심리학의 경우」였기 때문이다.[99] 나도 벤다비드 교수의 제자니, 콜린스 교수와는 사실 사형사제의 관계가 된다.

---

99 Joseph Ben-David and Randall Collins, "Social factors in the origins of a new science: The case of psychology," *American Sociological Review* 66, 1966, 451~465쪽.

이와 같은 지극히 개인적인 회고담이 앞서 논의한 상징공간에 대한 논의와 도대체 무슨 연관성이 있을까? 이 회고담의 함의는, 벤다비드 선생님과의 세미나를 매개로 한 지적 훈련과정이나 콜린스 교수와의 학술교류뿐만 아니라 그분들과 나눈 일상의 조목조목을 통해 학문에 대한 진지한 자세와 근성이 나도 모르는 사이에 지식장의 하비투스로서 내 몸에 각인되었다는 것을 말하고자 함이다. 하비투스에 대해서는 이후에 좀더 자세히 논하기로 하고, 그보다 먼저내가 박사학위 논문을 쓰면서 상징공간에 진입하는 과정을 자세하게 살펴보기로 하자.

내가 박사학위 논문을 준비하던 80년대 중반은 70년대 초중반부터 시작된 과학지식사회학을 둘러싼 논쟁이 한창 무르익고 있던 시점이었다. 영국 에든버러대 과학학연구소의 교수들인 배리 반즈Barry Barnes, 데이비드 블루어David Bloor, 스티븐 섀핀Steven Shapin, 데이비드 에지David Edge, 도널드 맥켄지Donald MacKenzie 등은 미국의 머튼과 벤다비드를 주축으로 한 과학사회학의 한계를 지석하면서, 뒤르켐의 지식사회학에 쿤, 헤시Mary Hesse 같은 후기 경험주의 과학철학을 접목시켜 과학지식 자체도 사회학의 연구대상이어야 한다고 주장하는 이른바 '과학지식사회학의 강한 연구프로그램Strong Programme in the Sociology of Scientific Knowledge'을 탄생시켰다.[100]

이들은 과학철학자, 머튼류의 과학사회학자와 열띤 논쟁을 벌였는데, 특히 벤다비드의 스트롱프로그램에 대한 비판은 섀핀과의 격렬한 논쟁을 촉발시켰다. 다시 얘기하겠지만, 벤다비드 선생께서 돌아가신 후 내 학위논문을 지도해주신 도널드 캠벨Donald Campbell과 에드워드 쉴즈Edward Shils 교수는 머튼과 달리, 당시에는 젊은 신예에

---

100 더 자세한 내용은 김경만, 『과학지식과 사회이론』을 볼 것.

불과했던 에든버러학파의 기수들과도 기꺼이 격론을 주고받았고, 특히 캠벨 교수는 이들과 지속적인 논쟁을 벌였다. 중요한 논쟁 중 하나는 그가 데이비드 블루어와 벌인 논쟁이었는데, 양자는 과학지식을 생산하고 그 타당성을 입증하는 데 과연 자연세계가 구체적으로 어떤 역할을 하는지를 놓고 대립했다.

도널드 캠벨 교수와의 인연은 정말 우연한 기회에 닿게 되었다. 시카고 대학에서 첫 학기에 들은 과목 중 하나가 '사회과학철학'이었고, 담당교수는 윌리엄 윔샛William Wimsatt이라는 과학철학자였다. 그는 과학철학 중에서도 특히 생물철학에 관심이 많았고 강의는 도널드 캠벨의 진화론적 인식론과 허버트 사이먼Herbert Simon의 인공지능 철학에 집중됐다. 철학과 진화론에 문외한이었던 나는 '사회과학철학'이란 명칭만 보고 흥미를 느껴 '과학철학'을 택했지만, 의아하리만큼 윔샛은 사회과학철학에서 다루리라 여겼던 행위와 구조, 환원주의와 전일주의, 행위의 이해와 설명 등의 문제는 일절 언급하지 않고, 인식론과 진화론의 접점을 강의하는 데 대부분의 시간을 쏟아부었다. 그 강의 수강생이 필독해야 하는 글 중 하나가 그 유명한 캠벨의 「진화론적 인식론」이었다. 50쪽이 넘는 이 긴 논문은 칼 포퍼에게 헌정된 『칼 포퍼의 철학』이라는 책에 실렸던 것으로, 포퍼가 자신보다 자신의 철학을 더 잘 이해하고 발전시킨 진화론적 인식론의 보물창고라고 호평했던 논문이다.[101]

몇 년이 지나서야 확실하게 이해할 수 있었지만 이 논문은 지금까지 내 과학철학적 사고를 지배하는 중요한 원천이 되고 있다. 이 논문이 내 지적 편력에서 중요한 이유는 캠벨의 사상이 결정적인

---

101 Donald Campbell, "Evolutionary Epistemology," P. A. Schilpp (ed.), *The philosophy of Karl R. Popper*, LaSalle, IL: Open Court, 1974, 412~463쪽.

지점에서 과학사회학적 접근과 깊은 연관을 맺고 있기 때문이다. 그가 1980년대 발표한 수많은 논문들 중 내게 특히 큰 감명을 준 두 논문이 있다. 그중 하나는 피스크[Donald Fiske]와 슈웨더[Richard Shweder]가 편집한 『사회과학에서의 메타이론: 다원주의와 주관성』에 실린 논문으로, 이 글에서 캠벨은 에든버러학파의 상대주의적 관점을 인정하는 한편, 자신의 진화론적 인식론과 현대 과학지식사회학을 연결시켜 어떻게 과학이 '타당성'을 담보할 수 있는가에 대해 도발적이면서도 흥미로운 관점을 제시한다.[102] 그리고 또다른 하나는 캠벨 교수가 하버드의 철학자인 콰인의 초청으로 했던 '윌리엄 제임스 강연'의 기초가 된 원고로, 이 강연원고는 나중에 단행본으로 출판이 되었지만, 나는 아주 우연한 기회에 출판이 되기에 앞서 그 원고를 먼저 입수해 캠벨의 사유에 깊이 침잠할 수 있었다.[103]

이렇게 캠벨 교수의 글에 심취해 있을 때였다. 하루는 시카고 대학의 과학철학, 과학사 세미나에 참여하고 있었는데—아마 세계적인 생물철학자 마이클 루스가 발표했던 세미나로 기억하는데—옆자리에 앉아 있던 여학생과 얘기를 나누게 됐다. 이 여학생은 이미 케임브리지 대학에서 박사학위를 받고 시카고 대학에서 윔샛과 잠시 공동연구를 수행하고 있는 박사후 연구원이라고 자신을 소개했다. 지금은 케임브리지 대학 심리학과 교수가 된 그녀의 이름은 세실리아 헤이즈[Cecilia Hayes]였다. 대화를 하며 그녀가 원래 캠벨 교수 밑에서 박사후 연수과정을 밟고 있고, 당시 캠벨 교수와 가까웠던

---

102 Donald Campbell, "Science's Social System of Validity: Enhancing Collective Belief Change and the Problems of the Social Sciences," D. Fiske and R. Shweder (eds.), *Metatheory in Social Science: Pluralism and Subjectivities*, Chicago: University of Chicago Press, 1986, 108~135쪽.

103 Donald Campbell, *Methodology and Epistemology for Social Sciences: Selected Papers*, Chicago: University of Chicago Press, 1988.

윔샛 교수와는 잠시 공동연구를 하는 중이라는 사실을 알게 됐다. 헤이즈는 내가 캠벨 교수의 진화론적 인식론과 과학사회학의 접합에 관심이 아주 크다고 했더니, 그렇다면 왜 캠벨 교수에게 직접 연락하지 않느냐고 다그쳤다. 사실 나는 그때 나 같은 대학원생이, 그것도 한국에서 온 유학생이 미국심리학회 회장을 역임하고, 석좌교수, 리하이 대학의 대학교수University Professor of Lehigh University에, 윌리엄 제임스 강연을 할 만큼 유명한 석학에게 그냥 편지로 만나달라고 할 수 있는 건지 상상도 못했다. 그러나 헤이즈는 자신이 전화를 해둘 테니 캠벨 교수에게 직접 편지하라고 강권했다.

사실 벤다비드 선생님이 돌아가신 후 지도교수를 찾지 못해 방황하던 나는 내심 반가웠고, 비록 시카고 대학의 교수는 아닐지라도 캠벨 교수가 지도교수가 돼준다면 그보다 더 좋은 일은 없을 거라는 생각에 용기내어 편지를 보냈다. 이때 편지와 함께 동봉한 것이 그의 진화론적 인식론을 바탕으로 에든버러학파를 비판한 윔샛 교수 세미나 때 쓴 기말논문term paper이었다. 기말논문치곤 긴 50쪽 분량의 글을 기대 반 걱정 반의 심정으로 보내놓고 답장이나 올까 반신반의하던 차에 나는 전혀 예상치 못한 답신을 받았다. 그 편지에는 다음과 같은 글이 적혀 있었다. "학생은 나의 진화론적 인식론을 누구보다 잘 이해하고 있다. 학생이 하고자 하는 어떤 연구프로젝트라도 기꺼이 도움을 주겠다." 참으로 기쁘고 감사한 나머지, 당장 찾아뵈어도 되겠느냐는 편지를 다시 띄웠고, 시간과 장소를 정한 답신을 받은 뒤, 단풍이 더없이 아름다웠던 11월 어느 날 나는 시카고에서 펜실베이니아의 리하이 대학으로 향했다.

2. 쓰디쓴 커피, 터진 양복단, 지식장 내의 긴장: 도널드 캠벨과 에드워드 쉴즈

오전 11시 연구실에서 캠벨 교수와의 첫 만남이 이뤄졌다. 190센티미터 가까운 장신에 일흔셋의 노교수였지만 만난 순간부터 아주 자연스럽고 친절하게 대해주어 마치 아버지 같은 느낌이 들었다. 캠벨 교수는 시카고 대학의 생활이 어떤지 몇 가지 질문을 던지고 커피를 마시겠느냐고 물었다. 커피를 좋아하는 나는 당연히 예라고 답했고 그는 커피를 만들어 건네주었다. 그러나 그 커피는 너무 쓰고 진해서 마실 수 없었다. 그래서 여쭤봤다. "왜 이렇게 커피를 진하게 타서 잡수세요?" 뜻밖의 대답이 돌아왔다. 미소를 띠면서 "나는 이미 너무 늙어서 진하게 마시지 않으면 매일같이 쏟아지는 그 많은 책과 논문을 읽을 수 없거든요" 하시는 게 아닌가. 그분은 그때 이미 칠순이었고, 게다가 건강도 썩 좋아 보이지는 않았다. 혈압 탓에 숨도 가빴했고 매우 피곤해 보였다. 그 연구실에서 했던 얘기들은 교수식당에서 점심을 나누면서도 지속되었고 오후 4시가 돼서야 우리는 헤어졌다. 무려 다섯 시간 내내 진화론적 인식론과 과학사회학에 대한 대화가 쉴 틈 없이 이어졌고 자연스럽게 내 박사학위 논문 주제에 관한 논의로 대화가 종결됐다. 긴 대화의 끝자락에 그는 "내가 너무 보스처럼 내 얘기를 밀어붙였나Am I acting too bossy?"라고 물었지만 나는 전혀 그런 느낌을 받지 않았다. 오히려 나를 친구나 동료처럼 대해주고 있다고 생각했다.

그때 그 첫 만남에서 나눈 얘기의 화두는 1980년대 말 영국의 에든버러학파를 필두로 대세를 이룬 '새로운 과학지식사회학'이었다. 쿤이 『과학혁명의 구조』에서 보여준 과학 상대주의적 관점은 새로운 과학지식사회학자들의 창의적인 영감의 주요 원천이었고, 이들은 여러 분야에 걸친 과학자들의 실제 연구활동에 대한 역사적 사

Lehigh University Donald T. Campbell
Social Relations
telephone (215) 758-4528

Price Hall 40
Bethlehem, Pennsylvania 18015

28 June 88

Dear Kyung-Man Kim:
I have read your latest dissertation
proposal with pleasure and
approval. I hope that you are
now permitted to go ahead with
the dissertation.
Congratulations on locating
the case of Edgar Schuster. Are
you the first to have used him this
way? Or, like Darbyshire, is
he in Provin'?
Good luck. Keep me informed.
In case you do find the time too
drive down here, I enclose
some time schedules.

Donald
Campbell

캠벨 교수의 편지. 학위논문을 잘 쓰고 있다고 격려하며 시간이 되면 오하이오 대학으로 내려와 만나자는 내용이 담겨 있다.

회학적 민속지적 연구를 통해 쿤의 관점을 확장·발전시켰다. 에든
버러학파와 해리 콜린스, 트레버 핀치, 앤디 피커링 등 새로운 과학
사회학자들의 아버지뻘이었던 캠벨(1916년생)과 쉴즈(1910년생)
는 이들이 인식론적 상대주의 관점에서 과학을 분석하는 것에 일말
의 '경계심' 또는 '우려'를 표했던 대표적인 학자였다. 캠벨은 진화
론적 인식론과 포퍼의 철학을 결합시켜 이들을 비판했고, 저명한 물
리학자이자 철학자였던 마이클 폴라니[Michael Polanyi]의 과학철학적 견
해에 깊이 감명받은 쉴즈는 「지식과 지식사회학」이란 논문에서 영
국 과학사회학자들의 상대주의적 연구프로그램을 신랄하게 비판했
다.[104] 그러나 이 두 노대가의 반격은 '지식사회학의 강한 프로그램'
과 콜린스의 '경험적 상대주의' 그리고 라투르의 '행위자-네트워크
이론'이라는 세 거봉의 융기를 막기에는 역부족이었다. 1980년대
말 과학사회학의 지형은 상대주의적 과학사회학자들이 새롭게 구
축한 '상징이익의 구조'에 따라 움직이고 있었다. 다시 말해, 과학사
회학에 입문하는 사람은 누구나 이들의 연구로부터 논의를 시작해
야 했고, 그런 의미에서 이들은 글로벌 지식장의 과학학 연구자들에
게 상징폭력을 행사하고 있었다고 할 수 있다.

　나중에야 든 생각이지만, 캠벨과 쉴즈 모두 이론적으로는 이들을
비판했지만 상대주의적 입장에 대항할 과학사에 기반을 둔 '경험연
구'는 하지 못했기 때문에 영국 과학사회학자들의 경험연구에 대적
할 사례연구가 필요하다고 생각했을 것이다. 당시 새로운 과학지식
사회학을 격렬하게 비판한 과학철학자들인 라우단[Larry Laudan]과 뉴
튼스미스[Newton-Smith]도 철학적 논리적 비판을 제시했을 뿐, 그 비판

---

104 Edward Shils, "Knowledge and the Sociology of Knowledge," *Science Communication* 4,
　　1982, 7~32쪽.

의 타당성을 뒷받침할 만한 역사적 사례연구나 현대과학에 대한 경험연구는 제시하지 못했다. 다만 노르웨이 오슬로 대학의 롤한센[Nils Roll-Hansen]만이 경험연구를 바탕으로 새로운 과학지식사회학자들과 외로운 싸움을 이어나갔다. 롤한센은 요한센[Wilhelm Johannsen]이라는 19세기 식물학자가 인자형[genotype]과 표현형[phenotype]을 구분하고 '결정적 실험[crucial experiment]'을 통해 이를 확증한 사례를 들어 과학지식사회학의 상대주의적 입장을 비판하면서, 과학논쟁은 실험과 자료를 통해 얼마든지 합리적으로 해결할 수 있다고 주장했다. 구체적으로 그는 계량생물학자들과 멘델 유전학자들 간의 논쟁을 스트롱프로그램으로 설명한 반즈와 맥켄지의 논문을 정면으로 반박하면서, 실험 결과와 이에 입각한 포퍼식의 반증이 과학논쟁의 합리적 종식, 즉 과학의 합리성을 설명할 수 있다고 주장했다.

캠벨 교수와 이러한 상징공간의 지형에 대해 얘기하던 그 무렵, 나는 쉴즈 교수의 '마음, 자아, 사회'라는 대학원 강의를 듣고 있었다. 강의명 그대로 이 강의는 미드[George Herbert Mead]의 사상을 집약한 강의록 『마음, 자아, 사회[Mind, Self and Society]』라는 책에 관한 쉴즈의 해석과 논평을 중심으로 진행되고 있었다. 쉴즈는 중간에 잠시 물 마시는 시간을 빼고 무려 세 시간가량을 쩌렁쩌렁한 목소리로 팔순이 다 된 나이가 무색하리만큼 정력적으로 강의했다. 수강생은 말 한마디 보탤 기회도 없었지만, 그렇다고 싫은 내색을 하지도 않았다. 강의에 대한 그의 열정과 해박함이 모두를 압도했기 때문이다. 내 기억에 인상 깊게 남아 있는 것은 쉴즈 교수가 열정적으로 강의하다가 일어났을 때 눈에 띈 그의 재킷 뒷단이다. 남루하진 않지만 허름했던, 늘 입고 다니던 재킷 뒤쪽 단이 다 터져 솔기가 드러나 있었다. 하지만 그는 그런 것에는 괘념치 않는다는 듯 '신들린' 강의로 좌중을 휘어잡았다.

어느 날 휴식시간에 쉴즈 교수와 처음 사적인 대화를 나누게 됐다. 화제는 엉뚱하게도 강의와 무관한 만년필에 관한 것이었다. 내 만년필이 쉴즈의 것과 같은 회사제품이었는데, 쉴즈 교수는 평소 내가 필기하는 모습을 눈여겨봤던지 이렇게 물었다. "김군 만년필도 그렇게 속을 썩이나? 내 것은 이렇게 아래로 몇 번 내리 흔들어야 쓸 수 있는데……" 우연의 일치지만 내 만년필도 그랬다. "저도 그렇습니다." 이렇게 해서 자칫 부담스러울 수 있었던 노교수와의 대화가 자연스럽게 열렸다. 얼마 뒤 시카고 대학 교내서점Coop Bookstore에서 우연히 또 쉴즈를 만났다. 지금은 영국 워릭 대학의 오귀스트 콩트 석좌교수가 된 스티브 풀러Steve Fuller가 당시 갓 펴낸 첫 책 『사회인식론Social Epistemology』(1988)을 책방 구석에 앉아 읽고 있는데, 누가 어깨를 툭 쳤다. "미스터 김! 무슨 책 보나?" 돌아보니 쉴즈 교수였다. 그는 웃으며 내가 읽던 책을 빼앗아 훑더니 "이런 책은 볼 가치가 없는 거야. 쓰레기통에 넣어버려!" 했다. 잠시 당황해 '대가들은 다 저렇게 독단적인가?' 싶었지만 예의 그 「지식과 지식사회학」 내용을 떠올리며 피식 웃고 말았다.

　우연이 겹치면 필연이 된다고 했던가. 쉴즈 교수와의 인연은 거기서 끝나지 않았다. 그의 강의를 들은 다음 학기에, 당시 사회학 지도교수였던 테리 클라크Terry Clark로부터 쉴즈 교수와 면담하라는 말을 들었다. 클라크 교수는 쉴즈 교수와 나의 박사학위 논문 이야기를 나눴는데, 쉴즈 교수가 만나고 싶어하니 날짜를 잡아 연구실로 찾아가보라 했다. 나는 당시 학위논문 제안서proposal 초고를 작성중이었다. 쉴즈 선생님을 뵈러갔더니 논문주제를 상세히 얘기해보라고 해서 작성하고 있던 제안서 내용을 말씀드렸다. 그는 매우 흥미로운 주제라면서 자기에게도 제안서를 한 부 보내달라고 했다. 내가 쓰려는 논문이 쉴즈 같은 대가의 흥미를 끌었다는 게 아주 기쁘고 흥분

됐다. 며칠 후 제안서를 쉴즈 교수의 비서에게 전달했다.

몇 주가 지났을까 다시 쉴즈 교수의 비서로부터 교수님을 뵐 시간을 통보받고 두근거리는 가슴을 안고 그분의 연구실로 찾아갔다. 쉴즈 교수님은 제안서를 돌려주면서 자신이 적어놓은 논평을 읽어보라 했는데, 그 제안서를 받아 보는 순간 깜짝 놀라고 말았다. 내 눈을 의심할 정도로 깨알 같은 논평들이 여백마다 가득 빼곡하게 들어차 있었기 때문이다. 정확히 말하자면 그분께서는 내가 작성한 제안서의 행간을 파고들며 다 논평을 달아놓으셨다.

시카고 대학에서 27개 과목을 듣고 기말논문에서 여러 교수의 논평을 받아봤지만, 이렇듯 정열적이고 심혈을 기울인 논평은 처음이었다. 또 한 가지 흥미로웠던 것은 돌려받은 제안서 첫 장에 눈에 띄던 푸르스름하게 번진 잉크자국이다. 필시 쉴즈 교수가 만년필 잉크가 잘 나오지 않자 아래로 몇 차례 흔들 때 많은 양의 잉크가 한꺼번에 쏟아져 제안서 종이 위로 떨어졌던 것으로 보인다. 나중에 클라크 교수에게 들은 이야기로는, 쉴즈 교수는 하도 녹색 잉크를 즐겨 사용해서 "유명한 쉴즈의 녹색 잉크famous green ink of Shils"라는 말이 있을 정도라고 했다.

갓 박사논문 쓰기에 돌입한 학생의 제안서에 팔순이 다 된 노교수가 이렇게 열심히, 자세히 논평을 해준다는 게 믿기지 않았고, 학문적 열정만큼이나 후학을 아낌없이 지원하는 일 또한 학자의 필수 덕목임을 깨닫게 됐다. 쉴즈 교수는 제안서 첫 장의 잉크자국 옆에 "이것은 매우 훌륭한 제안서다This is a very respectable proposal"라고 적어놓으셨는데, 그 문구를 마주한 순간 내 논문이 학술적으로 유의미한 길을 가고 있음을 확인하고 희열에 들떴던 기억이 지금도 생생하다. 쉴즈 교수는 논문이 진척되는 대로 가져오라 말씀하시면서 이 논문은 매우 중요한 논문이니 잘 쓰라고 격려해주었다. 그런데 그때

Toward A Social System Grounding of Scientific Validity

This is a very respectable proposal

By

Kyung-Man Kim

4850 S. Lake Park #809
Chicago, IL 60615

쉴즈에게 제출했던 박사논문 제안서의 표지. 번진 잉크자국 옆에 "이것은 매우 훌륭한 제안서다"라고 쓰여 있다.

The Strong programme asserts that there is no criterion of truth and that evidence is only related to persuasion, not having any actual mutual relation with general theories. One fact that no theories fit data perfectly...

and that fomentina (?) ... and to be wrong is not evidence that criterion of truth false. Canons do not exist and cannot be applied.

Reviewing the rapidly increasing literature on the relativistic program in the

sociology of science, however, one cannot help being struck by the astounding failure

of this program to account for the process of consensus formation in science. Largely

preoccupied with the discovery of the social mechanism underlying the persistent

scientific controversies, the new wave sociologists of science do not provide us with the

adequate perspective to handle the problem of the institutionalization and change of

They do not have any place for evidence and rationality collective beliefs in science.

The Strong prog. can acknowledge consensus
The purpose of this dissertation is to develop a sociological theory which can *but it insists that the consensus cannot is*
adequately deal with dissensus and consensus in science. After briefly reviewing the *not arrived at by rational analysis of observation*
main arguments of the relativistic sociology of science and the historical context *(data) and theories*
which gave rise to this movement, I shall explore its relationship with the Mertonian

research program. Identifying the area which has been neglected by both of these

research programs opens the way to a theoretical insight into the problem of

consensus formation in science. This dissertation develops a new approach to validation

of scientific beliefs by stressing the critical role of middle level scientists. Their *confirmat'ms replication..*
presence as critics, experimenters, reviewers, and validators curbs the excesses and

biases of scientific elites and makes validity enhancing scientific change possible.

Of course analysis are doing — quite strictly — is rejecting the very foundation of the strong prog.

2. Review of the Literature: Mertonian and New Wave Sociology of Science on

Scientific Consensus

The emergence of the post-empiricist philosophy of science during the1960s

and early 1970s radically altered the image of science as a consensual activity *not only the logical empiricists but all*
promulgated by the logical empiricists. For logical empiricists, any disputes between

rival theories in science are necessarily transitory and unstable, for they believed that

scientists' subscription to the shared methodological canons(or inductive logic) can

decide clearly which theory should be preferred(Laudan, 1984).

According to the post-empiricist philosophy of science propagated largely

through the writings of the historically minded philosophers and historians of science

3

such as Kuhn, Feyerabend, Hanson, Polanyi and Toulmin, however, science is portrayed as a more controversy-laden and dynamic enterprise. More aware of the fact that history of science is rife with the prolonged controversies between rival theories than any one else, Kuhn([1962] 1970) attacked the logical empiricist model of science in which fact-theory distinction was considered to be unproblematic and in which invocation of the appropriate methodological rules and evidence was supposed to lead to the rational closure of scientific debates. For Kuhn, paradigms are incommensurable precisely because the advocates of each paradigm use different languages and therefore their standards of evaluating knowledge claims necessarily differ from each other. Furthermore, each paradigm is concerned with the different sets of problems so that the advocates of one paradigm cannot agree about the importance of the problems with which the advocates of the rival paradigm are concerned. Thus each paradigm differs from one another about what counts as facts, problems, and proper methodology. Now, in this situation, communications between the advocates of rival paradigms are not so easy and frictionless as was supposed by the philosophers of the last generation. What is more, since paradigms determine what counts as facts, proper methods, and problems, scientific debates cannot be settled by simply referring to the theoretically neutral observation language.

It is not surprising then that new wave sociologists of science(Barnes,1974, 1982; Shapin,1982; Collins, 1983, Bloor,1976; Mulkay,1979) took this newly emerging philosophical view of science to support their sociological explanation of belief changes since, if logic and observations cannot conclusively dictate what theory to choose from several rival theories, theory choice in science ultimately boils down to the matter of social negotiations and power politics within the scientific community. Therefore, for the new wave sociology of science, social negotiations and social interests rather than inductive logic are the main forces that underlie in the acceptance or rejection of a particular theory.

쿤의 모호함과 폴라니의 암묵적 지식의 중요성을 지적한 쉴즈의 논평.

4

Relying heavily on Kuhn's(1974) concept of exemplars as the core
characterization of a paradigm and Mary Hesse's(1974;1980a;1980b) finitist account of
the growth of scientific knowledge, new wave sociologists of science argued that
linguistic usage and concept applications and the growth of knowledge are largely
dependent upon or determined by authority and tradition and not by the external
reality. Both Kuhn and Hesse argued that the fit between language and the world is at
best imperfect and therefore that learning(or acquisition of knowledge) always
involves a source of authority to which all judgments of the learner must conform.
Taking this argument as the epistemological point of departure in their program,
Barnes(1982), Bloor(1982) and Collins(1985) emphasized the "conventional" character
of knowledge acquisition. Namely, for them, knowledge acquisition is conventional and
arbitrary precisely because it involves the guidance of an authority and hence
conformity to "social" usage. The general model of language learning called a "network
model" and the closely related concept of "finitism"(Barnes, 1981,1982) were developed
to support their contention.

In a number of historical case studies of scientific controversies they claimed
that the conceptual 'networks' built by the (usually two or three) main protagonists of
the controversy are literally incommensurable and therefore the controversy cannot
in any way be resolved by the appeal to experimental evidence. Unlike Kuhn and Hesse,
however, they argued that the most fundamental assumptions which sustain the
coherence of the conceptual networks of the rival theories can be explained only in
terms of certain 'social factors' such as the social philosophy, social interests and goals
held by the main protagonists of the two theory groups(MacKenzie and Barnes, 1979;
Barnes and Shapin, 1979, Bloor, 1982). The radically different 'interpretation' of a series
of experimental observations made by the main protagonists or 'scientific stars' of each
theory group are then causally related to their different positions in the social
hierarchy. According to the the new sociologists of science, these stars used scientific

과학의 권위는 정치적 권위나 사회적 권위와 다르다는 것을 지적한 쉴즈의 논평.

쉴즈 교수는 묘한 어조로 이런 말을 덧붙였다. "요즘 도널드 캠벨이 점점 더 유명해지는 것 같아." 그가 시카고 대학 교수가 아님에도 논문지도의 주도권을 쥐고 있음을 알고 한 말이었다. 그 무렵 캠벨 교수는 『공적 지식Public Knowledge』의 저자로 유명한 과학자이자 과학사회학자인 자이먼John Ziman의 초청으로 영국에서 진화론적 인식론과 과학사회학 강연을 하고 막 돌아온 참이었다. 내가 그런 것 같다고 수긍하며 방을 나오는데 어찌나 마음이 불편하던지…… 캠벨과 쉴즈의 사이가 어쩐지 안 좋아 보였기 때문이다.

다시 쉴즈 교수를 만났을 때 그분이 내게 너무나 뜻밖의 제안을 했다. "자네가 원한다면 내가 자네의 박사학위 논문 심사위원 중 하나가 되어주지." 나는 롤러코스터의 오르막을 오르는 기분이었지만 이어지는 말씀에 곧장 내리막을 내달렸다. "그러나 내가 논문 심사위원 중 하나가 되면, 논문을 완성하는 데 예상보다 한두 해 더 길어지는 건 각오해야 할 거야." 당장에 답을 찾을 수 없던 나는 생각해보고 말씀드리겠노라 답하고 방을 나왔다.

이 문제로 며칠을 고민하다가 내 박사학위 논문의 실질적인 지도교수인 캠벨 교수에게 연락을 했다. 전후사정을 말씀드리고 어떻게 해야 할지 여쭈어본 것이다. 설사 제안을 받아들인다 해도, 캠벨 교수의 허락이 먼저 있어야 했다. 마침 그가 오하이오 주립대학 심리학과 석학 초빙교수로 한 학기를 가르치고 있었기 때문에 직접 만나서 이 문제를 상의했더니, 캠벨 교수는 웃으면서 다음과 같이 말했다. "나와 쉴즈는 시카고 대학에서 조교수 시절을 같이 보냈는데, 그는 학부생들만 주로 가르치는 학부undergraduate college 소속이었고, 나는 대학원생만 가르치는 대학원graduate school 소속이었지. 쉴즈가 그 뒤로 유명해진 것은 아마도 학부생들만 가르치면서 연구할 시간을 많이 축적할 수 있었기 때문일 거야." 은연중에 두 분은 지도교수로서 내 논문에 누가 더 영향력을 미칠 수 있는가에 대해 무척이나 예민한 반응을 보였다.

그렇게 말하는 캠벨 교수 앞에서 쉴즈 교수를 심사위원회에 추가하자고 말씀드리기는 어려웠고, 쉴즈 교수에게 답을 하지 못한 채 그저 논문이 진척되는 대로 보내드렸다. 고래싸움에 새우등 터진다는 말이 실감나던 때였다. 그런데 진짜 새우등 터지는 일이 발생했다. 논문이 상당히 진행된 어느 날, 나는 쉴즈 교수로부터 다음과 같은 내용의 편지를 받았다.

1988. 6. 21

김경만 군.

김군의 논문을 받아서 매우 기뻤는데, 시카고를 떠나면서 해야 할 여러 가지 일들 때문에 논문에 대한 논평을 못했고, 또 만날 약속을 하지 못해서 미안하네. 그러나 잠시 읽어봤더니 매우 흥미로운 논문인 것 같네. 내 비서인 슈누센버그 양에게 내가 머물게 될 다음의 영국 주소로 논문을 보내달라고 얘기해놨네.

피터하우스, 케임브리지 CB2 1RD, England.
에드워드 쉴즈 교수 앞

영국에 체류하는 동안 자네 논문을 흥미롭게 읽을 것이며, 내가 시월 초에 시카고로 돌아가면 논문에 대해 얘기할 수 있기를 고대하네.
좋은 일들이 있길 바라며.

에드워드 쉴즈

THE UNIVERSITY OF CHICAGO

COMMITTEE ON SOCIAL THOUGHT

1126 EAST 59TH STREET

CHICAGO · ILLINOIS 60637

21 June 1988

Dear Mr. Kyung-Man Kim:

I was very pleased to hear from you and I regret very much
that, because of the numerous necessities associated with my
departure from Chicago, I have not been able to respond to your
paper or to arrange to meet you. I have done no more than glance
at the paper and it appears to me to be very interesting. I would
like very much to rread it at my leisure. I have asked Miss
Schnusenberg to request you to send me a copy to my address in
England which is: Professor Edwad Shi,s Peterhouse, Cambridge CB2
1RD, England. I will read it with interest while I am in England
and I look forward to the discussion of the subject with you on
my return to Chicago at the very beginning of October.

With my very best wishes, I remain

Yours sincerely,

Edward Shils

Mr. Kyung-Man Kim
4850 Lake Shore Drive
Apt 809
Chicago, Illinois 60615

좌우간 나는 계속해서 쉴즈 선생의 비서인 슈누센버그에게 진척된 논문을 보냈고, 슈누센버그는 쉴즈 교수에게 내 논문을 전달했다. 그러던 중 1989년 봄 학기에 나는 서강대학교에서 강의를 맡게되었고, 이 소식을 쉴즈 교수의 비서에게 알린 다음, 89년 봄 학기를한국에서 보내고 5월에 다시 시카고로 돌아왔다. 그리고 어느 날 나는 다시 한번 쉴즈 교수로부터 편지를 받았다. 매우 긴 편지였다. 그가운데 중요한 대목만 요약하면 다음과 같다.

김군에게.

……김군의 박사논문을 읽어보고 매우 좋은 인상을 받았는데, 우리가만나지 못한 것이 아쉽군그래. 자네가 지난 학기에 시카고에 없었던 이유를 나는 잘 알고 있네. 자네 나라에서 가르치는 경험은 꼭 필요할뿐더러, 한국에서 일반인을 포함한 학생들에게 여기서 자네가 열심히 공부한 내용을 전하는 것은 정말 바람직한 일이네.

……그러나 내가 볼 때 더 중요한 건 자네가 논문에서 제시한 주장과자료를 종합해서 『미네르바^{Minerva}』에 정말 훌륭한 논문으로 실을 수 있는가의 여부라네. 난 자네가 『미네르바』란 학술지를 잘 알리라 생각하네. 『미네르바』는 최고 수준을 겨냥한 진지한 학문적 성과를 위한 학술지이고, 자네가 뛰어난 논문을 쓸 수 없다고 여겼다면 자네 논문을 『미네르바』에 싣자는 초대도 하지 않았을 것이네.

나는 자네가 논문의 주요 주장, 즉 젊은 세대 과학자들의 역할과 당대에 덜 유명했던 과학자들이 새로운 과학이론뿐 아니라 반대파에 속한구세대 최고의 과학자에게까지 마음을 열었다는 주장에 초점을 맞추길바라네. 이것은 매우 중요한 주장이며, 유전학과 진화론에 대한 논쟁을다룬 자네 연구에서 이것을 분명히 한다면, 이는 대단히 가치 있는 기여가 될 것이네. 그러나 난 자네가 배리 반즈와 그 동료들이 만들어낸 온갖 소란은 논의에서 제외하길 강력하게 권하는 바네. 이들 주장은 상대할 만한 가치도 없고 수준도 떨어지네. 논문의 결론 부분에 이들의 주장이 얼마나 허황된 것인지 한 문단 정도야 넣을 수 있겠지. 관건은 내가 생각할 때 극히 중요하고 흥미로운 자네의 분석을 자세히 전개해야 한다는 것이네.

……뛰어난 박사논문 쓴 것을 축하하며 소식 기다리네.
언제나 행운이 함께하길 기원하며

에드워드 쉴즈

물론 나는 『미네르바』라는 학술지를 너무나 잘 알고 있었다. 쉴즈 교수가 만들어 오랜 시간 편집장으로 있었던 『미네르바』는 그의 말처럼 과학학과 고등교육 분야의 세계적인 논문이 실리는 최고의 학술지 중 하나였다. 그가 편지에 더 언급하진 않았지만 박사학위 논문 심사위원을 자청한 것을 넘어 학술지에 초청까지 한 것은 누구라도 큰 영광으로 여길 만한 일이었다.

그러나 쉴즈 교수의 초대는 나를 또다시 깊은 고민에 빠뜨렸다. 왜냐하면 이 편지에 쓰인 대로 쉴즈 교수는 내 논문에서 배리 반즈를 위시한 상대주의적 과학사회학자에게 가한 비판을 빼라고 강력히 주문했기 때문이다. 하지만 반즈와 에든버러학파를 비판함으로써 과학이론의 변동에 대해 변증법적 접근을 시도했던 나로서는 그것은 수용하기 힘든 요구였다.

쉴즈 교수와 캠벨 교수의 차이가 바로 여기서 극명하게 드러났다. 쉴즈는 영국 과학지식사회학자들을 상대주의자로 치부하고 상대할

가치도 없는 것으로 무시하라 했지만, 이들과 십여 년 이상 논쟁해
온 캠벨 교수의 생각은 그와 달랐다. 에든버러학파의 일원인 에지가
편집장으로 있던 『과학에 대한 사회과학적 연구Social Studies of Science』
는 과학사회학뿐만 아니라 과학학 분야 최고 권위의 학술지였다. 캠
벨은 내가 이 학술지에 논문을 투고하고 그들과 논쟁해야 한다고
생각했다. 내가 학위논문을 마치고 지식장에 진입한 80년대 말에서
90년대 초는 과학에 대한 상대주의적 입장이 과학사회학의 대세였
고 이에 맞선 학자는 이브 깅기라Yves Gingras (몬트리올 퀘벡 대학 과
학사가), 롤한센(오슬로 대학 철학과 교수) 등 소수에 지나지 않았
다. 은혜를 베풀어준 쉴즈 교수의 요청을 외면하기도 그렇고 그가
편집장인 『미네르바』라는 나름의 명성을 지닌 학술지에 논문을 싣
고 싶다는 생각도 들었지만, 결국 상대주의자의 아성인 『과학에 대
한 사회 과학적 연구』에 논문을 투고했다. 1991년 내가 발표한 '요
한센의 순계설 수용에 관하여: 과학적 타당성에 관한 사회학적 시
론'이란 제목의 이 글은 당대를 지배하던 상대주의적 과학사회학을
정면으로 비판한 논문이었다.[105] 이 논문에서 나는 에든버러학파의
핵심 성원인 반즈, 블루어, 맥켄지 등의 스트롱프로그램이 과학이론
의 변동을 설명하지 못했다고 비판하고, 그 근거로 빌헬름 요한센을
위시한 미국 유전학자들의 '유전형과 표현형 구분 논쟁'을 예시했
다. 저간의 사정 탓에 이 논문이 게재 허가를 받을지 심히 우려했지
만 의외의 좋은 결과를 얻었다. 논문을 심사한 세 사람 모두가 약간
의 수정을 거쳐 게재해도 좋다는 평가를 내렸다.

　　돌이켜보면 쉴즈 교수님에게는 정말 죄송했지만 『미네르바』에 투

---

105 Kyung-Man Kim, "On the Reception of Johannsen's Pure Line Theory: Toward a
　　Sociology of Scientific Validity," *Social Studies of Science* 21, 1991, 649-679쪽.

고하지 않은 것은 당시 과학사회학의 특수한 지형 때문에 불가피했다. 장의 관점에서 볼 때 당시 세계 과학사회학의 장은 반즈, 블루어, 콜린스, 라투르 같은 상대주의적 과학사회학이 지배하고 있었고, 쉴즈 교수는 상대주의 논쟁의 격전지에서 좀 벗어난 지형에 위치해 있었다. 『미네르바』지 역시 상대주의 논쟁의 핵심에서 벗어난 지면이었고, 이 논쟁적인 분야에 관심 있는 과학사회학자, 과학사가, 과학철학자들의 관심을 끌기에는 『과학에 대한 사회과학적 연구』에 비해 '가시성'이 떨어졌다.

그러나 당시―물론 현재도 사정은 마찬가지지만―과학사회학은 사회학의 매우 지엽적인 분야였다. 머튼이 주도한 미국의 과학사회학은 과학지식 자체보다 과학자의 행위패턴이나 조직문화를 기능주의 관점에서 분석했는데, 영국을 위시해 유럽에서 등장한 과학지식사회학에게 곧 우위를 빼앗겨버렸다. 여러 이유가 있겠지만 이는 1970년대에 시작된 기능주의의 급격한 몰락과 깊은 연관이 있다.[106] 기능주의와 달리, 과학자 집단이 사연세계를 "해석하고 이해하는," 특정한 방식을 "과학자 사회 '안'으로부터from within the scientific community" 탐색하고자 하는 새로운 과학사회학자들은 해석사회학, 민속방법론, 비트겐슈타인의 영향 아래 과학자들의 "일상적 실천에 주목"했다. 하지만 이런 시도는 과학사회학과 과학철학, 과학사 같은 기존 분과의 상호작용을 가속화했을 뿐, 자연과학의 내용에는 관심이 없던 주류 사회학 전통에 별다른 변화를 끌어내지 못했다. 1990년에 나는 『미국사회학회지American Journal of Sociology』(이하 AJS)에 「과학적 합의 형성과정의 사회학On the Sociology of Scientific Consensus

---

106 이에 관해서는 나의 첫 책, *Explaining Scientific Consensus: The Case of Medelian Genetics* (1994)에 소상히 밝혀져 있다.

Formation」이란 논문을 투고했다가 거부당한 일이 있는데, 당시 논문 심사평은 주류 사회학 전통을 대변하는 이 학술지의 심사위원들이 과학에 어떤 고정관념을 갖고 있었는지 잘 보여준다. 이 논문은 맨 처음 심사에서 세 사람의 심사를 받았다. 두 명이 많은 수정을 요구했던 반면, 한 명은 게재에 매우 호의적이었다. 인상 깊었던 것은 비판자 중 하나가 AJS가 사회학 학술지임을 감안할 때, 내 논문은 유전학 논쟁, 진화론 논쟁 같은 사회학과 동떨어진 자연과학의 전문지식을 다루고 있으므로 게재가 부적합하다고 평가했고, 이에 다른 한 심사자는 "그럼, 리즈렐^{lisrel}, 프로빗^{probit} 같은 복잡한 통계기법만 난무하는 논문은 전문적이지 않으냐"고 반박했다는 점이다. 수정 후 다시 투고했지만 그사이 학술지 편집장이 바뀌고 그가 지정한 새 심사자가 게재 불가 판정을 내린 바람에, 이 글은 결국 AJS에 실리지 못했다. 다만 이 과정에서 과학에 대한 사회학, 철학, 역사학, 인류학의 접근을 융합한 '학제 연구'는 AJS 같은 주류 사회학의 권위 있는 학술지로부터는 환영받지 못한다는 사실을 체득했다. 학제 연구로 일찍이 1990년대 초반 세계적인 업적을 쌓은 코넬 대학의 과학사회학자 마이클 린치^{Michael Lynch}가 1997년에서야 미국 사회학회 학회지로, AJS와 더불어 주류 사회학을 대표하는 『미국사회학평론^{American Sociological Review}』(이하 ASR)에 논문을 게재할 수 있었다는 사실은 학제 연구에 대한 내 생각이 억측만은 아니란 것을 보여주는 좋은 증례일 것이다.

1991년에 서강대학교에 임용되면서 나는 프랑스의 『사회과학정보^{Information sur les Sciences Sociales}』라는 학술지에, 에든버러학파의 데이비드 블루어와 내 지도교수였던 도널드 캠벨 간의 논쟁을 다룬 논문을 투고했다. 이 학술지에 글을 발표하게 된 것 역시 글로벌 지식장의 지형을 고려한 것이었다. 프랑스에서 반세기 전부터 발행된

『사회과학정보』는 데리다, 롤랑 바르트, 부르디외 등 막강 교수진을 자랑하는 프랑스 사회과학의 메카인 사회과학고등연구원^{EHESS}이 프랑스 사회과학의 진흥을 위한 국립사회과학연구재단^{FMSH}과 손을 잡고 출간하는 명망 있는 사회과학 학술지로, 마르크스주의 인류학자 고들리에^{Maurice Godelier}, 노르웨이의 분석 마르크스주의 창시자인 정치학자 엘스터^{Jon Elster} 등이 편집진으로 활동하고 있었다. 금세기 최고의 사회학자로 꼽히는 부르디외는 1970년대 이래 14편이나 되는 논문을 이 학술지에 발표했다. 특히 그의 언어와 상징폭력, 계급의 재생산, 연구방법론 등 핵심적 개념을 담은 주요 논문들이 많이 소개됐고, 사회철학의 거장 미셸 푸코 또한 초기 사유의 핵심인 '지식의 고고학' 관련 논문을 이 학술지에 발표한 바 있다. 그밖에도 과학사회학의 스트롱프로그램으로 명성을 얻은 반즈, 과학사회학의 태두인 크노르세티나^{Karin Knorr-Cetina}, 멀케이^{Michael Mulkay} 등이 논문을 기고해서 (이제는 과학사회학의 상식이 된) 상대주의적 관점을 발전시켰던 곳이 바로 이 학술지였다. 1975년 부르니외가 이 학술지에 발표했던 '과학장의 특수성과 이성의 진보를 위한 사회적 조건^{The Specificity of Scientific Field and the Social Conditions of the Progress of Reason}'이란 제목의 논문은 가장 영향력 있는 과학사회학 논문으로 고전의 반열에 있는데, 그가 학술 경력을 마무리하는 콜레주드프랑스의 최후 강의는 이 논문을 발전시킨 것이고 사후에는 책으로도 출간이 됐다. 그러한 면면을 고려할 때 『과학에 대한 사회과학적 연구』 다음으로 논문을 꼭 싣자는 생각이 든 학술지가 바로 이 『사회과학정보』였다. 그래서 내 논문을 투고했던 것이다.

1992년 출간한 그 논문[107]에서 나는 캠벨 교수가 항상 "나를 비판하라"고 했던 말씀 그대로 블루어뿐만 아니라 은사인 그분까지 비판하면서 과학을 이해하고 설명하는 제3의 대안을 찾으려고 노력했다. 같은 해에 나는 스티브 풀러에 의해 창간된 지 몇 년 되지 않았던 철학과 사회과학을 아우르는 학제적 성격의 신생 학술지 『사회적 인식론』으로부터 원고 요청을 받아 논문 한 편을 또 발표할 수 있었다.[108] 그 무렵 장의 지형을 좀더 알게 되었다. 즉 내 전공분야인 과학지식사회학에서 저명한 학자들이 어디에 투고를 하고 어디서 그 반응을 체감하는가 하는 '감感'—부르디외가 지칭한 바로 그 '게임감각'—이 조금씩 생겼다는 말이다.

이렇게 과학사회학 장의 지형을 익혀가고 있을 때 다시 한번 좋은 기회가 찾아왔다. 『사회적 인식론』의 편집장 풀러가 출판을 제안한 것이다. 요점은 자기가 뉴욕의 길포드출판사에서 새로 시작하는 '과학의 수행The Conduct of Science 총서' 편집인이 됐는데, 그간 발표한 논문들로 비추어봤을 때, 내 박사학위 논문을 수정해 총서의 한 권으로 출간하면 좋겠다는 말이었다. 사실 풀러는 이미 그 두 해 전인 1990년 미네소타대 과학철학연구소Center for the Philosophy of Science에서 열린 과학철학협회와 과학사회학회의 합동 학회에서 만나 여러 이야기를 나눈 바 있는 나와 비슷한 또래의 과학철학자였다. 캠벨 교수와도 잘 아는 사이였던 풀러는 내가 발표한 논문들을 이미 다 읽은 상태였고, 총서의 한 권이 될 그 책 말미에 내가 박사논문에서 비판한 배리 반즈나 도널드 맥켄지로부터 반론을 받고 거기에 나의 재비판을 붙이면 어떻겠느냐는 제안을 내놓았다. 물론 그런 방식으로 책이 구성된다면 더없이 좋겠지만, 아마도 그렇게 하기는 어려울 거라고 얘기하면서, 나는 반즈나 맥켄지 교수에게 반론 요청을 한번

107 Kyung-Man Kim, "The Role of the Natural World in the Theory Choice of Scientists," Social Science Information 31, 1992, 445~464쪽.

108 Kyung-Man Kim, "Value Commitment and Scientific Change," Social Epistemology 6(3), 1992, 273－280쪽.

해보시라고 했다. 그러나 풀러의 노력에도 불구하고, 그들은 제안을 수락하지 않았고 결국 오슬로 대학의 롤한센 교수, 멘델 유전학사 권위자인 피츠버그 대학의 과학사가이며 과학철학자인 로버트 올비[Robert Olby] 교수가 내 책의 본문이 끝나고 난 뒷부분에 내 연구의 의의를 논평하기로 했다.

반즈와 맥켄지가 제안을 받아들였다면 더 흥미로운 책이 됐을 테지만 어쩔 수 없는 일이었다. 지금 생각해보면 풀러나 나나 그런 기대를 걸었던 게 무리였다 싶다. 이미 당시 세계적인 명성을 쌓은 반즈나 맥켄지 입장에서는 이제 학자 경력을 막 시작한 사람의 비판에 반론을 펼치는 것은 '체면이 깎이는' 일이 됐을 수 있다. 지식장의 위계질서가 상징자본의 양에 의거한다는 사실을 고려하면 이는 당연한 일이다. 학자 간 논쟁이 오간다는 건 누가 이기든 지든, 서로 상징자본 양이 비슷하다는 걸 전제하는데 나보다 상징자본이 월등히 많은 그들은 '잘해야 본전'일 테고 어떤 식으로도 '상징이익'을 기대할 수 없기 때문이다. 롤한센이나 올비 교수도 나보다 많은 상징자본을 소유했지만 이들은 자신들의 입장을 강화할 만한 내 견해에 공감해 상대주의자와 대리전을 치르는 나를 격려한다는 의미로 논평을 써줄 수 있었겠지만, 나와 논박을 주고받아야 하는 당사자인 반즈나 맥켄지에게는 큰 투자가치가 없어 보였을 것이다.

편집이 막바지에 이르고 책이 완성될 즈음, 미국의 랜들 콜린스 교수에게 내 책에 대한 '지지의 글[endorsement]'을 써줄 수 있는지 문의하면서 원고를 보내보았다. 콜린스는 이론사회학 분야뿐만 아니라 역사사회학과 과학사회학에서도 세계적 명성을 지닌 학자였기에 만일 그가 지지의 글을 써준다면 큰 도움이 되지 않을까 하는 생각에서 보낸 편지였다. 얼마 뒤 기쁘게도 그는 적극적인 지지를 표명하면서 다음과 같은 답신을 보내주었다.

1994. 2. 24

김 교수님,

여기 내가 출판사에 보낸 당신 책에 대한 지지의 글을 동봉합니다. 이 책은 뛰어난 책이며, 나는 이 책이 과학사회학을 새로운 방향으로 선회하게 하는 데 커다란 영향력이 있길 기대합니다. 사회구성주의는 지난 20년이 넘는 세월 동안 지배적이었지만, 이제는 같은 주장만 반복하고 있고, 따라서 어떤 새로운 접근이 필요한 시점입니다.

블루어에 대한 당신의 논문을 보내줘서 감사합니다. 당신은 이 글에서 논쟁 당사자 양쪽 모두의 약점을 지적하면서도, 잘 균형 잡힌 시각에서 스트롱프로그램을 평가했습니다. 당신의 논문에 대한 답례로 나도 최근에 쓴 논문을 동봉합니다. 나는 이 논문에서 현대 자연과학의 특성은, 방법론적/철학적 측면이 아니라, 과거의 연구결과에 대한 높은 합의수준을 바탕으로 빠른 발견을 유도해낼 수 있는 사회적/기술적 측면에서 발견할 수 있다고 주장했습니다. 만일 내가 당신의 책과 최근 논문을 좀더 일찍 읽을 수 있었다면, '내 논문의 부족한 부분을 보완할 수 있었을 것입니다^{might have fewer inadequacies}.'

……나의 제자이며 지금은 버지니아 대학에서 가르치는 스테판 푹스^{Stephan Fuchs} 교수와 알고 지내는지 모르겠습니다. 그도 해체주의 대 실증주의 논쟁을 넘어서려고 노력하고 있으며, 과학사회학 분야에서 훌륭한 연구를 해왔습니다. 내 생각에는 그도 당신의 최근 논문을 받아보고 싶어할 것입니다.

랜들 콜린스

얼마 지나지 않아 푹스 교수가 논문을 보내왔고, 나도 그에게 논문을 보내면서 서로의 연구주제와 착상에 대한 의견을 교환했다.

　1994년 여름『과학적 합의에 관한 설명: 멘델 유전학 사례』가 출간되자,『과학에 대한 사회과학적 연구』를 비롯한『아이시스^{Isis}』, 미국사회학회가 발간하는 학술서평 전문지『현대사회학$^{Contemporary\ Sociology}$』등에서 서평들이 나왔다. 이는 당시 내 책이 과학사회학 지형 안에서 어떤 위치에 있었는지를 보여주는 것이기에 간략히 그 내용을 소개하겠다.『아이시스』는 미국과학사협회가 펴내는 과학사 분야의 권위 있는 학술지로, 흥미로웠던 것은 애당초 내 책 말미에 반론 쓰기를 거절했던 반즈가 여기에 서평을 썼다는 점이다. 물론 그의 서평은 내 책을 비판하는 방향으로 쓰였지만, 기대와 달리 내 비판에 적극적인 반박을 내놓기보다는 매우 제한적이고 우회적인 견해를 제시했다. 다시 말해, 반즈는 에든버러학파의 주장이 옳다는 것을 적극 규명하기보다는 그저 내가 내 주장을 입증할 만한 충분한 근거를 제시하지 못했다는 데 집중했다. 설사 그의 지적이 타당하다 해도 그로써 그를 포함한 에든버러학파의 주장이 옳다는 논리가 도출될 수 없는데도 말이다.

　아무튼 반즈는 나를 반박하면서, 멘델 유전학을 학계가 수용한 이유는 다윈의 자연선택론을 생물통계학적으로 증명하고자 했던 피어슨$^{Karl\ Pearson}$과 웰던$^{William\ Weldon}$의 이론을 실험을 통해 '반증^{falsification}'했기 때문이 아니라, 멘델학파가 멘델의 유전이론을 '확증^{confirmation}'했기 때문이라고 주장했다. 과학철학에 익숙하지 않은 독자들은 반증과 확증의 차이를 이해하기가 어렵겠지만, 반즈가 비판한 요점은 멘델학파와 다윈학파의 논쟁과정과 그 종식에 대한 내 설명이 실증주의자의 전통적인 설명과 별반 다르지 않다는 의미였다. 즉 실험결과에 대한 '과학사회의 투쟁' 과정, 그러니까 '집단적 해석' 과정이 자연세계를 더 타당하게 나타내는 '이론의 선택'으로 귀결된다는 주장을 뒷받침하려면, 멘델학파가 실험을 통해 생물통계학의 오류를 밝혀낸 포퍼식 반증 사례가 반드시 등장해야 하는데, 오히려 내 설명은 쿤의 주장처럼 단지 새로운 이론인 멘델 유전학 쪽으로 지지자 분포가 기울어졌음을 보여주는 데 그쳤다는 것이다. 왜 지지자 분포가 멘델 유전학 쪽으로 기울어졌을까? 이는 매우 답하기 어려운 문제이고, 반즈도 만족할 만한 설명을 제시하지 못했다. 하지만 적어도 나는 유전학 실험에서 생산된 자료experimental data와 그에 기초한 설득과 논쟁이, 반즈와 블루어가 강조한 '사회정치적 요인'이나 '제도적 메커니즘' 못지않게, 또는 그 이상으로 중요한 역할을 했다는 주장을 펼쳤다. 내 비판은 스트롱프로그램이 과학논쟁 종식에서 과학사회의 고유한 검증절차나 논의방식—과학에서 게임의 규칙이 수행하는 역할—을 지나치게 소홀히 다뤘다는 데 있지만, 반즈는 책 전체의 내용상 그 점에서 내 주장을 지지할 수 없다고 본 것이다. 책에서 내가 멘델 유전학의 확증사history of confirmation를 썼을 뿐이고, 그에 반해 생물통계학이 틀렸다는 것을 증명할 반증사history of falsification는 제시하지 못했으므로, 실험을 통해 경쟁하는 두 이론 중 하나의 이론을 반증해 과학논쟁에 종지부를 찍을 수 있다는 내 주장은 경험적 근거가 빈약하다는 말이었다.

이 문제에 대한 나의 관점은 그때와는 변했지만,[109] 일단 다른 서평으로 넘어가도록 하자. 미국사회학회에서 발행하는 『현대사회학』에는 머튼이 제시한 이론적 준거로 과학자 간 경쟁과 인정의 문제를 연구해 명성을 얻은 위스콘신 대학의 핵스트롬Warren Hagstrom 교수가 서평을 실었다. 어떤 면에서 보면 이 서평이 반즈의 비판보다

---

109 이에 관한 구체적 논의는 나의 글, "What would a Bourdieuan Sociology of Scientific Truth look like?," Social Science Information 48(1), 2009, 57~79쪽 참조.

더 가혹했다. 그의 비판을 요약하면, 내 연구는 과학에 대한 사회학적 접근이 아니라 철학적 접근으로 봐야 한다는 것이었다. 사회학이란 무엇인가? 핵스트롬은 아주 단호하게 사회학이란 이미 정해진 고정된 경계가 있는 학문이라고 강변하면서, 내가 사회학자들이 사용하는 계급, 투쟁, 이데올로기 같은 개념보다 철학 개념, 이를테면 과학적 사실의 인식론적 지위에 천착했다고 비판했다. 그러나 이 비판은 과학지식사회학이 과학지식의 내용을 사회학의 연구대상에 포함하면서 철학자들과 벌였던 "영역전쟁"—블루어가 말한 바 있는—을 전혀 고려하지 못한 것이다. 즉 핵스트롬은 내가 다룬 다음과 같은 핵심적 질문들이 사회학의 질문이 아니라고 비판했다. '과학적 사실'에서 '과학적'이란 수식어가 뜻하는 바는 무엇인가? 누가 어떤 실험과 그 결과를 '과학적'이라 명명하는가? '과학적'이란 수식어를 부여하는 기준은 전통 실증주의 철학자들의 주장처럼 자연세계와 이론의 대응인가, 아니면 과학자들의 논쟁과 상호협상('사회화 과정')의 산물인가? 이러한 질문들을 통해 과학지식사회학자는 과학철학자들이 전통적으로 장악해온 인식론의 고유 영역에 침투할 수 있었고 그 결과 인식론을 '사회학화'하여 사회학의 영역을 넓힐 수 있었다.

세번째 서평은 당시 애리조나 대학 교수였고 지금은 토론토 대학의 과학사/과학철학 교수인 비세도[Marga Vicedo]가 『과학에 대한 사회학적 연구』에 기고한 20여 쪽의 장문이다. 그는 반즈와 블루어를 옹호하는 한편, 내가 스트롱프로그램의 대칭성 명제를 제대로 이해하지 못해 과학적 합의의 형성을 그릇되게 설명했다고 비판했다. 물론 내 입장에서 볼 때, 비세도의 비판은 매우 그릇된 것이었다. 그러나 전체 맥락상 자세한 소개는 사족일 듯해 생략하겠다.

나는 이 세 서평을 통해 글로벌 지식장의 지형에 관해 더 많은 것을 알게 되었다. 즉 책 출간과 더불어, 한편으론 에든버러류의 상대주의적 과학학 연구자들의 비판을 받았고, 다른 한편으론 과학에 대한 전통적인 사회학적 관점을 고수하는 핵스트롬 같은 노학자의 비판도 받았다. 또 한편으론 과학학 연구장의 지형을 바꾸고자 하는 동지들이 있다는 사실도 알게 되었다. 노스웨스턴 대학의 과학철학 교수, 미국과학철학협회 회장 등을 역임한 데이비드 헐$^{David Hull}$ 교수나 미국사회학회 회장을 역임한 랜들 콜린스 교수 같은 분들은 책에 담긴 내 견해를 지지해주었다. 책 출간 이후 내 논문들은 몬트리올 퀘벡 대학의 이브 깅기라, 암스테르담 대학의 딕 펠즈$^{Dick Pels}$, 일리노이 대학의 세거스트랄$^{Ullica Segerstrale}$ 같은 과학학 연구자들의 관심을 끌게 되었다. 몇 년 전 영국 리즈 대학의 과학철학자 래딕$^{Gregory Raddick}$은 이메일로 내 책이 "유전학사에 관한 과학사, 과학철학, 과학사회학 연구 분야에서 프로바인$^{William Provine}$의 책과 나란히 필독서가 되었다"라고 알려주었다. 내 저술에 대한 다양한 입장들을 종합적으로 조망하면서, 글로벌 지식장에서 내 상대적 위치를 깨닫게 되었고, 비로소 어떻게 상징자본을 축적하고 확장할 것인가에 대한 '방향감각'을 익히게 되었다.

이즈음 과학지식사회학 장에 다시 지각변동이 찾아왔다. 마이클 멀케이와 니겔 길버트$^{G. Nigel Gilbert}$가 과학자들과의 면접자료에 대한 담화분석$^{discourse\ analysis}$을 통해 과학에 대한 어떤 사회과학적 설명도 과학이론과 마찬가지로 '구성'된 것일 뿐, 과학이 무엇인가를 규명할 단 하나의 옳은 그림은 제시할 수 없다는 주장으로 그 변동을 주도했다. 그러나 이들의 주장을 이해하고 비판하기 위해서는 '또 다른 글로벌 지식장의 요구'를 충족해야 했다. 무엇보다 포스트모던 인식론의 핵심인 '언어적 전환$^{Linguistic\ Turn}$'과 씨름해야 했다. 멀케이, 길버트, 울가$^{Steve\ Woolgar}$ 같은 과학사회학자들은 포스트모더니즘과 궤를 같이한 후기구조주의나 마커스$^{George\ Marcus}$, 타일러^{Stephen} ^{Tyler}가 펼친 과학이 아닌 '일종의 글쓰기로서의 인류학$^{Anthropology\ as\ a}$ $^{kind\ of\ writing}$'을 수용해, 과학사회학자의 글쓰기를 해체하고자 했다. 90년대 과학사회학 장의 변형과 진화를 이해하고 능력을 지닌 학자로 생존하려면, 장이 요구하는 이 새로운 지식을 습득해야 했다. 내가 1996년 『사회과학철학$^{Philosophy\ of\ the\ Social\ Sciences}$』에 발표한 「과학적 합의의 위계와 시간의 흐름에 따른 과학논쟁의 흐름$^{Hierarchy\ of}$ $^{Scientific\ Consensus\ and\ the\ Flow\ of\ Dissensus\ over\ Time}$」은 90년대 초반 과학사회학 학계에 커다란 반향을 불러일으킨 과학학의 이 포스트모던적 전환을 비판하기 위해 썼던 논문이다.

1994년 이 논문을 완성한 직후 나는 그것을 바로 랜들 콜린스 교수에게 보내어 논평을 부탁했었다. 콜린스는 당시 과학사회학에 대한 두 개의 논문을 썼는데, 하나는 멀케이의 포스트모더니즘에 입각한 실증주의 사회학 비판에 대한 응답이었고, 또하나는 앞서 언급했던 자연과학이 왜 사회과학에 비해 합의에 빨리 도달하고, 왜 그 합의가 더 안정적인가에 대한 논문이었다. 이 두 글을 읽은 나는 그와 내가 유사한 연구주제—과학사회의 합의가 어떻게 사회학적으로 설명될 수 있는가—에 관심이 있다는 것을 알았기에, 내 논문에 대한 그의 평가가 매우 궁금했다. 당시에는 이메일이 없어 항공우편으로 서신을 주고받는데도 콜린스의 논평은 금방 도착했다. 내 첫 책의 논평에서도 그랬지만 이번에도 그의 논평에서는 자세히 읽고 비판적이면서도 더 나은 방향으로 길을 제시해주려는 순수한 열의가 느껴졌다. 네 페이지를 빼곡하게 채운 그의 논평은 내 논문에서 중요한 부분과 더 강조해야 할 부분을 깨닫게 하는 데 결정적인 역할을 했다. 콜린스는 내 스승은 아니었지만, 그에게 배운 것은 어느 스승의 가르침 못지않았다. 그와 주고받은 무수히 많은 서신들은 내가

장에서 어떻게 움직여야 하는지, 또 사회학이란 지적 공간에서 어떻게 '설득력 있는 글'을 써야 하는지에 대한 '감'을 체득하는 데 더없이 유익한 지침서가 되었다.

1990년대 말부터 나는 과학사회학을 지배한 여러 이론과 연구방법론에 더해 연구범위를 확장했고, 더 넓은 지평에서 지식사회학과 사회이론의 연구에 몰입했는데, 이는 사실 과학사회학 분야뿐 아니라 사회이론, 정치이론 그리고 철학에서 포스트모던 이론의 등장과 함께 대두된 "재현의 위기crisis of representation" 때문이었다. 유럽에서 구조주의가 쇠퇴하면서 등장한 후기구조주의, 영미에서 콰인, 쿤, 셀라스Wilfrid Sellars, 로티 등을 통해 등장한 후기경험주의 철학postpositivist/postempiricist philosophy은 각기 다른 철학 전통과 성찰을 전제하지만 '같은' 결론에 도달했는데, 이것은 "외부세계의 진리를 나타내는 단일한 표상은 없다"는 명제로 요약할 수 있다. 사회이론, 사회과학철학, 지식사회학 분야가 밀접하게 상호작용하는 글로벌 지식장의 경쟁에서 살아남으려면 이제 하버마스, 부르디외, 기든스, 로티, 푸코 등 상호 비판하고 경쟁하는 거봉들의 작업을 숙지해야 했기 때문에, 90년대 말 나의 연구는 이들 저작을 비판적으로 분석하는 데 집중됐다. 이에 더해 하버마스, 부르디외, 기든스가 자신들의 저작에서 비판했지만 매우 중요한 사회학이론으로 간주한 가핑클의 민속방법론도 필수 연구목록에 포함됐다. 이들 저작은 그야말로 구구절절 난해하기 이를 데 없었지만, 나는 이들의 사상과 치열하게 맞서기 위해 90년대 대학원 강의를 모두 이들의 저작에 대한 비판적 독해에 할애했다.

가핑클의 『민속방법론연구Studies in Ethnomethodology』는 읽어본 사람은 알겠지만, 첫 장부터 한 문장이 거의 한 쪽을 다 차지하고 끝에서야 마침표가 나오는데다, 수많은 삽입구와 자신이 만들어낸 말들—

예를 들면 'tell-a-story-aboutable' 같은 구절—이 곳곳에 출몰하는, 고의로 독자의 혼돈을 가중시키려는 듯한 서술로 가득했다. 그러나 반복해 읽으면서 그가 하려는 얘기를 파악할 수 있었고, 그의 작업이 전통적인 사회학적 사고와 다른 선상에 있음을 깨달았다. 그가 강조한 것은 행위의 맥락setting과 의미가 서로를 정의하고 보완하고 강화하는 "사회적 행위의 자기조직적 성격self-organizing properties of social action"이었고, 전통 사회과학처럼 이론가들이 행위의 맥락 '밖'에서 그 의미를 부여하는 작업에 제동을 거는 것이었다. 즉 행위의 의미에 대한 이론적 설명 없이도 행위자들은 구체적인 맥락 속에서 제 나름의 방법ethnomethods으로 얼마든지 상호주관적 의미와 행위를 성취accomplish할 수 있다는 내용이었다.

오랫동안 민속방법론에 대한 비판적 독해는 과연 민속방법론이 가핑클의 주장대로 행위자들이 서로의 행위와 믿음을 "합리적으로 보이게" 만드는 방법을 어떤 이론적 도구 없이도 묘사할 수 있는가 하는 강한 회의로 이어졌다. 나는 그러한 비판적인 관점을 제시해 「시간성의 관리: 실천행위에 대한 역사적 재구성으로서의 민속방법론The Management of Temporality: Ethnomethodology as a Historical Reconstruction of Practical Action」이란 논문을 써서 이를 1999년 미국중서부사회학회 학회지『계간 사회학Sociological Quarterly』에 실었다. 이 논문은 출판되기까지 삼 년이란 세월이 필요했고 무려 일곱 명의 심사위원들과 끝없는 논쟁을 치러야 했다. 맨 처음 이 논문 초고를 기든스와 마이클 린치에게 보내어 논평을 청했다. 기든스에게 요청한 이유는 하버마스, 부르디외처럼 그 역시 초기부터 지대한 관심을 품고 민속방법론에 대한 비판적 논의를 해왔기 때문이다. 그가 세운 폴리티출판사Polity Press에서 가핑클의『민속방법론연구』재판을 출간한 것은 그가 민속방법론을 20세기 사회이론의 하나로 매우 중시하고 있다는 증거였다. 그리고 마이클 린치에게 논문을 보낸 이유도 마찬가지로 그가 가핑클의 수제자였기 때문이었다.

기든스는 생각보다 빨리 답신을 보내왔다.

1996. 4. 9

김경만 박사님,

논문을 보내주어 매우 감사합니다. 정말 즐겁게 논문을 읽었습니다. 이 논문은 잘 썼고, 흥미롭고, 예리한 논지를 가진 글입니다. 논문에서 주장한 대부분에 대해 나는 반론이 없습니다. 그러나

1. 민속방법론과 과학사회학에서 '성찰적 접근'의 관계는 명확한 게 아닐까요? 내 생각에는 성찰성을 강조하는 주요 과학사회학자들은 어떤 식으로든 민속방법론으로부터 직접 영향받았다고 보는데요?

2. 내가 생각할 때, 최소한 몇몇 민속방법론자들이 생각하는 민속방법론과 성찰적 과학사회학 사이에는 상당한 간극이 있습니다. 성찰적 과학사회학자들은 후기구조주의에 상당히 의존하고 있습니다. 이와 대조적으로 민속방법론은 비트겐슈타인에 많이 의존하는 경향이 있지요. 내 관점에서 보면 비트겐슈타인의 "의미이론"은 후기구조주의의 의미이론보다 덜 순환적입니다. 그 이유는 후기구조주의와 다르게 비트겐슈타인의 의미이론은 의미가 실천을 통해, 매일매일의 실천적 행위를 통해 조직된다고 주장하기 때문입니다. 따라서 나는 민속방법론이 '어쩔 수 없는 순환논리에 갇혀 있다irretrievably circular'는 당신의 주장에 전적으로 동의하지는 않습니다.

앤서니 기든스

POLITY PRESS

65 Bridge Street, Cambridge CB2 1UR, UK. Tel: (01223) 324315. Fax: (01223) 461385. Email: ppress@cix.compulink.co.uk.

9 April, 1996

Dr Kyung-Man Kim
Department of Sociology
Sogang University
1 Sinsu-dong
Mapo-Ku
Seoul
Korea

Dear Dr Kyung-Man Kim,

Thank you so much for the copy of your paper, which I much enjoyed reading. It is well written, interesting and incisive. I wouldn't have any objection to most of your arguments. However:

1. Isn't the connection between ethnomethodology and the 'reflexive' approach to the sociology of science quite an explicit one? I thought that some of the main figures in the second of these were directly influenced by ethnomethodology anyway?

2. To my mind there is in fact a substantive difference between ethnomethodology, at least as some understand it, and the reflexive sociology of science. The second tends to draw quite a lot upon post-structuralism. Ethnomethodology, by contrast, tends to lean more heavily on Wittgenstein. Wittgenstein's theory of meaning seems to me less circular than that of post-structuralism, because it argues that meaning is organized through practice - through everyday practical activities. So I'm not sure that I fully agree that ethnomethodology is as irretrievably circular as you say.

With best wishes.

Yours,

Anthony Giddens

Polity Press Ltd. Registered in England No. 1767018. Registered Office: St Alphage House, 2 Fore Street, London EC2Y 5DH

상세한 논평은 아니었지만 나는 기든스의 완곡하면서도 날카로운 비판적 논평으로부터 많은 것을 배울 수 있었다. 한마디로 그는 후기구조주의에 영향을 받아 성찰성을 강조하는 과학사회학과 과학자들의 실천에 관한 민속방법론 연구를, 내가 논문에서 서술한 것처럼 그렇게 단순하게 연결할 수 없다고 지적한 것이다. 기든스의 논평을 풀어서 쓰면 다음과 같다.

데리다를 위시한 후기구조주의자들은 단순히 '기호의 자유로운 유희free play of signs'를 통해 의미를 만들고 해체할 수 있다고 생각하기 때문에 의미의 생성과 변화가 언어체계 내에서 기호의 순환으로 환원될 뿐이다. 이와 달리, 행위자들이 구체적인 행위의 맥락에서 서로의 행위를 합리적으로 보이게 하는 방법에 천착하는 민속방법론자들은 행위자가 일상의 '실천practice'에서 조우하는 '우연성contingencies'을 행위 맥락에서 어떻게 해석하고 해결하는가에 초점을 맞추기 때문에 의미를 하나의 '실천적 성취practical accomplishment'로 본다. 어렵고 함축적인 이 논평은 나중에 부르디외의 『실천논리』를 읽는 동안에도 내내 머릿속을 떠나지 않았고 그의 행위이론을 이해하는 데에도 커다란 도움이 되었다.

마이클 린치와는 서신교환도 여러 번 있었고, 내용면에서도 심도 깊은 논의를 나눴는데, 어쨌거나 그는 여러 서신에서 민속방법론에 대한 나의 '오해'—물론 그의 입장에서 볼 때 '오해'였겠지만—를 불식시키려 노력했다. 이렇게 완성된 논문을 투고하려던 차에 나는 암스테르담 대학의 딕 펠즈 교수로부터 한 통의 편지를 받았다. 자신이 문화이론 분야에서 가장 저명한 학술지인 『이론, 문화 & 사회Theory, Culture & Society』(이하 TC&S)의 특집호 초청 편집인이 되었는데 마이클 린치, 나와 함께 '사회학과 성찰성Sociology and Reflexivity'이란 주제로 TC&S 특집호를 꾸며보자는 제안이었다. 물론 나는 거부할 이유가 없었다. 그러나 초청받은 이 논문이 게재 불가 판정을 받으면서 이 논문의 파란만장한 역사가 시작되었다.

하필이면 초청받은 논문 가운데 이것만 심사위원 셋의 심사를 거친 결과, 게재 거부를 당한 것이다. 이들 중 하나는—물론 누구인지 아직도 모르지만—자신이 이 학술지 심사위원을 16년간 해왔지만 이렇게 엉망인$^{muddle-headed}$ 논문은 처음이라며 장장 세 쪽에 걸쳐 비판을 쏟아냈다. 또다른 한 명도 논문의 주된 주장이 명확히 표현되지 않았다는 비판으로 게재 거부를 표명했다. 펠즈 교수는 매우 화가 나서 특집호의 초청 편집인으로서 내 논문을 실으려고 했던 자신의 의견이 무시당했다고 불평하면서 내게 매우 미안해했지만, 어쩔 수 없는 일이었다.

그러나 세번째 심사자의 다음과 같은 평가는 매우 고무적이었고 내 논문에 대한 확신을 더해주었다. "민속방법론에 논의를 국한한다면 이 글은 중요한 논문이다. 이 논문이 TC&S에 실려야 할 필요는 없다고 보는데, 만일 TC&S가 이 논문을 싣지 않기로 결정한다면 내가 저자와 연락해 이 글을 『계간 사회학』에서 심사할 수 있길 바란다."[110] 당연히 나는 이 심사자가 누구인지 궁금해졌다. 그렇다고 익명의 심사자가 누구냐고 물어볼 수도 없고, 물어본다 한들 가르쳐줄 리가 만무했다. 그의 정체를 곰곰 짐작해본 나는 "만일 TC&S가 이 논문을 출판하지 않을 것이면 내가 『계간 사회학』에서 심사해보겠다"는 진술로 미루어, 아마도 이분은 분명 상징적 상호작용론의 권위자이고 『계간 사회학』의 편집장인 노먼 덴진$^{Norman\ Denzin}$ 교

---

110 원문은 다음과 같다. "This is an important paper, within that limited dialogue connected to ethnomethodology. I'm not sure it needs to be in TC&S and if you decide not to take it, I would like to be placed in contact with the author so I could consider it for THE SOCIOLOGICAL QUARTERLY."

수일 거라는 생각을 하게 됐다. 그렇게 추측한 이유는 그의 유명한 논문 「상징적 상호작용론과 민속방법론: 통합을 위한 시도」[111]를 읽은 기억이 있었기 때문이다. 그 논문에서 그는 민속방법론과 상징적 상호작용론의 공통점을 지적하면서 이 두 사상조류의 통합이 가져올 이론적 성과를 논했다. 그러나 가핑클을 비롯한 민속방법론자들은 상징적 상호작용론과 달리, 민속방법론은 행위자 세계에서 '만들어지는 의미'를 연구대상으로 삼지 않는다고 반박했다. 덴진이 내 글을 '중요한 논문'이라 평한 것은 단토[Arthur Danto]와 갤리[W. B. Gallie]의 서사철학[philosophy of narrative]에 기초한 민속방법론 비판이 민속방법론 연구도 하나의 '이론적 구성물'이라는 자신의 견해와 일치했기 때문이었을 것이다.

내 예상은 적중했고, 나는 TC&S가 거부한 논문을 다시 『계간 사회학』에 투고했다. 이례적으로 네 명이 심사했고 이번에도 심사위원 간 논쟁을 불러일으킨 끝에 내 논문은 한 사람의 게재 거부와 세 사람의 게재 승인으로 출판되었다. 민속방법론에 대한 비판적 독해는 하버마스의 의사소통행위이론을 이해하고 비판하는 데도 큰 도움을 주었는데, 하버마스가 '합리적 해석[rational interpretation]'이 의사소통행위이론의 핵심이라 주장한 이면에는 가핑클의 민속방법론을 비판하는 의도가 있었기 때문이다. 따라서 하버마스의 의사소통행위이론을 이해하려면 민속방법론 이해가 선행돼야 했다. 돌이켜 보면, 민속방법론과의 지난한 싸움은 훗날 하버마스, 기든스, 부르디외를 필두로 한 비판이론가들과 맞설 수 있게 혹독한 진입비용을 치르고 마침내 교두보를 마련하게 한 중요한 계기였다.

---

111 Norman K. Denzin, "Symbolic Interactionism and Ethnomethodology: A Proposed Synthesis," *American Sociological Review* 34, 1969, 922~934쪽.

민속방법론에 관한 내 논문이 우여곡절의 심사과정을 거치고 있던 1996~97년 무렵, 나는 리버사이드 캘리포니아주립대에서 랜들 콜린스 교수와 첫 연구년을 보내고 있었다. 나의 첫 저작과 이후의 논문에 대한 의견을 나누면서 가까워진 콜린스와 연구년을 보내기로 한 것은 그의 명성과 권위도 있긴 했지만 무엇보다 내 책과 논문에 보인 그의 열정적이고 치밀한 논평 때문이었다. 콜린스와 함께할 일 년이 배울 것이 많은 시간이 되리란 생각에 먼저 연구년을 함께하자고 제안했고, 그는 흔쾌히 이를 수락하면서 뜻밖의 소식까지 전해주었다. 캘리포니아에 오는 대로 '지식인의 사회학' 세미나를 자신과 공동 진행해달라는 것이었다. 콜린스와 나를 축으로 세미나에 참여한 조너선 터너, 그리고 인류학자, 역사학자, 사회학과 대학원생들이 당시 콜린스가 막 집필을 끝낸 책의 초고,[112] 나의 책, 그밖에 주제에 부합하는 몇몇 문헌을 가지고 토론을 벌였다.

콜린스 교수가 처음 몇 주 발표를 하고 그후 몇 주를 내가 끌어간 이 세미나에서 모든 참석자가 1,000쪽에 육박하는 콜린스 교수의 원고에 압도당했다. 그의 학문적 열정과 해박함에 매료된 나도 언젠가는 그런 야심찬 책을 써야겠다는 열망에 휩싸였다. 한편 그는 일주일에 한 번 점심을 나누며 서로의 연구를 주제로 토론시간을 갖자며 두어 시간을 할애해주었다. 세계 최고의 사회학자 중 하나와 매주 그런 시간을 갖는다는 것이 매우 유익할 듯했고 이 기회에 평소 궁금했던 학술적 의문이나 사소한 의문을 풀어봐야겠다는 생각을 했다. 우리는 이 점심시간 토론에서 부르디외, 가핑클, 그리고 과학지식사회학에 대해 참 많은 얘기를 나눴고 서로의 일상도 엿볼 수 있었다. 어느 날 앞서 언급한 민속방법론을 비판한 내 논문에 대

---

112 1998년 하버드대학출판사에서 출간된 *The Sociology of Philosophies*의 초고를 말함.

해 자신의 의견을 밝힌 콜린스는 가핑클의 집을 방문했던 기억을 떠올리며, 그의 서재를 구경했더니 사회학 책은 거의 없고 온통 현상학 책뿐이었다면서, 민속방법론의 중요한 업적이란 평범한 사람들은 부르디외나 하버마스 같은 이론가와 달리 인지적 보수주의자 cognitive conservatists라는 사실을 일깨워준 데 있다고 말했다. 쉽게 말해 가핑클의 위반실험breaching experiment은 일반인이 전통 사회과학자나 비판이론가들과 달리 현상세계의 '이면'에 숨겨졌다고 여겨지는 근본실재에는 별 관심이 없음을 입증한다는 것이었다. 그는 가핑클의 성찰성이 언어의 '구성적' 측면을 드러내는 후기구조주의나 포스트모던이론의 급진적 성찰성과는 대척지에 있다고 했다.

이러한 학문에 관한 질문과 더불어, 어떻게 일과를 보내느냐는 지극히 사소한 질문도 해보았다. 그의 입에서 나온 답은 어찌 보면 밋밋하고 시시했다. 아침 먹고 캘리포니아 주 법관인 아내를 출근시키고 책을 읽고, 점심을 차려먹고 책을 읽고, 글 쓰다가 아내 귀가시간에 맞추어 저녁준비를 하고…… 그러고 나서 우리의 대화가 막바지에 이르렀을 무렵, 아내가 지난번 생일선물로 준 슘페터의 『자본주의, 사회주의, 민주주의Capitalism, Socialism and Democracy』에 한창 빠져 있는데, 그 책을 꼭 보라고 권했다. 그때 지금의 내 나이와 비슷한 쉰일곱이던 콜린스 교수는 예상대로 종일 책 읽고 생각하고 글 쓰면서 그야말로 상징공간에 붙박여 하루를 보내고 있었다.

그의 파리 강연 일정 탓에 매주 만나기로 한 점심약속을 한 차례 건너뛴 적이 있다. 파리에서 돌아온 후 점심을 나누는데 그가 물었다. "부르디외 만나본 적 있나?" 내가 없다고 했더니, 파리 강연 후 부르디외와 점심을 먹었는데 예나 지금이나 변함없이 독선적dogmatic이라면서, 파리 강연에 간 것은 부르디외 제자인 프랑스 대학의 한 교수가 자신을 초청해서라고 말했다. 이어 그는 사실 이 프랑스 교수는 부르디외의 요청으로 자신에게 잠시 수학한 바 있다면서 이번 초청은 그 답례일 거라고 했다. 부르디외와 콜린스는 서로 글을 인용하는 관계였지만 또 항상 서로 견제하고 비판하는 긴장관계에 있기도 했다. 두 사람 모두 사회를 갈등관계로 조명했고, 교육과 계급 재생산의 관계에 천착했으며, 지식인의 사회적 위치와 역할에도 초미의 관심을 보였다. 콜린스의『철학에 대한 사회학적 분석*The Sociology of Philosophies*』이 출간됐을 때 논평을 내놓은 수많은 사람들 중 하나인 퀸튼*Anthony Quinton*은 그를 "미국의 앤서니 부르디외"라며 격찬한 바 있었다. 앤서니 부르디외. 이는 앤서니 기든스의 이름과 피에르 부르디외의 성을 합성한 것으로, 결국 콜린스가 기든스나 부르디외에 버금가는 사회학자라는 말인데, 종일 연구하고 상징공간에서 투쟁한 결과인 이 책을 포함한 저작들 다수가 그것을 여실히 증명한다. 특히 1,000쪽이 넘는『철학에 대한 사회학적 분석』은 자료와 이론의 넓이와 깊이에서 가히 비교 대상이 없는 역작이다. 그는 "이 책을 쓰는 데 20여 년이 걸렸다"고 내게 말했다. 당시 마흔 살이었던 나는 그의 열정과 몰입, 지칠 줄 모르는 학문적 에너지에 감동했지만, 이 저작은 그가 항상 강조해왔던 '지식인 간 상호작용 의례의 연쇄*interaction ritual chains among the intellectuals*'라는 용광로의 산물이지 혼자만의 노력과 역량만으로 도달할 수 있는 경지는 아니라고 생각했다. 다시 말해, 그의 저작 중 가장 뛰어나다는 평가를 받는 이 책은 상징공간에서 그에게 학술적 에너지를 실어주는 직간접적 상호작용 의례의 연결망과 지식인의 사회학에 관한 사회이론들—예컨대 부르디외의 장이론—을 비판적으로 평가하고 그것을 넘어서려는 '장내 투쟁'의 합작품이라는 것이다.

일흔 살이 넘은 최근까지 많은 저작을 쏟아내는 그의 정열은 혼자 면벽좌선으로 단련된 게 아니라, 평생을 바친 '상호작용 의례이론'을 스스로 지적 공간에 적용한 결과일 것이다. 즉 『철학에 대한 사회학적 분석』에서 '감정적 에너지'라고 칭한 상징공간의 상호작용이 뿜어내는 에너지가, 일흔 넘도록 쉴 새 없이 역작들을 쏟아내게 한 원동력이 됐을 것이라는 말이다.

3. 『담론과 해방: 비판이론의 해부』와 비판이론의 지형

콜린스는 6개월가량 안식년을 같이 보내다가 펜실베이니아 대학으로 옮겨갔고, 나머지 6개월 동안 나는 조녀선 터너와 함께 연구하며 그와 공저로 미국 사회학의 발전과 쇠퇴 그리고 앞으로의 전망을 타진한 과학사회학 논문을 써서 『미국 사회학자*The American Sociologist*』란 학술지에 실었다.[113] 귀국 후 1999년에 이미 언급한 두 편의 논문이 『계간 사회학』과 『미국 사회학자』에 실리고 나서 나는 과학지식사회학을 넘어 새로운 영역을 개척하고자 노력했는데, 이러한 시도는 물론 과학지식사회학에서 다뤘던 문제들의 연장선상에서 이뤄졌다. 과학지식사회학에서 지식의 사회적 성격에 주목한 이유는 지식이 사회적 성격으로 인해 타당성을 상실할 것인지가 해묵은 논쟁거리였기 때문이다. 자연과학지식이든 사회과학지식이든 간에 지식이 사회적으로 구성된다면 그 지식은 타당성을 결여한 것인가? 자연과학에 대한 지식사회학자들의 논쟁을 확장시켜 사회과학으로 눈을 돌리면 문화상대주의cultural relativism의 문제와 만나게 된다. 즉 서로 다른 여러 문화에서 오랫동안 발전해온 가치체계나 세계관, 그 광의의 지식체계들은 서로 '차이'만 있을 뿐, 이를 비교하고 평가할

---

113 Jonathan H. Turner & Kyung-Man Kim, "The Disintegration of Tribal Solidarity Among American Sociologists: Implications for Knowledge Accumulation," *The American Sociologist*, 30, 1999, 5~22쪽.

수 있는 단일한 '보편 기준'은 없는가?

이러한 일련의 질문들은 사회과학철학의 비판이론 영역에서 다뤄온 것들이다. 그러나 비판이론이 호르크하이머, 아도르노, 마르쿠제, 프롬 같은 학자로 대표되는 프랑크푸르트학파의 학문전통에 국한된 게 아니라, 이른바 '의심의 해석학hermeneutics of suspicion'이라 부를 수 있는 보다 넓은 사회·정치이론의 한 부분이라는 것은, 부르디외나 기든스 같은 이가 자신의 비판이론이 행위자가 미처 깨닫지 못한 진리를 인식하게 해준다고 믿는다는 데서도 확인할 수 있다. 그러나 이 모든 비판이론은 다음과 같은 문제를 안고 있다. 비판이론가가 어떻게 행위자가 깨닫지 못한 세계의 진리를 포착할 수 있을까? 비판이론가는 어떤 '기준'으로 행위자의 세계를 비판적으로 평가할 수 있을까? 그 비판의 평가기준은 일체의 이데올로기적 왜곡에서 자유로울 수 있을까? 만약 그렇지 못하다면 그 기준도 또한 비판으로부터 자유로울 수 없는 것이 아닐까?

이런 질문들을 되새기며 90년대 말부터 부르디외, 하버마스, 기든스를 비판적으로 독해해나갔고 이들이 만족할 만한 답을 제시하지 못했다는 결론에 도달한 후, 수년에 걸친 이 비판적 독해의 결과물을 덴진이 막 창간한 학술지 『문화연구──비판적 방법론Cultural Studies──Critical Methodologies』에 3부작으로 발표했다. 2001년 풀브라이트 학자 자격으로 덴진이 이끄는 일리노이 대학 해석적비판이론연구소Unit for Interpretive Criticism에 머물면서 나는 매주 금요일 아침 덴진과 만나 서로의 연구 관심에 대해 의견을 교환했다. 덴진은 상징적 상호작용론 진영에서 학자 경력을 시작해 세계적인 명성을 얻었지만, 내가 그를 만나기 훨씬 전부터 질적 방법론의 하나인 '비판적 문화기술지critical ethnography'를 개척해 하버마스, 기든스 등의 순수 이론적 비판을 지양한 새로운 비판사회과학, 즉 그가 표방한 이른바

'수행적 사회과학Performative Social Science'을 구축해놓고 있었다.

덴진은 『계간 사회학』 말고도 『상징적 상호작용론 연구Studies in Symbolic Interaction』와 『질적 연구Qualitative Inquiry』에서도 편집장을 지냈고 사회학 교수뿐 아니라 커뮤니케이션학, 연극학, 공연학 분야의 여러 교수들—예를 들어 캉커굿Dwight Conquergood, 펠리애스Ronald Pelias, 보크너Arthur Bochner, 링컨Yvonna Lincoln 같은 인물들—과 밀접한 관계를 유지하면서 수행적 사회과학을 실천하고 있었다. 그 풀브라이트 방문교수 기간에 나는 새로운 학문적 통찰을 얻을 수 있었다. 즉 내가 지금껏 몸담고 연구해온 '전통적인 이론highbrow theory' 영역과 다른 비판 전통이 있다는 사실이었다. 커뮤니케이션학부, 연극학과, 공연학과에 속한 일군의 학자들은 하버마스, 기든스, 부르디외와는 전혀 다른 지적 전통에서 사회, 정치, 문화에 비판적 시각을 발전시키고 있었다. 흥미로웠던 것은 이들은 우리에게 익숙한 하버마스, 기든스, 부르디외 같은 학자들과 어떤 교류나 교감도 없었다는 점이다. 이제야 확실히 알게 됐지만, 이들은 부르디외, 하버마스, 기든스처럼 이론적 논리에 입각한 비판이 사회를 개선하고 민중을 해방한다기보다, 비판이란 '정서emotion'의 문제와 직결된다고 보고 소외된 이들에 대한 문화기술지를 쓰면서 그에 기반한 '에스노드라마Ethnodrama'나 '무대공연staged performance' 등을 통해 잘 알려지지 않은 그들의 고통과 모멸을 알리고 공감과 공분을 불러일으킴으로써 궁극적으로 새로운 사회에 대한 희망을 제시하려 했다. 이런 비판적 문화기술지 전통은 조지 마커스로 대표되는 포스트모던 인류학, 문화비평적 인류학과 궤를 같이하는 것이었다.

덴진은 내가 기든스, 하버마스, 부르디외의 비판이론에 대한 '비판'을 세 개의 논문으로 기획했다고 하자 반색하면서 자신이 세이지출판사Sage Publications와 새로 시작한 학술지 『문화연구◀──▶비판적 방법론』에 그 논문들을 싣고 싶다고 말했다. 기든스가 사회과학의 비판적 특성을 압축적으로 표현한 '이중해석학'은 일상 행위자들의 세계가 이론가의 비판적 지식에 의해 변형되는 과정을 일컫는데, 행위자들의 세계와 이론가들의 세계는 '환류 고리feedback loop'로 이어져 있고, 사회이론은 이를 통해 행위자들의 세계 안팎을 순환하며 계속 실천의 변화를 유도한다. 풀어서 말하면, 행위자는 자신이 속한 세계와 일상적 실천을 특정 의미로 해석하지만 이 해석은 인식론적으로 우월한 이론적 해석에 의해 비판받기에, 결국 행위자는 이론적 비판을 통해 밝혀진 진리에 따라 그 실천을 계속 바꿔나간다는 것이 이중해석학의 요체이다. 그러나 사회과학자들의 이론적 해석이 행위자들의 일상적 해석보다 인식론적으로 우월하다는 증거는 어디에 있을까? 기든스는 『사회구성론The Constitution of Society』과 『사회이론의 주요 쟁점Central Problems in Social Theory』 등에서 이에 대한 정당화나 해답은 제시하지 못한 채 그저 사회과학자가 행위자보다 인식론적으로 우월하다고 '가정'하겠다며 문제를 회피하고 말았다. 나의 기든스 비판은 바로 여기에 초점이 맞춰졌다. 비트겐슈타인의 철학을 바탕으로 기든스의 이중해석학을 비판한 나는 당시 비트겐슈타인의 '규칙 따르기'에 대한 책을 낸 블루어에게 논문을 보내어 의견을 구했다. 물론 덴진도 논평을 보내왔고, 이후 하버마스와 부르디외에 대한 다른 두 논문도 덴진의 요청에 따라 『문화연구←→비판적 방법론』에 3부작으로 실렸다.

나는 이 3부작 논문을 『담론과 해방: 비판이론의 해부Discourses on Liberation: An Anatomy of Critical Theory』에 독립된 장으로 수록했는데, 이 자리에서는 수년간의 연구 끝에 비판사회이론의 글로벌 지식장에서 발견한 이론적 문제를 제시함으로써 그 책의 집필 동기를 환기하고자 한다. 앞에서도 수차례 언급했듯이, 행위자들의 일상행위가 보여주는 성찰성에 주목한 민속방법론은 그 성찰성을 특별히 "내적 성찰성endogenous reflexivity"이라 부르면서 성찰성의 '일상성/평범성uninteresting features'을 강조했다. 내적 성찰성이 평범하다는 것은 행위자가 자신의 발화와 행위를 변화하는 맥락에 따라 언제든 정당화하고 설명할 수 있는 근거가 발화와 행위의 기반인—말로 할 수는 없지만 모두가 알고 당연시하는—일련의 믿음과 가정의 망에 대한 암묵적 합의에 있다는 뜻이다. 또 굳이 '내적'이라고 한 것은 발화와 행위의 의미는 암묵적 합의를 준거로 삼고, 다시 그 암묵적 합의는 특정 맥락의 발화와 행위에 의해 구체적으로 모습을 드러내는 분리 불가능하게 얽혀 있는 '순환적인 과정'을 포착하기 위해서다. 이러한 이유 때문에 행위자들의 성찰성은 '자기준거적self-referential'이고 '동어반복적'인 것이다.[114]

여기서 내적 성찰성을 자세히 설명한 이유는 행위자들이 발화와 행위로써 보여주는 내적 성찰성에 대한 비판이 곧 기든스, 부르디외, 하버마스가 구축한 비판이론의 요체였기 때문이다. 따라서 이들 세 거장의 저작에는 빠짐없이 가핑클의 민속방법론이 '비판의 제물'로 바쳐졌다. 3부작으로 출간한 세 논문에서 나는 이론적 비판이 민속방법론이 제시한 행위자의 '실천적 합리성'을 넘어설 수 있다는 기든스, 부르디외, 하버마스의 주장을 반박했다.

---

114 이런 맥락에서 'reflexivity'를 '성찰성'보다 '재귀성'으로 번역하는 것이 민속방법론자들의 입장에 가까울 것이다. 일단 관행을 따라 '성찰성'으로 번역하지만, 다음과 같은 점은 짚고 넘어갈 필요가 있다. '성찰'의 일상적인 의미가 '반성'이나 '비판'을 떠올리게 하기 쉽고 대다수 문헌이 민속방법론은 전통적인 거시 사회이론들과 달리 행위자를 복권하고 그 능력을 높이 평가했다는 식으로 소개하다 보니 오해가 많다. 민속방법론은 결코 행위자를 특별대우하지 않는다. 단지 전통적인 이론가의 인식론적 특권과 규범적 권위를 내려놓았을 뿐이다. 따라서 'reflexivity' 역시 행위자의 외부세계에 대한 인지능력이나 비판적 자기반성능력을 평가하는 개념이 아니라, 행위자의 의미세계와 합리성이 작동하는 방식을 묘사하는 지극히 서술적인 개념일 뿐이다.

『담론과 해방』은 행위자들이 구체적인 맥락에서 행위와 발화를 통해 사회질서를 유지하는 데서 '보이는' 내적 성찰성에 대한 민속방법론의 논의에서 출발해, 내적 성찰성의 인식론적 한계를 이론적 비판으로 극복하고, 그 결과 행위자가 지금껏 알지 못했던 제약과 억압으로부터 스스로 해방될 수 있다고 역설하는 기든스, 하버마스, 부르디외를 비판하는 방향으로 나아갔다. 다시 말해, 행위자들의 세계에 대한 기든스, 부르디외, 하버마스의 이론적 비판은 그 주장과 달리, 내적 성찰성의 '정합성'을 깨뜨릴 만한 비판적 힘을 갖고 있지 않다는 것이 『담론과 해방』의 핵심적인 주장이었다. 아울러 나는 이 책 마지막 장에서 리처드 로티의 사회철학을 개괄하고 그것의 맹점을 비판했다. 로티는 자신의 저작에서 기든스나 부르디외를 전혀 논하지 않았지만, 철학자 하버마스와는 세상을 떠날 때까지 치열한 논쟁을 주고받았다.

로티는 하버마스, 기든스, 부르디외와 달리 '이론적 비판'의 효과에 대해 매우 회의적이었고, 오히려 일상에서 우리와 더 가까운 문학이 현재와 다른 미래를 그려낼 수 있는 희망을 제시한다고 보았다. 이것은 어떤 이론체계를 구축하고 그것으로써 행위자들의 생활세계를 비판하는 전통적인 비판 기획과도 궤를 달리한다. 하지만 나는 로티가 기대하는 문학가들 또한 그들만의 상징공간에서 움직이고, 따라서 그들의 예술적 성취가 일반인의 생활세계에 미칠 수 있는 영향은 생각만큼 직접적이거나 크지 않을 것이라고 반박했다. 그렇다면 궁극적으로 우리가 사회비판, 정치이론을 모색하는 이유는 무엇일까? 나의 대답은 예술가들이 작품을 통해 어떤 사회적 정치적 목적을 추구하지 않는 것과 마찬가지로 사회과학자들도 연구를 통해 사회를 개혁하고 변혁하려는 '강박관념'에서 벗어나도 좋다는 것이었다. 발레와 시, 음악의 궁극적인 목표가 사회의 해방일까? 그렇다 하더라도 바우만의 말처럼 해방된 상태가 그렇지 않은 상태보다 더 낫다고 주저 없이 말할 수 있을까? 또하나의 어려운 질문은 만약 우리가 우리를 억압해온 사회제도나 믿음, 관습을 비판하고 제거하고 나면, 우리는 사회질서를 가능케 하고 성원들을 묶어주는 어떤 관습이나 믿음도 불필요하다고 여기게 될까? 그렇지 않고 제도나 믿음, 관습을 계속 필요로 한다면 그것은 결국 또다른 억압의 세계, 물화된 세계로 귀결되지 않을까? 그렇다면 끊임없는 탈물화^{de-reification}가 절실하겠지만, 궁극적인 탈물화—완벽한 해방의 상태—는 그려낼 수 없는 게 아닐까?

이런 일련의 문제를 지난 수십 년간 고민하고 해답을 찾기 위해 노력한 학자 중 하나가 바로 현대 사회이론의 거장인 지그문트 바우만이다. 그가 2008년 아도르노 상을 수상한 것은 그런 의미에서 우연이 아닐 것이다. 『담론과 해방』의 초고를 끝낸 나는 제일 먼저 바우만이 이 책을 어떻게 평가할지가 궁금했다. 그러나 곧 나는 난관에 봉착했다. 바우만에게 연락할 방법을 도무지 찾을 수가 없었다. 다른 학자들과 달리 그가 봉직했던 바르샤바 대학, 리즈 대학의 홈페이지에는 메일계정이 없었다. 혹시나 하는 생각에 바우만에 관한 지적 전기^{intellectual biography}를 썼던 리처드 킬민스터^{Richard Kilminster} 교수에게 메일을 써서 그의 연락처를 문의했다. 다행히 답신이 왔고, 나는 바우만에게 완성된 원고의 대강을 적고 의견을 부탁해도 되겠느냐는 이메일을 띄웠다. 바우만은 흔쾌히 원고를 보내도 좋다는 답신을 주었다. 원고를 보내고 한 달쯤 지났을까, 그에게서 다음과 같은 이메일이 도착했다.

2004. 11. 8

김경만 귀하

나는 당신의 흥미로운 생각을 나와 나누려고 한 것에 진심으로 감사드립니다. 내게 보내준 원고를 대단히 깊은 관심을 가지고 읽었습니다. 지식인들이 가진 사명감과 희망을 철학적으로 정초하려는 시도에 대한 당신의 비판은 그 완결성과 일관성에 있어서 타의 추종을 불허합니다. 이 문제는 정말 수많은 세월 동안 나를 괴롭힌 문제였고, 이를 해결하기 위해서 아무리 많은 시간과 노력을 들였어도 결국 실패했습니다.(나의 어떻게 보면 완성되지 못한 결론은 최근 논문에 포함되어 있습니다. 여기에 그 논문을 첨부합니다.)[115] 거칠게 말하자면, 나는 우리가 실천적 이슈들─즉 동적으로 움직이면서 형태를 바꾸는 행위들─을 이론 영역에서 풀어낼 수 있다고 정말로 더이상 믿지 않습니다. 우리[이론가]가 [일반 대중과] 일단 대화를 시작하면, 대화의 결과를 운명에 맡길 수밖에 없다는 데 동의해야 합니다. 즉 우리는 우리의 내화 상대가 귀만 있는 것이 아니라 혀도 있다는 것을 기억해야 합니다. 이론적 희망을 실제로 실천해보지도 않고 [철학적으로] 정초하려는 지식인들의 시도가 실패할 수밖에 없다는 당신의 비판은 정말 흠잡을 데 없이 완벽합니다. 그러나 그런 시도를 해체한 후에도 우리는 또다른 시도를 해야 하지 않을까요? 혹은 '근거가 없는' 희망을 추구하는 데 동의하고, 이런 희망이 보여주는 길 안내판을 주시하고, 우리의 발로 그 길을 개척해야 하지 않을까요?

---

115 바우만이 내게 보내준 논문은 당시 출간 직전에 있던 『유동하는 삶*Liquid Life*』(Polity, 2005)의 한 장으로 삽입된 「암울한 시대의 사유*Thinking in Dark Times*」였다.

존경과 감사와 모든 좋은 일들이 있기를 바라며……

지그문트 바우만

  미국과 영국의 여러 학술출판사와 접촉해 원고심사를 받는 동안 나는 사회이론의 거장들이 책을 출간한 '블랙웰 20세기 사회이론 총서Balckwell 20th Century Social Theory Series'의 편집인이자 웨슬리언 대학의 교수인 찰스 레머트Charles Lemert에게 원고를 보내어 이 시리즈의 한 권으로 출간하고 싶다는 의사를 타진했다. 레머트 교수는 블랙웰 총서는 더이상 나오지 않지만 원고가 대단히 흥미로우니 자신이 '패러다임'이란 신생 출판사에서 시작한 총서로 출간하면 어떻겠느냐고 제안해왔다. 당시 나는 여러 출판사에 원고를 보내놓고 결정을 기다리고 있던 참에 그가 즉각 출판 결정을 해주어 덜컥 승낙하고 말았지만, 몇 달 후에 노스웨스턴 대학교 출판부의 권위 있는 '이론을 다시 생각하며 총서Rethinking Theory Series' 편집인으로부터 계약하자는 연락을 받고는 못내 아쉬워했던 기억이 있다. 정말이지 나로선 기대하지 않았던 바우만의 극찬에 말할 수 없이 기뻤던 터라, 책이 출간되기 직전 다른 대가들의 의견도 무척 궁금해졌고, 그래서 랜들 콜린스, 스티븐 터너, 존 오닐 같은 명망 있는 여러 사회이론가들에게 원고를 보내어 논평을 받았다.[116]
  2005년에 한국(도서출판 궁리)과 미국(패러다임 출판사)에서 동시 출간된 『담론과 해방』에 대한 서평이 『현대사회학』을 비롯해 『사회과학철학』과 『영국 사회학 학술지British Journal of Sociology』(이하 BJS)에 실렸다. 앞서 언급한 바 있듯이 『현대사회학』은 미국사회학

---

116 이들의 논평과 나의 답변은 『담론과 해방』의 '부록'을 참조하라.

회에서 발행하는 서평 전문지고, 『사회과학철학』은 사회과학철학에서 세계적으로 가장 권위 있는 학술지며, BJS는 런던정경대학에서 발행하는 영국에서 가장 오래되고 권위 있는 사회학 학술지다.

『현대사회학』의 서평을 쓴 사람은 호주 라트로브 대학의 교수이자 사회이론 학술지 『열한 번째 테제$^{Thesis\ Eleven}$』의 편집인 바일하츠$^{Peter\ Beilharz}$로, 그는 서평에서 다음과 같이 밝혔다. "이 책은 매우 독창적이며 뛰어나지만 한편으로는 매우 실망스럽다." 여기서 뛰어나다는 평은 내가 하버마스, 부르디외, 기든스, 로티뿐만 아니라 이언 해킹$^{Ian\ Hacking}$같이 사회이론가들이 잘 다루지 않는 과학철학자의 논의까지 아우르며 주장을 펼쳤다는 점을 높이 산 것이고, 실망스럽다는 말은 이미 예상했던 이유 때문이었다. 즉 어떤 면에서 비판이론가의 '사기를 꺾는' 결론이 실망스러웠던 것이다. 사회이론가, 특히 비판사회이론가가 스스로 오랜 시간 구축한 이론적 전통에 의해 구성된 상징공간에서만 힘을 발휘할 수 있다면, 바일하츠가 쓴 대로 비판이론가는 연구실 밖으로 나가기보다 연구실 안에 머물러야 옳기 때문이다. 바일하츠는 내 결론이 정밀한 이론 논증을 거쳐 도출됐음을 인정하면서도 이론가는 뒤르켐의 말처럼 이론적 전통 안에서 "집단적 열광"을 경험할 수밖에 없다는 결론에 매우 실망스럽다는 입장을 표명했던 것이다.

내가 아쉬워했던 것은 결론을 도출하는 '과정'의 논리적 문제에 대해선 일언반구 없으면서, 내가 언급조차 하지 않은 결론의 규범적 정치적 함의를 자의적으로 상정하고는 '내용이 어떻든' 결론이 마땅치 않다는 식의 그 태도였다. 학자로서 다른 이의 주장을 평가할 적에는 그가 자신의 주장을 어떻게 도출했는가가 중요하건만 도출 과정은 옳으나 결론이 자신의 가치에 맞지 않아서 실망했다는 건 황당하고 볼멘소리로밖에 들리지 않았다.

미국 루이스앤클락 대학 철학과 교수 프리츠먼^{David Fritzman}이 『사회과학철학』에 기고한 서평은 바일하츠보다 한층 더 감정적이었고 논리적 비약이 심했다. 내 느낌으론 분석의 정밀함을 생명으로 하는 철학자가 어떻게 이런 서평을 쓸 수 있을까 하는 의구심이 들 정도였다. 간단히 말하면, 그는 비판이론이 대중에게 영향을 미치는 경로가 왜 꼭 대중과 이론가의 소통이어야만 하느냐고 반문했다. 그는 정부의 정책 입안자가 비판이론을 수용해 법제정이나 제도개혁으로 구체화하면 그것 또한 보통 사람들의 생활세계에 이론이 영향을 미치는 경로라고 주장했다. 그러나 이것이 논리적 비약인 이유는 내가 다룬 어떤 비판이론가도 정부나 그 유사기관이 비판이론을 제도화해 무지한 일반인에게 비판이론을 강요하는 '위로부터의 해방'은 고려조차 안 했을 뿐 아니라(오히려 이들은 그것을 사회공학에 불과하다고 비판할 것이다), 나 또한 그런 식으로 일상세계에 영향을 미치는 것은 비판이론가의 목표가 아니라고 보기 때문이다.

마지막으로 BJS의 서평은 당시 영국 워릭 대학교 사회이론연구소의 교수였고 지금은 영국 로프보로 대학의 교수인 대니얼 체르닐로^{Daniel Chernilo}가 쓴 것인데, 그 역시 내 비판의 논리적 정합성에 대한 비판은 하지 못하고 그 논리적 귀결의 슬픈 함의에 집중했다.

이상의 서평들이 지닌 공통점은 하버마스, 부르디외, 기든스, 로티에 대한 내 비판을 논리적으로 반박하거나 경험적인 자료를 통해 반증하지 못하는 반면, 그 결론이 초래할 사회과학자들이 두려워하는 결과에 관해서는 한껏 우려를 내비치고 있다는 사실이었다. 사회과학자가 보통 사람들의 세계에 대한 비판을 통해 그들이 당연시해온 문화와 종교 그리고 이와 연관된 믿음을 더 합리적이라고 강변되는 사회과학 지식에 따라 변화시킬 수 있을까? 그런 일이 불가능하다는 사실은 어느 누구도 부인할 수 없을 것이다. 사회과학자들이 당연시하는, 그러나 검증할 수 없고 또는 검증되지 않는 사회과학이 지녔다고 믿어온 강력한 비판의 힘을 정밀한 논증을 통해 부정한 『담론과 해방』이 논리적 결함이 아닌 불경한 결론이 불러일으킨─ 그들의 강박증(즉 이론가들이 당연시해온 오랜 믿음)을 타파한 데 서 생기는─반감 탓에 비판받는다는 것은 역설적으로 내 결론이 옳 다는 사실을 다시금 증명해주는 것이라고 생각했다.

　이런 방어적 서평과 달리, 『담론과 해방』은 미국과 캐나다의 대학 원에서 필독서로 읽히는 성과도 얻었다. 그 무렵 웹서핑을 하다 미 국 보스턴 매사추세츠 대학 사회학과 대학원 사회학 이론 강의교안 에 조지 리처^{George Ritzer}, 랜들 콜린스, 찰스 레머트 같은 저명한 이론 사회학자의 책들과 나란히 『담론과 해방』이 교재로 올라가 있는 것 을 발견했다. 또 캐나다 앨버타대 레이먼드 모로^{Raymond Morrow} 교수 도 대학원 비판사회이론 과목 강의교안에 푸코와 하버마스의 관련 서적들, 권력분석 저술로 유명한 스티븐 룩스^{Steven Lukes}의 책과 더불 어 내 책을 필독서로 지정했다. 늘 서양 학자들의 책을 읽고 궁리하 기 바빴는데, 이제 내 책이 필독서로서 서양 학자와 학생에게 상징 권력을 행사할 수 있게 됐다고 생각하니, 내심 통쾌했고, 유쾌한 기 분이 들지 않을 수 없었다. 아래는 모로 교수가 인터넷에 게시한 강 의교안의 일부다.

Sociology 632: Seminar in Theory Construction

Theme: Origins and Intersections of Critical Theory and

Poststructuralism

Instructor: Raymond Morrow

Office: 4-25 Tory Building

Phone: 492-5853

e-mail: rmorrow@ualberta.ca

Course website: http://www.ualberta.ca/~rmorrow/soc632.html

Section: A1

Time: 2-4:50

Day: Tuesday

Place: Tory 6-7

Office Hours: Tu 11:30-12:30 or by appointment

Seminar Description

This seminar is intended to operate at three levels, partly
reflecting the diversity and multiple needs of participants. Some
may enter with already clearly formulated theoretical interests
that they will pursue in greater depth. More typically, people will
arrive with eclectic and often somewhat confused backgrounds,
hence in search of a little more order and new directions. The
underlying objective is thus to find a balance between more
specialized concerns with social theory and the more typical
need to be informed about and use theory in the context of
empirical research.

First, the seminar is eclectic and comprehensive in that at least
in passing virtually any theoretical and methodological issue
may be discussed. An important aspect of this type of course
is that it provides an occasion for at least initial familiarization
with the daunting range of contemporary debates in social
theory and methodology. At a second level, the seminar has
a core theoretical thread designed to provide the foundations

for an informed and critical reading of contemporary critical social theory. One way of describing this unifying thread would be to call it the confrontation of "critical theory" and "poststructuralism" as both conflicting and contending, yet also often complementary traditions. The particular theorists that will serve to illustrate these issues in relation to social theory are Foucault and Habermas toward the end of the course. The analytic focus will be questions relating to power(Lukes). At the same time, however, this route also provides an entry point for a number of other thinkers and related tendencies. The first half of the seminar will be prefatory in its concern with developing a shared foundation for approaching contemporary theory in term of issue of theory construction: a metatheoretical vocabulary and historical perspectives for analyzing, comparing and using contemporary social theories. To do so will nevertheless require a lengthy historical detour oriented toward the basic issues involved in debates associated with terms such as the following: German idealism(Kant, Hegel); interpretive structuralist sociology(Marx, Weber), positivism/antipositivism; classical Frankfurt Critical Theory, critical hermeneutics and American pragmatism; structuralism and poststructuralism; critical realism.

Required Readings:(books available at the bookstore)
Crossley, Nick. 2005. *Key Concepts in Critical Social Theory*. London and Thousand Oaks, CA:Sage.
Elliott, Anthony and Larry Ray, eds. 2003. *Key Contemporary*

Social Theorists. Oxford: Blackwell.

Finlayson, James Gordon. 2005. *Habermas: A Very Short Introduction*. Oxford and New York:Oxford University Press.

Foucault, Michel. 2003. *The Essential Foucault*. New York: New Press.

Gutting, Gary. 2005. *Foucault: A Very Short Introduction*. Oxford and New York: Oxford University Press.

Kim, Kyung-Man. 2006. *Discourses on Liberation: An Anatomy of Critical Theory*. Boulder, CO and London: Paradigm Publishers.

Lukes, Steven. 2005. *Power: A Radical View*. 2n. ed. New York: Palgrave Macmillan.

+Selections, chapters and articles on the course website.

Other Recommended Resources and Reference Books(more specialized suggestions will be made under course topics):

Harrington, Austin (ed.). 2005. *Modern Social Theory: An Introduction*. Oxford, UK: Oxford University Press.(excellent for beginners and comprehensive review)

Jary, David, and Julia Jary (eds.). 2000. *Collins Dictionary of Sociology*. Glasgow: HarperCollins.(also available in the bookstore under Sociology 212)[117]

강의 제목과 내용에서 볼 수 있듯이, 이 강의는 비판이론과 포스트

---

117 http://www.ualberta.ca-~rmorrow-Resources-632%20Outline-winter2008.pdf(2011. 10. 13)

모더니즘의 충돌에서 파생하는 여러 이론적 문제에 초점이 맞춰져 있었고, 이런 유의 강의에서 내 책이 필독서로 읽힌다는 것은 랜들 콜린스가 이 책을 지지하는 글에서 밝힌 바와 같이, 『담론과 해방』이 비판이론이라는 게임의 커다란 장 안에 안착했음을 말해준다.

4. 로익 바캉과의 논쟁—조지 마커스, 문화인류학, 포스트모던 문화 기술지의 정치학

『담론과 해방』의 출간은 글로벌 지식장에서 내 위치를 한 단계 상 승시켰다는 안도감과 함께 또다른 연구를 통해 지식장 지형에서 더 높은 위치를 차지해야 한다는 중압감도 느끼게 해주었다. 이는 새로 운 연구의 이정표를 만들고 내가 좋아하는 표현을 쓰자면 '곡괭이 질'을 다시 해야 한다는 데서 오는, 이 책 이후 내가 가야 할 연구방 향을 재설정하고 이 책의 주장을 더 확장하고 발전시켜 궁극적으로 는 새로운 입지를 마련해야 한다는 중압감이었다.

이 무렵 나는 부르디외가 콜레주드프랑스의 마지막 강의를 담은 책 『과학학과 성찰성Science of Science and Reflexivity』을 읽고 있었는데, 이 책의 서평을 쓴 세계적인 사회학자들조차 부르디외의 과학사회학 과 인식론을 제대로 이해하지 못했다는 것을 알게 되었다. 나는 이 책에 대한 서평을 쓴 노스웨스턴 대학의 이론사회학자인 캐믹Charles Camic, 머튼의 마지막 제자이며 과학사회학계에서 잘 알려진 인디애 나 대학의 토머스 기린, 캐나다 퀸즈 대학의 중견 과학사회학자 시 스몽도Sergio Sismondo조차 부르디외의 핵심 주장을 이해하지 못했다 는 사실에 매우 당혹했다. 이들 모두 부르디외가 그린 과학사회가 머튼과 하버마스가 제시한 과학의 이미지와 다를 게 없다며 그를 비판했다. 즉 머튼은 과학자들이 모든 이해관계를 떠나 오직 보편적 기준에 따라 과학이론과 경험적 발견을 논하고 평가해야 한다는 과학사회의 규범을 제시했고, 하버마스는 과학사회가 이상적 담화상황에 가깝기 때문에 근거가 빈약하고 황당한 지식주장도 논쟁을 통해 진위가 가려진다고 주장했는데, 결국 이들 주장은 과학자들이 합리적 변증$^{rational\ dialectic}$이란 사회적 기제를 거쳐, 과학사회의 성립을 가능케 하는 동시에 제약하는 역사적 조건을 초월하여, 진리를 획득할 수 있다는 부르디외의 입장과 매한가지라는 것이다.

그러나 이런 동일시는 과학장과 그것의 함수이면서 분리 불가능하게 연결된 과학자들의 하비투스가 상호 정의하며, 또한 그런 의미에서 과학장의 정치적 전략이 동시에 인식론적 전략이라는 부르디외의 주장을—사실 이해하기 어려운 주장이긴 하지만—잘못 이해한 데서 기인한다. 2009년 나는 프랑스 학술지 『사회과학정보』에 발표한 「과학의 타당성에 관한 부르디외의 사회학은 어떤 것인가?」 (이하 「과학의 타당성에 관한 부르디외의 사회학」)란 논문에서 부르디외의 과학사회학 이론을 재조명해 과학장의 정치적 전략이 동시에 과학적이며 인식론적인 전략임을 밝혀냄으로써 비판자들의 오해를 불식시키고, 더 나아가 부르디외의 과학사회학 이론을 적용했을 때 과학사의 논쟁들이 어떻게 재해석될 수 있는지를 지질학과 진화생물학의 실제 사례를 들어 구체적으로 논증했다.[118]

이 논문을 『사회과학정보』에 투고하고 나서, 나는 부르디외의 수제자이자 저명한 사회학자인 UC 버클리의 로익 바캉 교수에게 논평을 요청했다. 이제부터 길게 논하겠지만, 이 요청은 예상하지 못한, 그러나 매우 흥미로운 논쟁을 야기했고, 나는 부르디외를 대변

---

118 Kyung-Man Kim, "What Would a Bourdieuan Sociology of Scientific Truth look like?," *Social Science Information* 48(1), 2009, 57~79쪽.

하는 바캉을 통해 부르디외의 관점을 더 잘 이해하게 되었다.

> 바캉 교수님,
>
> 부르디외의 과학사회학을 다룬 제 논문에 대한 교수님 의견을 얻고자
> 허락 없이 메일을 보냅니다. 이 논문은 현재 심사중에 있습니다. 짧게
> 제 소개를 하겠습니다. 저는 시카고 대학에서 박사학위를 받은 후 한국
> 의 서강대학교에서 가르치고 있습니다. 저는 『과학적 합의에 관한 설명
> Explaining Scientific Consensus: The Case of Mendelian Genetics』(Guilford, 1994)과 『담
> 론과 해방Discourses on Liberation: An Anatomy of Critical Theory』(Paradigm, 2005)
> 이라는 두 권의 책을 미국에서 출간한 바 있고, 더불어 『사회과학철학』
> 『사회과학정보』『계간 사회학』 그리고 『과학에 대한 사회과학적 연구』
> 등 여러 학술지에 논문을 실어왔습니다. 여기에는 논문 초록만 첨부했
> 습니다. 읽어보시겠다면 전체 논문을 보내드리겠습니다. 시간이 나서
> 제 논문을 읽고 논평해주실 수 있길 바랍니다. 감사합니다.

바캉은 곧 답신을 보내왔는데, 다음과 같은 내용이었다.

> 2008. 06. 13
>
> 김 교수님,
>
> 메일 감사합니다. 선생님의 주제와 주장은 정말 흥미롭지만, 몇 주 혹
> 은 몇 달이 지나야 선생님 논문을 읽을 수 있을지 모르겠습니다.(저는
> 매달 수많은 비슷한 부탁을 받습니다.) 저에게 논문을 보내주십시오.
> 그렇지만 저는 캐나다 이브 깅기라나 테리 쉰Terry Shinn 같은 부르디외와
> 과학학 연구 모두를 아는 전문가들에게 보내시길 추천합니다.

기분이 약간 상한 나는 다음과 같은 답신을 썼다.

> 바캉 교수님,
> 답신을 주셔서 감사합니다. 깅기라 교수는 오래전에 제게 먼저 연락을
> 해온 적이 있기 때문에 이미 저와 잘 아는 사이입니다. 깅기라 교수는
> 제가 『과학에 대한 사회과학적 연구』에 발표한 논문을 매우 좋아했고,
> 과학실천과 합리성에 대해 우리가 매우 비슷한 관점을 가졌다고 편지
> 에 썼습니다. 선생님에게 의견을 구한 것은 선생님이 부르디외의 제자
> 이고, 따라서 깅기라보다 부르디외에 대해 더 잘 알고 있으리라 생각해
> 서였습니다. 제가 보기에 선생님께서 제 논문을 읽을 시간이 없으신 것
> 같습니다. 좌우간 감사합니다.

바캉 교수가 바쁘다고 한 것이 나의 심기를 건드렸는지, 나도 그
가 생각할 때는 언짢은 반응을 보였고, 바로 여기서 우리 둘 간의 논
쟁이 촉발되었다. 바캉은 곧바로 답신을 보내왔다.

> 2008. 06. 13

> 제가 말씀한 대로 지금도 저에게 논문을 보내셔도 됩니다. 그렇지만 비
> 슷한 요청이 많고 또 읽을 시간이 부족한 것이 현실입니다. 제가 여기
> 에 첨부하는 두 논문이 김 선생님의 관심을 끌 것 같네요. 「거리 탐색하
> 기^{Scrutinizing the Street}」란 제목의 논문은 부르디외의 이론에 입각한 인식론
> 적 성찰성에 관한 논문입니다. 즉 문화기술지의 대상을 구성할 때 만나
> 게 되는 함정과 위험을 파헤친 논문입니다.(이 논문이 책의 형태로 올
> 해 말에 출간되는데 이 책은 부르디외가 자신의 책 『과학학과 성찰성』
> 속편으로 출간하길 원한 책입니다.) 그리고 「육체, 게토, 형벌국가^{The}

Body, the Ghetto and the Penal State」(『질적 사회학Qualitative Sociology』에서 출간 예정)라는 논문은 『성찰적 사회학으로의 초대Invitation to Reflexive Sociology』란 책을 여러 연구주제 영역에 연결시킨 논문입니다.

이에 대해서 나는 다음과 같은 답신을 보냈다.

2008. 06. 13

논문들을 보내주셔서 감사합니다. 답례로 저도 저의 두 논문을 첨부합니다. 하나는 『문화연구──비판적 방법론』이란 학술지에 게재한 부르디외의 상징폭력 개념을 비판한 논문이고, 다른 하나는 제가 지난번에 말한 논문(즉 과학사회학 논문)입니다. 여름에 시간이 날 때 읽으실 수 있기를 바랍니다.

좀 놀랍기도 하고 우습기도 했던 것은, 시간이 없어서 읽기가 곤란하다던 그가 논문을 보낸 지 일주일 만에 답신을 보내왔다는 사실이다.

2008. 06. 20

김 교수님,
이 과학사회학 논문은 명확하고 훌륭하게 쓰신 논문입니다. 이 논문은 과학학 연구자들이 부르디외를 더 잘 이해할 수 있게 할 것입니다. 상징폭력이론에 관한 당신의 비판은 잘 썼지만, 상당 부분이 부르디외가 주장한 요점에서는 벗어나 있고, 솔직히 말씀드리면 어떤 부분은 좀 어리석다silly고 생각합니다. 부르디외에게 상징폭력은 사회생활에 배태된

^{inherent} 것입니다. 우리가 상징폭력을 줄일 수는 있겠지요. 그러나 그것을 완전히 극복할 수는 없습니다. 따라서 '해방'이라는 아이디어—부르디외는 이 단어를 거의 사용하지 않았습니다. 다만 그는 억견$^{doxic\ belief}$에 상대적인 의미에서 사회학적 분석이 '해방 효과'를 가져올 수 있다고 얘기할 뿐입니다. 해방은 따라서 어떤 종착점을 의미하지 않습니다—는 의미를 찾기 어렵습니다. 우리는 항상 일루지오와 함께 살아가고 있고 사회과학자도 예외는 아닙니다. 사회학자들이 잘 읽지 않는 부르디외의 책『파스칼적 명상$^{Pascalian\ Meditation}$』에서 그가 주장하는 것에 귀 기울이시기를 권유합니다.

　이러한 글투의 편지를 읽고 화가 머리끝까지 치밀지 않을 사람이 있을까? 나도 예외는 아니었기에, 곧바로 다음과 같은 답신을 띄워보냈다.

2008. 06. 20

바캉 교수 귀하

당신이 내 논문들을 그렇게 빨리 읽었다니 정말 깜짝 놀랐습니다. 물론 부르디외가 엄격한 의미에서 해방보다 '해방 효과'를 언급했다는 것은 옳은 말입니다. 그럼에도 부르디외와 당신이 사회학적 분석을 통해 상징폭력을 감소시킬 수 있다고 얘기한 것은 사실입니다. 당신이 종교적 근본주의자와 대화를 한다고 가정해봅시다. 이 경우 그들이 물화된 세계$^{reified\ world}$에 살고 있다고 알려줌으로써 상징폭력을 줄여줄 수 있다고 생각하십니까? 종교 원론주의자들의 "최종어휘$^{final\ vocabularies}$"—로티의 말을 빌려—를 부르디외의 언어로 치환함으로써 그들을 상징폭력에서 구해낼 수 있다고 생각하나요? 만일 사회과학자들도 일루지오를 가지고 살아가고, 따라서 보통 사람들의 세계와 유리된 "대리적 사유 공간$^{vicarious\ thought\ space}$"—내가 『담론과 해방』에서 제시한—에서 살아가고 있다면, 어떻게 사회과학자들이 그들을 상징폭력에서 해방시킬 수 있다고 생각하십니까? 나는 부르디외의 학문적 성과를 대단히 존경하지만, 그의 분석은 많은 문제들에 답하고 있지 못합니다. 그러나 나는 부르디외의 저작들이 나를 항상 만족시킬 수는 없다고 해서 그가 어리석다^{silly}고 말하지는 않습니다.

대단히 무례한 바캉에 대한 나 나름의 어떻게 보면 "점잖은" 답이었다. 이에 대해 바캉은 다음과 같은 반론을 펼쳤다.

2008. 08. 14

김경만 귀하
이것은 좀 다른 문제입니다. 즉 사회와 역사에서 이론의 사회적 사용에 관한 문제라는 겁니다. 상징폭력에 관한 이론이 상징폭력을 감소시키려면 어떤 사회적 조건들이 충족되어야 하지만, 상징폭력에 관한 이론 자체는 이런 사회적 조건을 포함하지 않습니다. 다시 말해, 보통 사람들이 이론을 사용할 수 있는 "위치^{position}"에 도달하게 하려면 정치적이며 조직적인 작업들이 필요하고 또한 제도적으로 이를 실행할 수 있게 해야 합니다. 예를 들면, 부르디외의 『남성지배$^{Masculine\ Domination}$』를 읽고 정신적으로 깨우침을 얻어서, 보는 관점이 바뀌는 그런 것이 아니라는 겁니다.

나는 이 답신이 왜 나를 납득시킬 수 없는지 다음과 같이 썼다.

2008. 08. 27

바캉 교수 귀하

네, 나는 상징폭력을 줄이기 위한 시도가 보다 더 효과적이려면 먼저 충족해야 하는 조건들이 있다는 당신의 주장에 동의합니다. 그런 조건들은 사람들이 현재의 제도적 관행을 바꿔야 한다는 필요성을 이미 느끼고 있을 때 충족됩니다. 예를 들면 베티 프리단^{Betty Friedan}의 여성해방적 관점이 폭넓은 지지를 얻을 수 있었던 것은 당시에 남성에게 학대당하던 수많은 여성들이 남성지배에 맞서 싸울 "도구"—즉 개념적 도구—를 찾고 있었기 때문입니다. 이 여성들은 프리단의 마르크스적 관점에서 그들이 찾던 도구를 발견한 것이죠. 따라서 이론 자체는 그 이론이 효과적이기 위한 조건을 포함하지 않는다는 당신의 주장은 옳습니다. 그럼에도 불구하고 제 생각에 이것이 부르디외의 관점은 아닌 것 같습니다. 부르디외는 이글턴과의 인터뷰 '억견과 일상: 부르디외와의 인터뷰^{Doxa and Common Life: an interview with PB}'에서 고통받는 사람들을 그들이 처한 사회적 상황에서 벗어나게 도와주려는 취지로 수행한 사회학적 분석은 그들을 상징폭력에서 해방시킬 수 있었다고 회고합니다. 즉 "친절하고 돕는 방식으로 진행된 사회학적 분석을 통해 그들이 처한 상황을 명확히 했을 때…… 그들은 때로는 지적인 환희를 경험하곤 합니다. 그들은 '네, 이제 저는 저에게 어떤 일이 일어나고 있는지 이해하겠습니다'라며 말이죠"라고 부르디외는 말했습니다. 부르디외에 따르면, 이 지점에서 이론은 해방 효과를 보여줍니다. 저는 이런 일이 일어날 수 있다는 것을 부정하지는 않습니다. 그러나 부르디외의 이런 주장은 분석자인 이론가가 사회적 실재에 대한 "특권적인 지식"을 가진다는 이른바 "정초주의적" 관점에 가깝다는 것을 또한 드러내줍니다. 보통 사람들은 속고 있는 반면 부르디외와 당신은 진리를 보고 있다고 주장하는 근거는 무엇입니까? 당신과 나 같은 이론가들이 볼 때 보통 사람들은 분명 진리를 못 보겠지요. 그러나 좀더 깊은 철학적 성찰을 해보면, 보통 사람들과 다르게, 우리 지식인만이 진리를 획득할 수 있다는 것을 '증명'하기는 어렵습니다. 부르디외와 반대로, 하버마스와 로티 모두 이러한 증명은 불가능하다고 주장합니다. 그리고 이러한 이유 때문에 그들은 '사회과학적 분석socioanalysis'과 대비되는 의미의 '대화의 철학conversational philosophy'에 대한 논쟁을 벌여왔습니다. 부르디외의 과학사회학을 다룬 제 논문이 2009년에 『사회과학정보』에서 출간될 예정입니다.

이에 대해 바캉은 다시 부르디외를 옹호하고 나섰는데, 아래의 반론에서 보이듯 그와 부르디외는 사회과학이 자연과학과 거의 동일한 인식론적 지위를 가지고 있고 그런 지위는 보통 사람들이 도전할 수 없는 것처럼 얘기하고 있다.

2008. 08. 28

우선 이글턴과 나눈 좌담은 수많은 오역과 부정확한 정보로 가득합니다. 부르디외의 요점은 그가 인터뷰한 사람들의 시각을 고려해 그들의 말을 주의 깊게 듣고 적극적으로 그들의 주관적 인식 범위를 넘어선 요소들—그들이 지나온 과거 궤적, 그들과 비슷한 사회적 위치의 사람들, 그 동료들의 운명에 관한 지식—을 그들에게 설명하면 그들도 어느 정도까지는 자신들의 사회적 위치로 인해 인식하지 못했던 요소들을 인식할 수 있다는 것입니다.

네, 분석적이며 방법론적인 도구들을 가지고 사회세계를 연구하는 분석가들은 날마다 일상에서 파생한 문제를 해결하는 데 몰두하는 단순한 보통 사람들에 비해 분명 '특권'을 가지고 있습니다. 친족체계를 연구하는 인류학자는 자식과의 관계에 몰두하는 보통 아버지보다 친족관계에 대한 더 '포괄적인 관점fuller view'을 가지고 있습니다. 그런 작업을 명확히 자신의 일로 여기는 전문 분석가로서의 사회과학자가, 단순하고 소박한 일상 행위자에 비해—통계의 도움을 받아—그들이 처한 상황에 대한 더 거시적이고 완전한 관점을 구성해낼 수 있는 능력과 특권적 위치를 가지고 있다는 것은 부정할 수 없는 사실입니다. 이것은 분석가의 관점이 완벽하다거나 정초주의적이라는 것을 의미하지는 않습니다. 다만 분석가가 선택한 관점과 그가 제기한 질문의 측면에서 볼 때 더 완전하다는 것뿐입니다. 이런 의미에서 분석가의 주장도 항상 하나의 관점에 입각해 있고, 그런 의미에서 분석적인 문제틀 안에서만 적절합니다. 이 점에서 부르디외는 베버와 바슐라르를 따르고 있습니다. 사회분석가는 일상 행위자가 실재에 대한 왜곡된 관점을 가지고 있다는 것을 보여줄 수 있습니다. 비근한 예를 하나 들어볼까요. 권투선수들은 거의 모두가 자신이 세계챔피언이 될 수 있다고 믿습니다. 그러나 스포츠사회학자라면 누구나 99.9퍼센트의 권투선수들이 챔피언이 되지 못하고 돈도 거의 벌지 못한다는 통계를 보여줄 수 있습니다. 이는 확고부동한 사실hard fact이지 대화의 일부가 아닙니다. 대다수 권투선수들이 돈을 벌 수 있다고 생각하는 것은 현실적인 결과real consequence를 동반하는 실제 환상real illusion입니다. 나는 이렇게 주장하는 데 무슨 문제가 있는지 전혀 알 수 없습니다. 또 하나의 논문을 출간하게 되신 걸 축하드립니다. 출간하신 논문들을 모으고 수정해서 책으로 내시는 것이 좋을 것 같습니다.

이에 대해서 나는 다음과 같은 답신을 보냈다.

사회과학 지식의 특권적 위치에 대해 나도 당신과 같은 확신이 있었으면 좋겠습니다. 단순한 통계자료가 대화가 필요없다는 것을 증명한다는 당신의 주장에 대해 나는 다음과 같은 답을 하고 싶습니다. 당신이 연구한 권투선수들을 생각해봅시다. 당신이 그들에게 사실상 챔피언이 될 가능성도 돈을 벌 가능성도 없다고 얘기했을 때, 그들은 그들이 처한 상황을 더 잘 이해하고 그런 새로운 지식에 의거해 행동할까요? 나는 그렇게 생각하지 않습니다. 오히려 권투선수들은 자신이 0.01퍼센트에 속한다고 믿고, 그것이 권투를 그만두지 않는 이유라고 얘기할 것입니다. 중요한 점은 부르디외가 주장하듯이 이론가들은 그들이 왜 그런 잘못된 믿음을 가지고 있는지를 설명할 수 있어야 한다는 것입니다. 그들의 믿음이 틀렸다는 것을 증명하려면 당신은 그들에게 왜 (당신의 사회학적 분석대상인) '장의 구조'가 그들로 하여금 언젠가 챔피언이 될 수 있다는 잘못된 믿음을 유지하게 하는지를 설명해야 합니다. 이런 당신의 주장에 대해 권투선수들은 그들이 처한 상황에 대한 당신의 사회학적 분석을 받아들이든가 혹은 부정하든가 할 것입니다. 이 두 경우 모두 이런 과정 자체는 대화의 과정과 다를 바 없습니다. 나는 통계를 하나의 사실로서 사용하는 문제를 포함해 그와 관련된 쟁점들을 나의 책 『담론과 해방』에서 다뤘습니다. 그리고 기든스의 이중해석학에 관한 장에서 사회과학적 지식이 일상 행위자들의 지식보다 인식론적으로 우월하다는 것을 증명하는 일은 불가능하다고 상세히 논증했습니다. 흥미로운 것은 기든스 자신도 사회과학적 지식의 우월성을 증명하는 것은 매우 어렵다고 인정하면서, 그 이상의 설명 없이 사회과학적 지식의 우월성을 일단 '가정'한 점입니다. 또 그는 『사회구성론』이란 책에서 언젠가 이 문제를 다시 다루겠다고 했습니다만, 제가 아는 바로는 그후로 이를 다시 논의하진 않았습니다.

바캉은 이에 대해 다음과 같은 답신을 보내왔다.

2008. 08. 30

저는 제 논문 「창녀들, 노예들 그리고 종마들Whores, Slaves, and Stallions」에서 어떻게 그리고 왜 권투선수들이 명확한 증거 앞에서도 그들의 잘못된 믿음을 계속 유지하는지를 설명했습니다. 그러나 그것은 지난번 저의 주장과는 다른 것입니다. 제 주장의 요점은 단순히 생활세계를 살아가는 일상 행위자들과 달리 사회과학자들은 사회적 현실에 대한 특권적 지식을 가질 수 있다는 것입니다.

이 대답은 좀 우스꽝스러웠는데, 왜냐하면 지난번 메일과 마찬가지로 여기서도 바캉은 권투선수들의 허위의식이나 잘못된 믿음을 설명할 수 있는 이유가 사회과학자인 자신은 이들이 인식하지 못하는 실재에 대한 배타적인 인식론적 접촉이 가능하기 때문이라고 주장할 뿐이기 때문이다. 같은 얘기인데 무슨 요점이 다르다는 건지 알 수 없는 답변이었다. 그럼에도 나는 다음과 같은 답신을 보냈다.

2008. 08. 31

만일 당신이 왜 권투선수들이 잘못된 믿음을 가지는가를 다룬 당신의 이야기—즉 사회학적 분석—가 실재 세계의 진리를 나타낸다고 고집한다면, 내가 그에 관해서는 어떻게 할 수 없을 것입니다. 그러나 문제는 당신만이 찾았다고 믿는 진리와 마찬가지로, 그와 똑같이 설득력 있는

다른 이야기들이 존재하고 또 존재할 수 있다는 겁니다.

바캉은 화가 나서 다음과 같은 답신을 보내왔다.

2008. 08. 31

솔직히 말해 바로 그것이 당신과 내가 의견을 달리하는 점입니다. 내 이야기가 다른 모든 이야기를 포괄할 수 있는 반면, 다른 이야기들도 내 것을 포괄할 수 있습니다. 만일 사회학자의 설명이 보통 사람들의 설명과 똑같은 지위를 가진다면 왜 우리는 사회과학을 하는 겁니까?

계속 사회과학자의 이론만이 실재와 맞닿아 있고 일상 행위자들의 믿음은 실재를 왜곡한다면서도, 바캉은 그렇다고만 강변할 뿐, 왜 사회과학자들의 지식이 실재와 더 가까운지에 관한 대답은 하지 못했다. 따라서 나는 다음과 같은 반론을 보냈다.

2008. 09. 01

부르디외의 장이론은 우리 사회과학자들도 인식론적으로 등가인 수많은 문화생산 게임 중 하나를 하고 있을 뿐임을 논리적으로 암시한다고 주장한다면 너무 지나칠까요? 물론, 당신은 우리 사회과학자들은 "옳은" 이론과 경험적 사실을 만들어내고 있다고 얘기하겠지요. 바로 이 지점이 우리가 서로 의견을 달리하는 지점입니다. 나는 요즘 장 분석을 활용해서 한창 경제학을 연구하고 있습니다. 비록 경제학은 과학장의 요건들을 갖추고 있다는 점에서 부르디외가 이상적으로 상정한 자연과학 모형에 가장 가깝지만, 경험적 타당성의 측면에서 평가할 때 완벽한 실패라고 할 수 있습니다.

바캉은 내 답신이 결정적인 자충수라고 생각했는지 반론을 즉각 보내왔다.

2008.09.01

당신이 한 주장의 타당성^{veracity}을 입증하기 위한 어떠한 근거도 없다면, 당신은 어떻게 나와 의견이 다르다고 주장할 수 있습니까? 그러나 우리가 서로 의견을 달리한다는 사실에 대해선 아무런 의심이 없고, 그런 점에서 당신은 옳습니다. 다시 말해, 우리가 의견이 다르다는 것을 경험적으로 증명할 수 있습니다. 당신이 내 주장을 반박하고 있다는 사실은 당신의 주장을 스스로 파괴하는 것과 같습니다. 경제학, 혹은 다른 어떤 과학이 "경험적 타당성에 비추어볼 때 실패"라고 한 당신의 바로 그 주장은, 그러한 주장이 가능하고 또 유지될 수 있다는 것을 전제한 조건에서 제기된 경험적 주장입니다. CQFD.

이 편지 말미에 나오는 CQFD는 라틴어 관용구 QED를 프랑스어로 옮긴 Ce Qu'il Fallait Démontrer의 약자로 "증명이 끝났다"는 말이다. 마치 내가 사회과학자의 인식론적 특권을 경험적이든 논리적이든 입증하는 것이 어렵다는 기존 입장을 스스로 반박하는 자기모순에 빠진 것처럼 보였나 보다. 그러나 그렇게 쉽게 증명이 끝날 수 있을까? 나는 즉각 반박 메일을 보냈다.

2008. 09. 01

바캉 교수 귀하,

누가 경제학의 실패가 '경험적 주장'이라는 사실을 부정할 수 있겠습니까? 그러나 이런 경험적 주장은 '나의 주장'이란 걸 명심하십시오. 다시 말하면, 경제학 이론과 경험적 자료의 관계는 해석자들의 이해관계에 따라 수많은 다른 해석을 불러일으킬 수 있습니다. 당신은 나를 완벽히 오해하고 있는 것 같습니다. 다시 권투를 생각해보도록 하죠. 누가 링이라고 불리는 제한된 공간에서 어떤 물리적 움직임이 일어나고 있다는 것을 부정할 수 있겠습니까? 이런 일련의 물리적 움직임을 어떤 사람은 '살인'이라 부르고 다른 사람은 '스포츠'라고 부릅니다. 의견을 달리하는 이들 모두 똑같은 물리적 움직임—즉 경험적 지칭물empirical referents—을 묘사하고 있습니다. 어떤 묘사가 진리에 더 가까울까요?

바캉은 더이상의 논쟁을 피했고 서신교환은 여기서 종결뇌었다. 명민한 독자라면 이 논쟁은 결국 사회과학이 외부세계의 진리를 포착할 수 있다고 주장하는 모더니스트와 진리는 해석의 산물이라 주장하는 포스트모더니스트 간의 대립이란 것을 알아차렸으리라.

부르디외의 '과학적 사회학scientific sociology'과 포스트모던이론의 충돌은 더 흥미로운 국면으로 접어들지만, 이를 논하기 전에 우선 앞서 말한 「과학의 타당성에 관한 부르디외의 사회학」이 프랑스 학술지 『사회과학정보』에 출간된 이후 과학사회학계에 미친 영향을 잠시 논해보자. 2009년 출간된 이 논문은 바캉도 언급한 바 있는 이브 깅기라의 관심을 끌었다. 깅기라는 오래전 내게 보낸 편지에서 1991년 내가 『과학에 대한 사회과학적 연구』에 발표한 논문이 매우 훌륭하고 자신의 관점과 일치한다면서 앞으로 긴밀히 논문을 주고

UNIVERSITY OF TORONTO
Institute for the History and Philosophy of Science and Technology
Room 316, Victoria College, Toronto, Canada M5S 1K7
(416) 978-5047   FAX: (416) 978-3003   ELM: ihpst@epas.utoronto.ca

Toronto, 8 Feb. 1994

Dear Dr. Kim,

I happen to have read your paper on Johannsen in _Social studies of science_, and found it very interesting and convergent with my own work on the role of argumentation. So, I take the liberty to send you herewith a paper — to be published — that may interest you; especially the last section on "structural constraints" (p 31).

Could you be kind enough as to send me a copy of the paper in _Social Forces_ and _Social science information_?

I thank you in advance for that.

Cordially yours

Yves Gingras
Visiting Professor
U. of Toronto

Permanent address:
dept. of history
UQAM
C.P. 8888, svc. A
Montréal, Québec
Canada H3C-3P8

Printed on Enviro 50 recycled paper

1994년 킹기라가 보낸 손편지. 스트롱프로그램을 비판한 나의 논문을 지지하며 자신도 곧 출간될 논문에서 동일한 주장을 펼쳤다고 밝히고 있다. 이후 그와 나는 자주 서신을 주고받았다.

받자고 했었다. 「과학의 타당성에 관한 부르디외의 사회학」을 읽고 깅기라는 메일을 통해 이 논문 역시 부르디외가 과학사회학의 상대주의를 어떻게 비판했는지 잘 보여줬다며 지지를 표했지만, 어째서 이 논문을 과학사회학에서 상대주의의 본산인 『과학에 대한 사회과학적 연구』가 아닌 『사회과학정보』에 냈느냐고 물어왔다. 깅기라는 상대주의를 비판하는 논문이라면 『과학에 대한 사회과학적 연구』에 실었어야 훨씬 더 많은 사람들이 읽었을 것이고, 그러면 부르디외의 입장에서 상대주의를 어떻게 논박할 수 있는지 알리는 데 크게 기여했을 것이라며 아쉬워했다.

그러나 깅기라가 표한 아쉬움과 달리, 이 논문은 출간되자마자 많은 과학사회학자들의 관심을 받았다. 2011년 『미네르바』의 '부르디외 과학사회학 특집호' 논문 5편 중 4편에서 부르디외 과학사회학을 이해하는 데 중요한 논문으로 인용되는 성과를 얻었다. 재미있게도, 내 논문을 인용하지 않은 유일한 논문은 나로부터 부르디외를 제대로 이해하시 못했다고 신랄하게 비판받은 노스웨스턴 대학 캐믹 교수가 쓴 것이었다. 나머지 4편의 논문은 그동안 과학사회학자들이 제대로 이해하지 못했고, 그래서 비중 있게 다루지 않았던 부르디외의 과학사회학을 다시금 과학사회학에서 중요한 기여로 부각시키는 데 내 논문이 큰 역할을 했다고 평했다. 부르디외의 과학사회학을 본격적으로 재해석하고 그 함의와 위상을 환기한 논문으로 나는 부르디외 과학사회학의 중요한 해석자 중 하나로 인정받게 됐고, 이후 『미네르바』 『사회적 인식론』 『질적 연구 인터내셔널 리뷰International Review of Qualitative Research』 같은 학술지에 그 주제의 논문이 투고될 때마다 심사위원 위촉을 받아 논문들을 심사했다.

부르디외는 자연과학 장과 사회과학 장의 차이를 인식했음에도 불구하고, 사회과학도 장의 자율성을 획득하면 자연과학 장처럼 '타

당한 지식' 또는 '증명된 지식verified knowledge'을 생산할 수 있다고 주
장했는데 나는 이 주장에는 극히 회의적이었다. 특히 바슐라르로
부터 빌려온 이른바 '인식론적 경계심epistemological vigilance'을 사회과
학 장에 적용해, 궁극적으로 사회과학 장도 자연과학 장처럼 '합리
적 변증'을 구사하면 자연과학과 같은 '인식론적 권위'가 있는 지
식을 생산할 수 있다는 주장은 실현될 수 없다고 생각했다. 이것이
곧 내가 2010년 『질적 연구』에 '부르디외의 참여자 객관화는 과연
얼마나 객관적인가?'[119]라는 제목의 논문을 출간한 계기였다. 부르
디외는 질적 방법론에서 흔히 사용하곤 하는 '참여자 관찰participant
observation' 대신에 '참여자 객관화participant objectivation'라는 방법론을
제시했다.(이 '참여자 객관화'는 영국 왕립인류학회가 부르디외에
게 수여한 헉슬리메달 수상 기념강연의 제목이기도 했다.) 그는 참
여자 관찰이 실패할 수밖에 없다고 보는데, 그 이유는 관찰자가 연
구대상인 특정 집단의 성원으로 참여해 관찰한다 해도 대상집단의
실천과 의미세계를 '그들'의 관점에서 이해하는 건 불가능하기 때
문이다. 오히려 그는 사회과학이 객관적일 수 있는 방법은 통상 객
관적이라 여겨온 연구자의 관점이 사실은 그가 '장'에서 차지하는
상대적 위치와 결부돼 있음을 깨닫고, 이 '위치'가 행위자들의 세계
를 객관화하는 전략에 어떻게 반영되는지 성찰적으로 객관화해 '이
론 효과theoretical effect'를 최소화하는 것밖에 없다고 주장한다. 이것
이 그가 포스트모던 이론가들이 장의 효과를 도외시한 채 그 결과
에 불과한 텍스트(언어로 구성된 연구결과)만 문학평론하듯 해체하
고 재구성하는 '나르시시즘의 성찰성'에 집착한다고 비판하면서 제

---

119 Kyung-Man Kim, "How Objective is Bourdieu's Participant Objectivation?," *Qualitative
   Inquiry* 16, 2010, 747~756쪽.

시했던 '인식론적 성찰성'의 요체이다. 이렇듯 '연구대상을 객관화하는 주체(즉 연구자)를 다시금 객관화하는objectivation of the subject of objectivation' 과정이 '인식론적 성찰성'이라는 것이다.

그러나 장에 참여하는 다른 학자들과 자신의 연구 전략을 각자의 장내 위치와 연관시켜 비교분석하는 '참여자 객관화'의 과정으로 연구대상을 더 객관적으로 연구할 수 있다는 그의 견해는 내게 그리 설득력이 없어 보였다. 왜냐하면 장의 '객관적' 구조와 장내 '나의' 위치를 묘사하고, 이 묘사를 객관화해 장의 상대적 위치가 나의 이론적 관점에 끼친 영향을 성찰하는 것은 결국 장의 구조를 묘사하는 연구자가 누구냐에 따라 내용을 달리하는 '주관적' 묘사가 될 수밖에 없기 때문이다.

나는 이 논문을 완성한 후 누구에게 의견을 들어볼지 고민했는데, 가장 먼저 떠오른 사람이 문화인류학에서 가장 권위 있는 학술지인 『문화인류학Cultural Anthropology』을 창간한 포스트모던 문화기술지의 주도적인 이론가 조지 마커스였다. 익히 알려진 대로 마커스는 1986년 제임스 클리포드James Clifford와 함께 편저한 『문화쓰기: 문화기술지의 시학과 정치학Writing Culture: The Poetics and Politics of Ethnography』이라는 책으로 1980년대 인류학에 막강한 영향력을 행사하면서 인류학의 '포스트모던적 전회'를 이끌었던 장본인이다. 『문화쓰기』에 기고한 스티븐 타일러, 폴 라비노Paul Rabinow 같은 세계적 인류학자들은 문화기술지가 글쓰기 또는 문학적 작업이란 것을 암시했던 클리포드 기어츠Clifford Geertz에서 한 걸음 더 나아가, 인류학이 객관적 세계의 표상이라기보다는 다양한 글쓰기 장르 가운데 하나일 뿐이며, 그렇기 때문에 연구대상을 있는 그대로 서술할 수 있다는 인식론적 재현주의는 비판받아야 한다고 보았다.

마커스에게 보낸 이메일에서 이 논문을 쓰게 된 계기가 바캉과의 논쟁에 있음을 밝히면서, 이 논문의 핵심은 바캉과 부르디외의 '참여자 객관화'라는 것이 그들이 말하는 과학적 문화기술지를 보장할 수 없음을 보여주는 데 있다고 적었다. 얼마 되지 않아 마커스 교수로부터 회신이 도착했다. 상상도 못한 빠른 반응이었다.

김 교수님,

당신의 편지를 받아서 매우 기뻤으며, 또 첨부한 논문을 읽게 되어 정말 즐거웠습니다. 당신의 논문은 부르디외가 사용한 성찰성 개념과 객관화 개념에 관한 가장 뛰어나고 가장 날카로운 비판입니다. 이 논문이 어느 학술지에서 출간될 예정인가요? 제가 어디서 당신 논문에 대한 바캉의 반응을 찾을 수 있는지요? 당신의 논문과, 바캉과 당신 사이에 오간 논쟁을 나의 대학원 세미나에서 교재로 사용하고 싶습니다.

부르디외는 성찰성 개념을 명확히 하려던 90년대 초반부터 학문적으로 가장 정치적인 태도를 취했는데, 바로 이 시점에서 그의 사상이 가진 문제점이 드러납니다. 잘 알려졌다시피, 그는 예전에 미국을 방문했고(나는 나의 학술지 『문화인류학』에 싣기 위해 그를 인터뷰했지만 결국 싣지는 않았습니다), 포스트모더니즘의 확산과 『문화쓰기』 등을 매우 위협적이라고 생각했습니다. 부르디외는 이런 포스트모던적 조류와 맞닥뜨려 싸우기보다는 그냥 무시해버렸습니다. 결과적으로 그는 문화기술지가 대화적인 것이라는, 당시 지속적으로 설득력을 얻고 있던 주장과의 정면대결을 회피하고, 자신의 입장이 가진 문제점을 인정하려고 하지 않았습니다. 나는 당신이 이러한 문제들을 뛰어나게 분석했고, 그의 제자, 즉 로익 바캉이 출간한 문화기술지가 지닌 문제점도 잘 드러냈다고 생각합니다.

자연과학과 비교했을 때, 프랑스에서 사회과학은 영미 실증주의 전통보다도 덜 엄격한 학문으로 치부돼왔습니다. 부르디외는 사상가로선

늘 흥미로운 사람이지만, 그가 '과학적 사회학 연구'를 하려는 노력은 늘 괴상^{bizarre}했습니다. 그의 주장은, 특히 우리 인류학자들이 중요한 정보제공자^{informants}로서 의존하는 정말 복잡한 성찰적인 연구대상들 ^{complexly reflexive subjects}에게서 수집한 텍스트에 삽입된 문화기술지 자료에 기대고 있습니다. 그러나 이 지점에서 부르디외는 정보제공자들의 '자발적 사회학^{spontaneous sociology}'을 무시하고 학문적 공간^{academic space}을 옹호하고 맙니다. 이유는 아주 다르지만, 기어츠도 연구대상들과의 대화적 결속력이란 것에 대해 부르디외와 비슷한 의구심을 품었습니다. 그러나 내 관점에서 볼 때 이 문제들을 회피하려는 어떤 노력도 최소한 80년대 이후의 문화기술지가 노출시킨, 고전적인 경험주의의 문제점을 다시 드러내게 하는 데 그칠 뿐입니다. 즉 정말 엄격한 경험주의에 입각해 자료를 모아 문화기술지에 삽입하려는 방법이 많이 시도됐지만 '객관화 원리^{doctrine of objectivation}'를 써서 연구대상을 구성해 엄격한 경험주의를 실현시키려는 시도는 없었습니다. 궁극적으로 부르디외는 성찰성 논쟁이 한창이던 시절에 이를 회피함으로써 자신의 이론이 가진 권위를 극대화하려 했을 뿐입니다……

내가 최근에 참여중인 세 권의 짧은 책들이 있는데, '포스트모던 문화기술지'가 현시점에서 향후 어떤 방향으로 귀결될지 보여주는 것들입니다. 하나는 라비노와의 대담을 실은 듀크대출판부에서 발행된 『현대인류학을 위한 설계^{Design for an Anthropology of the Contemporary}』이고, 또하나는 제임스 포비온^{James Faubion}이 편집한 코넬대출판부에서 나온 『현장연구는 예전의 현장연구가 아니다^{Fieldwork is not What it used to Be}』이고, 마지막은 내가 더글러스 홈스^{Douglas Holmes}와 공동집필한 논문을 다룬 시카고대출판부에서 출간된 데이비드 웨스트브룩^{David Westbrook}의 『현대를 안내하는 사람들: 왜 문화기술지가 문제인가?^{Navigators of the Contemporary: Why Ethnography Matters?}』입니다.

논문을 보내주셔서 다시 한번 감사드립니다.

조지 마커스

독자들은 이 지점에서 문화기술지가 결국 '글쓰기임'을 역설한 포스트모던 문화기술지의 수장 마커스와 알제리 카빌족의 문화기술지를 시작으로 줄곧 문화기술지의 '과학성^{scientificity}'을 주장해온 부르디외가 인류학을 포함한 사회과학 장에서 얼마나 치열한 상징투쟁을 벌여왔는지 알 수 있다. 사실 이런 대립각은 과학사회학 분야에서도 확인할 수 있다. 내가 『사회과학철학』에 발표한 「과학적 합의의 위계와 시간의 흐름에 따른 과학논쟁의 흐름」(1996)과 『과학지식과 사회이론』(2004)에서 밝혔듯이, 에든버러학파가 과학사회학의 스트롱프로그램을 제창하자 이후 이를 비판하며 울가와 멀케이를 중심으로 전개된 '성찰적 과학지식사회학'의 이론적 무기도 결국 포스트구조주의 철학과 문화연구에서 80년대 핵심으로 떠오른 '재현의 위기'를 과학사회학에 차용한 것이다. 이는 과학철학자들과 또다른 논쟁을 야기했는데 이 논쟁의 쟁점은 과학이론이든 문화이론이든 외부세계에 대한 언어적 재현이 외부세계를 '객관적으로' 나타낼 수 있느냐였다. 요컨대, 자연과학 지식이든 사회과학 지식이든 혹은 일상 지식이든 지식의 성격을 규명하는 논쟁의 핵심에는 '재현의 위기'가 똬리를 틀고 있다는 것이다.
이러한 일련의 대립은 결국 푸코, 바르트, 화이트$^{Hayden White}$, 로티 같은 반정초주의 또는 반재현주의를 옹호하는 일군의 학자들과, 하버마스, 매카시 등을 중심으로 한 계몽의 기획을 옹호하는 학자들 사이의 대논쟁을 촉발시켰다. 하버마스는 자신이 '역사주의·상대주의의 귀환'이라 부른 포스트모던의 사조에서 진리를 평가하는 유일한 기준은 특정한 문화가 수용한 지엽적이고 자문화중심적 가치ethnocentric values일 뿐이라 주장하고, 이 평가기준이 역사, 문화, 사회에 따라 가변적일 수밖에 없음을 강조하기 때문에 주어진 지식의 사회적 문화적 맥락 의존성을 넘어서는 데 비판적 이성이 할 수 있는 역할을 미리부터 제한하고 있다고 비판했다. 다시 정리하자면, 이 논쟁은 로티, 마커스, 쿤 그리고 내가 옹호하는 진리에 관한 '포스트모던적 관점'(진리는 언어의 함수이자 비코의 주장처럼 특정 시공간에 위치한 사회와 문화의 산물이기에 결국 진리 역시 가변적인 사회와 문화의 경계를 벗어날 수 없다는 견해)과 하버마스, 포퍼, 부르디외, 바캉의 '계몽주의적 관점'(이성의 비판적 힘을 수반한 성찰과 논쟁이 지엽적이고 가변적인 진리의 틀을 깨고 넘어설 수 있도록 한다는 견해)의 충돌이라고 볼 수 있다.

　최근에 나는 문화기술지, 과학철학, 사회 및 정치 이론가들이 오랫동안 논쟁에 논쟁을 거듭했지만 여전히 핵심 쟁점으로 남아 있는 진리의 '맥락 의존성' 또는 보다 포괄적인 맥락에서 '상대주의 논쟁'에 연구를 집중해왔다. 하버마스를 필두로 한 비판이론가들이 공언한 사회비판이 가능하려면 반드시 비판기준이 있어야 하지만, 과연 대화에 참여한 모든 사람들이 그가 말한 "보편적이고 무제한적인 대화가 가능한 해석의 유토피아hermeneutic utopia of universal and unlimited dialogue"라는 보편적 기준을 충족하면 어떤 지엽적 지식주장local knowledge claim도 지엽적 맥락을 초월해 탈맥락적이고 무조건적인 진리unconditional truth에 도달하게 될까? 십여 년 넘게 이어진 하버마스 독해는 『의사소통행위이론』에서 『현대성에 관한 철학적 담론』으로, 그리고 『사실과 규범의 사이』를 섭렵하면서 심화됐는데, 그럴수록 점점 하버마스의 이론적 주장이 '구체적 사례'를 통해 예시될 수 있는지에 강한 회의를 품게 됐다.

이러한 의구심의 저변에는 내가 과학사회학 연구에서 다뤘던 과학논쟁의 수많은 '구체적 사례들'이 깔려 있었다. 내가 다룬 구체적 사례들은 하버마스의 '이상적 담화'에 가장 가깝다고 생각되는 '과학자들의 이론검증체계'조차 하버마스가 모든 의사소통행위에 내재built-in한다고 주장한 "보편적이고 무조건적인 진리탐구"에 결코 정향돼 있지 않다는 것을 보여주고 있다. 이런 생각은 내가 저명한 물리학자이자 과학철학자인 마이클 폴라니가 1968년 『미네르바』에 발표한 논문 「사회에서 과학의 성장The Growth of Science in Society」을 접한 이후 더욱 확고해졌다. 폴라니는 한 시대에 "과학적으로 가능하다고 여기는" 과학자끼리만 공유하는(그러나 말로 다 표현할 수 없는) '암묵적 지식tacit knowledge'이 있기 때문에, 만일 어떤 지식주장이 암묵적으로 용인된 기준을 벗어났다고 여겨지면 과학자들은 그것을 검토조차 하지 않는다고 주장했다. 폴라니 자신도 물리이론 하나를 발표했을 당시 그 암묵적 지식의 경계 밖에 있다는 이유로 검증받지 못했다면서, 하지만 이것은—과학사회가 하버마스가 주장하듯 "비합리적이고 이데올로기적"이어서가 아니라—말도 안 되는 사이비과학이 난무하지 않게 하려는 데서 파생한 부작용일 뿐이라며 오히려 과학의 '국지적 합리성'을 옹호했다. 폴라니에 따르면 이 부작용은 피할 수 없는 위험이다. 따라서 과학의 암묵적 지식을 전혀 모르는 하버마스 같은 문외한이 어떤 지식주장을 '이상적 담화'의 검증과정에 부치지 않았다고 과학자들을 비난할 순 없다.

폴라니가 논문에서 하버마스를 직접 언급한 건 아니었기에 나는 그의 '지엽적 합리성'과 하버마스의 '의사소통 합리성'을 충돌시키면 어떤 결과가 나올지 궁금했다. 이런 문제의식으로 2011년 「이해에 관한 하버마스의 입장: 가상참여, 대화, 진리의 보편성」이란 논문을 써서 유서 깊은 스프링거Springer출판사가 간행하는, 현상학 연구를 위해 철학자와 사회과학자들이 함께 만드는 학술지『인간 연구 Human Studies』에 게재했다.[120] 이 논문은 하버마스와 폴라니의 '가상대화'를 통해 행위자들의 세계를 '합리적 재구성'이란 방법으로 재구성해 그 세계의 합리성/비합리성을 비판적으로 평가하려는 하버마스의 시도가 왜 실패로 귀결할 수밖에 없는지 보여주었다.

이 논문을 출간하고 나서도 머릿속에서 의문이 떠나지 않았다. 그렇다면 과연 하버마스를 비롯한 많은 비판이론가들이 다양한 언어공동체speech communities의 언어게임을 비판할 만한 '보편적 기준'을 제시함으로써 언어게임의 이데올로기적 측면을 성공적으로 비판할 수 있을까? 우선 하버마스의 의사소통행위이론을 가장 잘 예시할 것으로 예상했던 과학사회마저도 이상적 담화 상황과 거리가 멀고 그저 국지적 합리성만을 방어할 수 있을 뿐이라면, 우리가 다른 언어게임에 속한 사람들의 믿음과 문화적 실천을 어떻게 비판할 수 있을까? 오랫동안 진리의 성격에 대해 하버마스와 논쟁을 벌인 로티의 사상은 내가『담론과 해방』의 한 장으로 다 다룰 수 없는 폭과 깊이가 있었기 때문에,『담론과 해방』출간 이후 나는 하버마스의 저작에 대한 비판적 독해와 더불어, 이른바 하버마스의 '지적 스파링 파트너intellectual sparring partner'였던 로티를 본격적으로 연구하기 시작했다. 바르샤바 대학을 비롯해 세계 각지에서 벌어진 이들의 논쟁은 한 치의 물러섬도 없는 용호상박의 고도로 추상적인 이론논쟁이었다. 그러나 내 연구의 초점은 철학적이고 추상적인 진리론 간의 충돌이 아니라, 이들 간 충돌의 '사회학적 함의'에 맞춰져 있었다. 다시 말해, 실제 사례에서도 이들의 이론이 '사회학적으로' 유의미

---

120 Kyung-Man Kim, "Habermas on Understanding: Virtual Participation, Dialogue and the Universality of Truth," *Human Studies* 34(4), 2011, 393~406쪽.

한지, 만일 그렇다면 지식인의 비판이 어떤 방식으로 문화변동에 영향을 미칠 수 있는지 등이 연구의 핵심이었다.

이즈음 나는 알렉산더Jeffrey Alexander의 문화사회학cultural sociology에 관심을 두게 되었다. 알렉산더는 많은 이론사회학자들과 달리 하버마스, 부르디외, 심지어 로티의 철학까지 비판적으로 수용하고, 이에 더해 뒤르켐과 고프먼의 '의례'이론, 인류학자 빅터 터너와 공연학자 셰크너Richard Schechner의 '연행'이론 등을 취합해 문화사회학의 스트롱프로그램을 만들어냈다. 내가 알렉산더의 문화이론에 주목했던 이유는 그의 '문화적 수행이론theory of cultural performance'이 주체/객체, 주관적인 것/객관적인 것, 창조한 것/발견한 것 등 플라톤의 이원론적 어휘를 거부한다는 점에서 로티의 실용주의적 진리론과 깊은 연관이 있다고 판단해서였다. 보다 구체적으로, 그러한 연관은 로티와 마찬가지로 알렉산더도 '문화'를 단순히 물질적 사회구조의 반영으로 보지 않고 '문화적 연행cultural performance'이라 명명한 일련의 사회적 의례를 통해 행위자들이 끊임없이 창출하고 변형시킨 것으로 본다는 데 있다. 다시 말해, 행위자들이 외부세계에 부여하는 의미는 사회구조로부터 '상대적 자율성relative autonomy'을 가진다는 것이다.

특히 알렉산더가 2004년 『사회학 이론Sociological Theory』에 발표한 논문은 이러한 나의 판단에 확신을 더해주었다.[121] 즉 나는 문화변동이 물질적 외부세계에 의해 추동된다기보다는 외부세계에 대한 "재묘사redescription"—로티의 표현대로—를 통해 기존 문화적 관행의 의미 복합체meaning complex를 새로운 의미 복합체로 '대체'하는 연행과

---

121 Jeffrey Alexander, "Cultural Pragmatics: Social Performance between Ritual and Strategy," *Sociological Theory* 22, 2004, 527~573쪽.

정performance process이라는 결론에 도달했다. 그러나 이런 결론에 이르는 과정은 녹록치 않았다. 왜냐하면 알렉산더가 취합한 여러 가지 의례·연행 이론을 로티 철학과 연결하려면, 우선 로티가 하버마스 같은 이른바 합리주의 철학자나 플라톤적 인식론 옹호자들과 벌였던 논쟁을 하나하나 세밀히 검토한 다음, 과연 로티 철학이 천상에서 지상으로 내려와 '사회학적으로 흥미로운 경험연구'를 가능케하는지 예시할 수 있어야 했기 때문이다.

아무튼 알렉산더와 로티가 서로 다른 지적 계보를 가졌지만, 둘 사이에 모종의 깊은 개념적 친화력이 있다고 본 내 생각이 적중했다. 내가 알렉산더에게 하버마스와 부르디외를 비판한 논문 두 편과 함께, 그가 수장으로 몸담고 있는 예일 대학 문화사회학연구소Center for Cultural Sociology를 며칠 동안 방문해, 그의 이론과 로티의 철학이 가진 연관성을 논의해보자고 조심스럽게 타진했을 때, 그는 다음과 같은 답신을 보내왔다.

2011. 11. 12

김 교수님,
선생님 논문들은 정말 인상적이었으며, 더 좋은 것은 나도 선생님의 주장에 동의한다는 것입니다! 나도 젊은 시절에 선생님처럼 부르디외와 하버마스에 대한 긴 비판을 쓴 적이 있습니다. ……저는 물론이고, 저와 같이 연구소를 이끌고 있는 필립 스미스 교수도 선생님을 만나고 싶어합니다. ……선생님의 논문 목록을 보니 선생님은 문화사회학자라기보다 해석학 쪽으로 관심이 있는 사회이론가인 것 같습니다.

이 이메일을 받고 석 달이 지난 시점에 나는 예일 대학으로 알렉

산더 교수를 만나러 갔다. 그리고 예일대 캠퍼스 안 '더 스터디^{The}
Study'라는 호텔식당에서 저녁을 같이했다. 그는 처음 만난 나를 반
갑게 대해주었고 우리는 두 시간 가까이 저녁을 먹으면서 서로의
연구 관심에 대해 얘기를 나눴다. 나는 그의 글을 읽으면서 궁금했
던 것을 몇 가지 물어봤고 그도 여러 질문을 했는데, 나는 우선 그가
문화사회학의 스트롱프로그램을 제창할 때 과학사회학의 에든버러
학파를 인용하면서 '스트롱'이란 형용사를 빌려온 것에 다소 문제
가 있는 게 아닌지 물어봤다. 왜냐하면 에든버러학파의 스트롱프로
그램은 지식과 믿음의 근원을 두 개의 축, 즉 외부세계의 경험과 이
경험을 해석하기 위해 특정 사회의 성원들이 공유한 분류도식에서
찾기 때문이다. 다시 말해, 지식과 믿음을 포함한 문화가 물질적 토
대로부터 '자율성'을 지녔다고 거듭 강조한 알렉산더의 연구프로그
램과 달리, 에든버러학파는 지식과 믿음을 떠받치는 한 축으로 '사
회의 물질적 구조'가 침윤된 분류도식을 거듭 강조하기 때문이다.
알렉산더는 기존의 '문화에 대한 사회학^{sociology of culture}'과 구별하여
자신의 연구 분야를 '문화사회학^{cultural sociology}'이라 지칭할 만큼 '문
화의 자율성'을 주목한다는 의미에서 '스트롱'이란 수식어를 가져
다쓴 반면, 에든버러학파는 기존의 과학사회학 연구대상에서 배제
된 과학지식의 내용도 사회학 분석에서 예외일 수 없고, 따라서 과
학지식의 내용이 사회구조로부터 타율적으로 제약받는다는 점을
천명하기 위해 그 수식어를 가져다썼다.

　내 질문의 요지는, 지엽적인 차원이 아니라 이렇듯 근본 연구전략
차원에서 충돌하는 두 프로그램에 똑같은 표제를 쓰는 것은 한번쯤
짚어봐야 할 사안이 아니냐는 말이었다. 알렉산더는 내 지적을 의외
로 순순히 받아들이면서 수사학적 차원에서 가져다쓴 어구라는 식
으로 대답했다. 이후에 나는 알렉산더의 저작 중 로티의 실용주의

철학과 맞닿아 있다고 생각한 부분을 언급하면서, 당신이 문화의 자율성을 더 강하게 주장했어야 옳지 않았겠느냐고 물었다. 그러나 알렉산더는 이번에도 나와 다르게, 문화의 자율성은 '상대적'일 뿐이며, 그 자신의 이론은 포스트모던이론과 다르게 실증주의적이라는 의미에서 '과학적' 이론이라고 생각하는 것 같았다.

대화를 나누던 중 로티가 화제에 오르자, 알렉산더는 스탠포드 대학 행동과학고등연구소Center for Advanced Study in the Behavioral Sciences의 방문연구원 시절 얘기를 꺼내면서, 그와 두 번 식사를 나눈 적이 있는데, 그때 로티가 아주 내성적인 사람이라고 봤고, 로티의 주장에 상당 부분 동의하지만 한계도 있다면서 자신이 쓴 논문을 소개해주었다. 부르디외에 대해서는 자신이 부르디외를 비판한 논문을 여러 편 썼지만, 그럼에도 자신은 오늘날 사회학자 중에서 부르디외가 가장 위대한 사회학자라고 본다고 덧붙였다.

우리는 서로의 일상사를 화제로 삼기도 했다. 그중 인상 깊었던 것은 시로의 취미에 관한 대화였다. 일렉산더가 먼저 취미는 뭐냐고 물어보기에 난 '무취미가 취미'라고 답했다. 내게는 진짜 특별한 취미가 없다. 학생 가르치고 책 보고 또 글 쓰는 그런 일상을 반복하며 살았다. 재미있게도, 무취미라는 내 대답에 알렉산더 역시 빙긋이 웃고는 자신도 그렇다면서 그래도 하나 꼽자면 가끔 요리는 한다고 말했다. 요리? 요리가 취미랄 수 있을까, 혼자 생각하고 있는데, 그가 대뜸 이렇게 말했다. "관심이 너무 다양하고 취미가 많으면 공부 못하지!" 그러면서 책을 읽는 시간이 많으냐, 글을 쓰는 시간이 많으냐 하고 물었다. 웃으며 나는 아직 읽어야 할 게 많아 읽는 시간이 많다고 했더니, "그런 것 같지 않아 보이는데⋯⋯" 하고는 껄껄껄 웃음을 터뜨렸다.

그 이튿날 나는 알렉산더와 스미스의 주관하에 매주 열리는 세미나에 참석했다. 이날은 캘리포니아주립대 데이비스 캠퍼스의 사회학과 교수가 발표자였다. 그런데 발표 내용이 너무 지루하고 흥미롭지 않아서, 나는 세미나의 진행방식을 관찰하기 시작했다. 발표가 끝나자 사회를 맡았던 스미스는 내 예상과는 달리 세미나 주관자인 알렉산더까지 포함해서 세미나에 참석한 박사과정 학생들의 이름을 하나하나 부르며 논평 순서를 정해줬다. 내 이름을 부르지는 않았지만 나는 손을 들고 논문에 대한 비판적 논평을 했다. 그때 특이하다고 느꼈던 것은 다른 세미나와 달리 참석자 모두가 논평을 '해야만' 한다는 사실이었다. 또한 박사과정 학생들의 논평이 끝날 때마다 스미스가 한마디 덧붙이는 식으로 세미나가 진행됐다. '아! 이렇게 하면 세미나에 집중하지 않을 수가 없겠구나!' 하는 생각이 들었다. 모두 '강제로' 참여시키는 것도 박사과정 학생들을 공부시키는 한 방법이지 싶었다. 세미나가 끝난 후 참석자들과 점심을 같이 할 때 알렉산더는 내 연구년이 언제인지 묻고는 미국에 들락날락하는 건 여러모로 힘드니 연구년을 아예 예일대 문화사회학연구소 방문연구원으로 같이하는 게 낫지 않겠느냐는 제안을 했다. 몇 년 전 한국에 와서 발표도 하고 강연도 했으면서 그게 어느 대학이었는지조차 기억 못하는 알렉산더로부터 날 챙기며 그곳에서 연구년을 같이하자는 제안을 듣자, 불현듯 문화이론과 이론사회학의 중심부인 자기 연구소에 와야 세계수준의 연구가 가능하지 않겠느냐고 되묻는 듯한 씁쓸하고 서글픈 기분이 들었다.

예일에서 돌아온 후 나는 한국연구재단의 '인문한국(HK) 인문저술 지원사업'의 지원을 받아 진행하고 있던 하버마스-로티 논쟁 연구에 박차를 가했다. 그리고 이 연구의 핵심을 알렉산더의 문화사회학과 연결시켜 고찰한 논문을 작성해서 2014년 문화이론 분야 최고 권위의 학술지인 TC&S에 발표했다.[122] 이 논문을 출간하면서 사회

정치이론 분야의 격전지 중 격전지랄 수 있는 진리의 맥락 의존성 또는 상대주의 논쟁과 관련해 독자적인 주장을 담은 논문을 출간한다는 것이 얼마나 어려운 일인지 새삼 뼈저리게 느꼈다. TC&S는 그 명성에 걸맞게 내 논문을 무려 다섯 명의 심사위원에게 의뢰했다. 그들로부터 받은 통보는 '수정 후 재심'이었다. 여기서 심사내용을 얘기하려는 것은 아니고, 다만 심사과정에 대해서는 한마디 하고자 한다. 일단 심사위원들의 비판과 수정에 관한 주문을 고려해 수정본을 다시 제출했더니, 이번에는 한 명이 더해져 모두 여섯 명이 수정 원고에 대한 논평을 보내왔다. 그 결과가 '부분수정 후 게재'여서 안심을 하고 약간 손질을 한 원고를 다시금 보냈다.

곧바로 게재 판정이 나올 줄 알았다. 그런데 편집진은 다시 '수정 후 게재' 판정을 보내왔다. 국내외 학술지를 막론하고 이렇듯 상궤에 어긋난 심사는 보지 못했다. 도무지 이해할 수 없었다. 그래도 다시 고쳐보자 싶어 자세히 읽어본 그 심사평은 나로선 도저히 받아들일 수 없는 내용이었다. 편집진은 내 주장을 전적으로 오해한 한 심사위원의 논평만 유독 부각시키면서 그가 원하는 방향으로 논문을 대폭 수정하라고 요구했다. 이 요구는 받아들일 수 없다고 판단해, 나는 편집장인 마이크 페더스톤^{Mike Featherstone}에게 긴 이메일을 띄워보냈다. 통상적으로 학술지의 요구수정을 거부하면 논문을 철회한다는 뜻이 된다. 그래서 며칠 동안 그야말로 심사숙고하지 않을 수 없었다. 궁리 끝에 수정도 철회도 아닌, 왜 수정요구가 부당한지를 설득해보기로 하고 메일을 보냈던 것이다. 나는 그 메일에서 구체적으로 어떤 면에서 특정 심사자가 내 주장을 자주 곡해해 잘못

122 Kyung-Man Kim, "Beyond Justification: Habermas, Rorty and the Politics of Cultural Change," *Theory, Culture & Society* 31(6), 2014, 103~123쪽.

된 수정요구를 하는지를 조목조목 밝혔다. 만일 그 요구대로 수정한다면, 이 논문은 애초의 핵심이 모두 사라진 완전히 엉뚱한 논문이 되고 만다는 점을 논리적으로 서술했다.

한 달가량 지났을까, 페더스톤은 "이해할 만하고 강한 설득력 있는" 반론이었다며 최종게재 결정을 통보했다. 그러면서도 그는 일곱번째(!) 심사자의 논평을 첨부했다. 일일이 묘사하기 힘들 만큼 우여곡절로 점철된 심사과정이었다. 여기서 내가 말하고자 하는 바는 이 논문이 지금껏 연구되지 않았던 하버마스-로티 논쟁을 다루고 있었기 때문에 심사자들에게 매우 논쟁적인 반응을 유발했고, 그런 분위기에서 편집장은 더 많은 심사자를 찾아 논문의 창의성을 평가하려 했다는 것이다. 하버마스-로티 논쟁 같은 철학자의 '진리의 성격'에 관한 논쟁을 철학적 추상이 아닌 구체적 사례를 들어 사회학적 경험연구로 연결시킨 시도가 지금껏 없었던 터라, 1년 2개월이라는 긴 심사기간 동안 일곱 명의 심사자들 사이에서도 서로 갑론을박하지 않을 수 없는 논쟁이 유발된 것이다.

게재 판정을 받고 나서 나는 편집위원회의 수정 결정에 불복하고 반박하길 잘했다는 생각을 했다. 이 경험은 또한 사회문화이론의 핵심 이론가들을 설득시키는 것이 얼마나 지난한 일인지를 새삼 느끼게 해주었다. 그 설득과정에서 객관적인 관점으로 내 견해의 강점과 약점을 성찰할 수 있었고, 이를 바탕으로 학문적 이정표를 새로이 세울 수 있었다. 이제 비판이론을 둘러싼 철학적 논쟁이 알렉산더의 문화화용론cultural pragmatics과 같은 사회학적 작업과 연결되는 지점을 찾는 데 그치지 않고, 앞서 덴진과 함께 논했던 연극학, 공연학, 커뮤니케이션이론 분야의 수행적 문화기술지performative ethnography, 비판적 문화기술지critical ethnography, 수행적 사회과학performative social science 등을 비판적으로 종합하고 확장시켜 새로운 비판이론의 시각을 제시하리라는 계획을 세우게 되었다. 잠정적으로 "기준 없는 비판이론Critical Theory without Criteria "이라 명명한 이 연구프로젝트는 글로벌 지식장에서 전통적인 비판이론이 노정한 한계를 넘어 지금까지 비판이론으로 불리지 않았던 여러 조류의 사회이론을 창의적으로 발전시키고 종합함으로써 비판이론이 나가야 할 새로운 방향을 제시하는 것이다.

책을 마치며

방관자에서 참여자로

나는 항상 책을 끝맺는 것이 글을 시작하고 본문을 쓰는 것보다 더 어렵다고 느낀다. 이 책을 어떻게 마무리해야 할지 고민하다가 직접 경험한 몇몇 사건을 이 책의 중심주제와 연결해야겠다는 생각이 떠올랐다. 학술회의에서 있었던 일이다. 내가 발표를 했는데, 토론 시간에 한 사회학자(이하 편의상 A)가 일어나 "김 선생님은 반성하셔야 합니다!"라며 힐난조로 날 몰아붙였다. 내가 "뭘 반성해야 하나요?"라고 되묻자 나온 A의 대답, "선생님 책은 한국 학자의 논문과 책을 하나도 인용하지 않으니, 반성하시라는 겁니다." 나는 다시 대답했다. "일부러 한국 학자들 논문을 인용 안 한 게 아니라, 하버마스 같은 학자들의 사상이 소개 수준에 그치고 있어서 인용하지 못한 겁니다." 그는 더이상 반론을 펴지 않았다. 그런데 그 세션이 끝나고 휴식시간에 A가 다가와 나직이 말을 건넸다. "선생님 죄송합니다. 아까 그 코멘트는 제가 달리 할말이 없어서 한 것이니 양해하십시오." 나는 놀라지 않을 수 없었고 내 귀를 의심했다.

그렇게 할말이 없었다면 차라리 말하지 말거나 그런 식의 '이상한 사과'는 하지 말았어야 하는 것 아닌가! 한국 최고, 미국 최고의 학벌을 가지고 한국에서 일류대 교수로 있는 사람이 어떻게 이렇게 말을 뒤집을 수 있을까! 나는 이해할 수 없었지만 쓴웃음으로 그 사과를 받아들였다. 사실 A의 언행은 내가 지난 25년간 학계에서 경험한 학자들이 보인 이중적 태도의 전형을 집약하고 있다.

우선 A의 전공영역은 사회이론 분야가 아니다. 따라서 엄격히 말하자면, 그가 당시 학술회의에서 거론된 내 책에 인용돼야 할 국내 문헌을 꼼꼼히 챙겨서 알고 있었을 가능성은 없다. 실제로 그는 구체적인 문헌을 전혀 제시하지 못했다. 그런데 그는 왜 그런 논평 아닌 논평을 했을까? 이미 본문에서 국내 서구중심주의 비판의 허상을 밝히는 대목에서 지적했듯이, 이는 논평이라기보다 동료 사회학자들의 민족감정에 호소해서 내게 면박을 주려는 것이었다. 다시 말해, 겉으로는 나의 서구 의존적 태도를 꼬집는 그럴듯한 모양새였지만, 속으로는 동료들을 폄훼하고 서구학자들과 경쟁을 한다는 나의 '잘난 체'에 대한 아니꼬움을 동료들의 피해의식에 의지해 표출한 것에 불과하다. 진정성 있는 논평이었다면 굳이 '반성' 운운할 필요는 없었으리라. 물론, 자신이 사과했다는 볼썽사나운 사실은 어디서도 절대 털어놓지 않았을 것이다.

또하나의 예는 이 책의 중심 주장을 더 극명하게 드러낼 것이다. 예전에 세미나를 끝내고 만난 한 학자는 내게 다음과 같은 질문 아닌 질문을 했다. "선생님은 어떻게 외국 저명 학술지에 그렇게 계속 논문을 내시나요? 저도 몇 번 해봤지만 그러려면 뼈를 깎는 노력을 해야 하지 않습니까?" 얼핏 들으면 서로 추켜세우는 낯간지러운 얘기로 들릴 수도 있겠지만, 이어진 대화를 통해 드러난 질문의 요지는 이런 것이었다. 즉 대중적 사회과학과 정치화된 사회과학이 진정한 학문인 양 행세하는 한국 상황에서, 글로벌 지식장에 계속 참여하기 위해 치러야 할 노력과 고통은 어디서 보상받느냐는 것이다. 이 책을 읽은 독자들은 나의 답이 무엇이었는지 짐작할 수 있을 것이다. 박영석 대장이 산에 대해 끊임없는, 때로는 맹목적이고 무모한 열정을 품고 있었듯이, 글로벌 지식장에 참여한 학자들은 장내에서 만들어지고 논쟁되는 주제들에 대해 '설명할 수 없는 흥미, 열정, 환상'이 있고, 이로 인해 그들은 고통스러운 상징투쟁을 견뎌내고 어찌 보면 '즐긴다'고 할 수 있다. 뒤르켐이 말했듯이 다양한 학술활동과 상징투쟁을 통한 "집단적 열광"의 에너지와 희열이 이들을 글로벌 지식장에서 떠나지 못하게 하는 것이다.

여기서 기억해야 할 것은 기든스도 부르디외도 상징자본이 보잘것없던 시절이 있었다는 사실이다. 두 사람 모두 글로벌 지식장이 요구하는 수준의 학문적 하비투스를 체화하기 위해 끊임없이 노력했고, 당시 글로벌 지식장을 지배하던 학자들을 적극적으로 비판하고 극복함으로써 점차 세계 최고의 학자로 발돋움할 수 있었다. 글로벌 지식장에 참여하고 있는 중간수준의 상징자본을 가진 많은 학자들은 일정한 연구능력과 상징자본을 축적한 학자들이며, 결국 이들의 경쟁과정에서 오직 몇 명만이 기든스나 부르디외와 같이 거대한 상징자본을 가진 학자로 거듭난다. 결국 우리가 글로벌 지식장의 리더가 될 수 있는 사회과학자를 배출하려면, 글로벌 지식장에 적극적으로 참여해서 다른 나라의 학자들과 논쟁하고 경쟁하는 '튼튼한 중간계층 학자'들을 양성하는 길밖에 없다.

부르디외의 지적 궤적은 논의를 명료하게 할 것이다. 부르디외는 콜레주드프랑스의 마지막 강의를 담은 『과학학과 성찰성』에서 어떻게 그가 글로벌 지식장의 상징투쟁에서 승리할 수 있었는지 회고하는데, 이는 이 책의 핵심을 잘 대변해준다. 부르디외가 사십대였던 1960~70년대에 로버트 머튼은 글로벌 지식장에서 왕의 지위를 누린다 할 만큼 절대적인 권력을 행사했고, 그는 이에 도전해 장의 구조를 바꾸려 했다.[123] 부르디외는 머튼의 상징권력을 붕괴시키려는 "전복 전략subversion strategy"의 일환으로 통계학적 연구방법을 수용했다고 한다. 잘 알려져 있다시피 이론사회학자 가운데 경험연구—예를 들어 『구별짓기La Distinction』나 『호모 아카데미쿠스Homo Academicus』 또는 『국가귀족La Noblesse d'État』—로써 자신의 이론을 뒷받침한 사람으로는 부르디외가 거의 유일하다. 즉 그는 자신이 표적으로 삼은 미국식 기능주의를 공략할 무기의 하나로 바로 그 기능주의 전통에서 애용하던 통계학을 연마했고, 이를 통해 머튼과 라자스펠드Paul Lazarsfeld가 주도한 연구프로그램의 문제점을 비판했다. 이렇듯 그가 통계방법론을 수용한 것은 그의 이론을 경험적으로 입증하고 미국식 기능주의의 오류를 경험적으로 밝혀내기 위해서였지, 당시 글로벌 지식장의 지배적인 흐름에 순응하려 했기 때문이 아니다. 부르디외는 당시 프랑스 사회학의 거장이었던 레몽 아롱이 탤컷 파슨즈의 기능주의 강의에 무려 2년을 할애했고 레몽 부동은 라자스펠드가 프랑스 사회학자들 앞에서 유럽 전통을 완전히 왜곡한 미국 사회학을 강의하도록 도왔다고 탄식조로 회고한다.[124]

공교롭게도 부르디외의 이 회고는 당시의 프랑스 상황이 지금 우리의 상황과 아주 비슷하다는 사실을 보여준다. 즉 프랑스 사회학의 장에서 한편에는 통계학을 과학적 방법으로 내세운 미국 사회학에 순응하려는 진영이 있었고, 또다른 한편에는 이런 지배적인 흐름을

---

123 Pierre Bourdieu, *Science of Science and Reflexivity*, Univ. of Chicago Pr., 2004, 13~14쪽.
124 같은 책, 102쪽.

완전히 무시하고 글로벌 지식장에서 이탈한 마르크스주의 진영이 있었다. 부르디외는 이러한 상황을 타개하기 위해 자신이 구사했던 전략을 다음과 같이 쓰고 있다.

> 이론적/방법론적으로 사회학계를 지배하던 미국 사회학에 대항해서 나는 독일에서 나와 뜻을 같이할 동맹을 찾으려고 했으나 이론가들(프랑크푸르트학파, 하버마스, 그리고 그후에는 루만)과 미국의 지배에 순응하려는 경험주의자들의 간극이 너무 넓어서 좁힐 수 없었다. 내가 나의 독일 친구에게 설명했듯이, 나의 프로젝트에는 정치적이지만, 특정한 의도가 담겨 있었다. 나의 적들이 사용하는 무기(특히 통계적 방법……)를 적에게 들이댐으로써 제3의—현실적인—새로운 사회과학을 수행할 방안을 만들고 이를 바탕으로 미국을 통해 왜곡되고 잘못 해석된 유럽 전통을 되살리는 것이었다.[125]

부르디외의 전략은 우리가 어떻게 해야 글로벌 지식장을 지배하는 미국 사회학을 극복하고 독자적이고 영향력 있는 지적 전통을 세울 수 있는지에 대해 많은 것을 암시한다. 첫째, 부르디외는 미국 사회학에 대항해서 글로벌 지식장의 지배구조를 바꾸기 위해 프랑스의 지적 자원—예컨대 뒤르켐, 메를로퐁티—에만 매달리지 않았고, 둘째, 미국의 이론적 전통—예컨대 고프먼과 가핑클—과 통계방법을 비판적으로 수용하여 변증법적으로 종합한 결과,[126] "발생론적 구조주의genetic structuralism"라는 새로운 이론체계를 정립하고 그 당시 이미 현대의 고전이랄 수 있는 수많은 경험연구를 양산했다. 셋

---

125 같은 책, 103쪽.
126 같은 곳.

째, 따라서 1970년대 글로벌 지식장에서는 영향력이 미미했던 부르디외가 결국 장을 지배하는 이론을 발전시킬 수 있었던 원동력은 그가—한국적 사회과학을 부르짖는 국내학자들과 다르게—미국 사회학과 단절했기 때문이 아니라 미국 사회학에 대한 정밀한 분석과 비판에 기초한 자신의 이론을 가지고 장의 지형을 바꾸려는 지속적이고 고통스러운 노력을 경주했기 때문이었다. 이상의 세 가지가 시사하는 바는 무엇인가? 독자적인 한국적 사회이론을 만들어낸다는 것은 결국 글로벌 지식장에 적극적으로 참여해야 한다는 것을 의미한다. 또한 이것은 우회해서도 피해서도 안 되는 정면돌파의 길밖에 없다는 것을 의미한다.

오랫동안 하고 싶었지만 한국의 학술문화에서는 하기 어려웠던 얘기를 마지막으로 이 책을 마무리하려 한다. 나는 이런 종류의 얘기를 '지적 도발'이라 부르고 싶다. 이 책에서 지금까지 논한 바와 같이, 감정을 배제한 냉철한 자기반성과 분석은 대다수 동료 사회과학자들이 인정하고 싶지 않겠지만, 독자적인 지적 전통을 마련하기 위해 우리가 쓸 수 있는 사상적 개념적 자원이 서구의 것밖에 없다는 슬픈 현실을 노정한다. 즉 우리는 서구의 개념적 자원과 이론적 틀에서 출발할 수밖에 없음을 부인할 수 없다. 그러나 서구의 지적 지배를 인정하고 그에 도전함으로써 뭔가 새로운 것을 변증법적으로 시도해야 한다는 내 주장은 커다란 반발을 사온 것이 사실이다. 이 반발의 근저에는 서구이론의 극복을 당위적으로는 천명하면서도 구체적인 실천에는 소극적일 뿐만 아니라, 막상 구체적인 시도를 하는 학자들에겐 '한국적인 그 무엇'이 부재한다고 비판하는 우리나라 사회과학계의 집단의식이 자리잡고 있다. 그러나 이 책에서 내가 주장했듯이, 서구중심주의 비판을 토대로 많은 사회과학자들이 외치는 탈식민주의는 구체적인 전략과 방법을 제시하지 못하는

한, 무기력하고 당위적인 구호로 전락할 수밖에 없다.[127]

이제 우리는 병적으로 집착해왔던 '한국적인 그 무엇'을—아무도 그것이 무엇인가를 제시하지 못했음에도—찾아헤매는 '우회적이며 비생산적인' 방법을 지양하고, 서구이론을 정면으로 비판하고, 이 비판을 토대로 한 창의적인 이론을 무기로 글로벌 지식장에서 투쟁해야 한다. 많은 한국 사회과학자들은 국내 교수시장의 자격요건을 충족하려고 글로벌 지식장에서 통용되는 상징자본을 보장하는 외국 유수의 대학에서 학위를 취득하고 온 후, 한편으론 대학 강단에서 서양이론으로 점철된 강의계획서를 통해 권위를 내세우지만, 또 다른 한편으론 '한국적인 그 무엇'을 찾아내야만 서구이론을 극복할 수 있다고 강변함으로써 자신의 권위를 담보해준 상징자본 자체를 스스로 부정하는 '양가적 태도'를 보여주고 있다.

이 책의 서두에서 주장했듯이 한국 사회과학의 서구 종속성을 극복하려면 한국사회에 부적합한 서구이론의 무분별한 차용을 지양해야 한다는 당위적인 구호가 아니라, 서구이론을 대체할 수 있는 이론이 필요하다. 여기서 우리는 다음과 같은 질문을 할 수 있을 것이다. 어떻게 하면 장의 지배자들이 우리에게 관심을 두고 말을 걸게 할 수 있을까? 그들이 우리에게 관심을 두게 하려면 그들의 이론과 경험연구를 적극적으로 비판하는 길밖에 없다. 단순히 그들의 연구결과를 재생산하거나 그들의 전통을 배척해서는 그들과의 '비판적 대화'는커녕 글로벌 지식장의 방관자 신세를 면치 못할 것이다. 아무리 국내에서 탈식민지적 글 읽기를 외쳐도 아직도 외국 이론의 수입상이라는 오명을 벗지 못하는 이유가 여기에 있다.

---

127 위의 몇몇 문단은 김경만, 「해석학과 집단적 박식에 관한 생선비늘 모형이 세계수준의 한국사회이론의 발달에 갖는 함의」, 『사회와 이론』 7, 263~280쪽에서 발췌·수정한 것임.

나는 『담론과 해방』의 한국어판 서문에서 "상아탑에 안주하는 것은 안주가 아니라 고통"이라고 썼다. 이 고통은 글로벌 지식장의 상징투쟁에서 승리하기 위해서는 응당 감내해야만 한다. 따라서 지금처럼 미디어, 정치, 각종 사회운동에 참여하는 학자들을 '행동하는 지식인'이라며 미화하고 정당화하는 것은 글로벌 지식장의 방관자로 남아 기꺼이 상징폭력의 희생자가 되겠다는 것과 다름없다. 행동하는 지식인들 대부분이 유학을 통해 획득한 상징자본을 가지고 자신의 사회참여를 정당화하지만, 정작 그들이 내세운 상징자본은 그들이 실천 혹은 대중과의 소통이란 미명하에 외면해버린 순수한 지식장 안에서만 생산되고 유통되는 것임을 기억하자.

『담론과 해방』을 출간하고 난 후 우연히 한 학생의 블로그에서 읽은 글은 내가 한국의 사회과학을 짊어질 젊은 학생들에게 조금이나마 희망을 주었다는 것을 확인하게 해주었다. "'독자적 한국 사회이론'을 만들어내는 것은 단순히 우리가 서양의 이론에 의존해왔다는 자성만으로는 가능하지 않고, 그들 이론에 정면으로 도전하고 그들과의 '비판적 대화'를 유도해냄으로써만 가능할 것이다. 나는 이 책이 그 도전과 비판적 대화의 일부라고 생각한다." 이런 『담론과 해방』 서문을 읽었을 때 이 학생은 "눈시울이 붉어졌다"고 했다. 그의 글을 인용해보자. "……왜냐하면 난 소위 말하는 백인 지성인들에게 '비판'이라는 단어를 감히 들이댄다는 것을 두려워했기 때문이다. 나는 글 읽기를 좋아한다. 누군가 내게 책을 추천해봐라 그러면, 요하네스 히르쉬베르거, 니체, 칸트 등등의 학자들이 나왔다…… 읽어가면 갈수록 그들은 모두 백인이었고 나는 노란 색깔을 가지고 있는 동양인이라는 사고에서 벗어나기가 힘들었다…… 한 명의 사람으로서 사고하며, 날카롭게 비판을 하고 싶지만, 그들에 대한 출처를 알 수 없는 경외감은 항상 나를 짓눌러왔다. 한국을 떠나 한번도 살아보지 못했으면서도, 공부라는 과정을 통해, 내 머릿속이 '백인화'돼가는 과정을 겪을 때는 나 스스로의 정체성에 회의를 품게 됐다. 그리고 나에 대한 열등감을 느끼며, 다음 생애에는 백인으로 독일이나 미국에서 태어나리라는 아련한 소망을 품기도 했다. 이 와중에, 나와 같은 대한민국의 동양인 학자가 세계 일류 이론가라고 일컬어지는 기든스, 하버마스를 거론하며, 그들을 향한 비판의 잣대를 댄다는 것은 거의 충격적인 것으로 다가왔다."[128]

이제 우리도 미디어, 사회, 사회운동과 유리된 글로벌 지식장의 하비투스를 체화한 연구집단을 발전시키고 그 안에서 투쟁을 통해 단련된 지식장의 지배자를 배출할 때다. 이것이 가까운 미래에 한국에서 출현할 글로벌 지식장의 지배자들에게 이 책을 헌정하는 이유다.

---

128 http://blog.aladin.co.kr/kimbk975/popup/2483981(2009. 03. 17)

감사의 글

책을 내면서 짧게나마 고마운 마음을 전하고 싶은 사람들이 있다. 우선 오랫동안 내 곁에서 이 책의 내용을 지겹도록 여러 번 들어주었던 서강대학교 사회학과 대학원의 제자들에게 고맙다는 말을 전하고 싶다. 이제 책으로 나오게 되니 더이상 같은 말을 듣지 않아도 될 것이란 위로의 말을 해주고 싶다. 이 책의 교정을 맡아서 선생의 난삽하고 때론 모호한 표현을 고치고 정리하느라 많은 고생을 한 선내규 군에게 특별히 고맙다는 말을 전하고 싶고, 아울러 원고수정에 도움을 준 박사과정의 민병교, 이시윤, 이용승 군에게도 고마움을 전한다. 바쁜 일정에도 좋은 책을 만들기 위해 최선을 다해준 문학동네 고원효 부장에게도 고맙다는 말을 전하고 싶다. 마지막으로, 지난 34년간 변함없이 내 곁을 지켜주고 또 이 책의 표지 사진도 찍어준 아내에게 고마운 마음을 전한다. 이 책의 1부 3장은 2007년 서강대 사회과학연구소의 『사회과학연구』에 발표한 「독자적 한국 사회과학, 어떻게 가능한가―몇 가지 전략들」을 수정·보완한 것이며, 이 저서는 2012년 정부(교육과학기술부)의 재원으로 한국연구재단의 지원을 받아 수행된 연구(NRF-2012S1A5B8A03043926)임을 밝혀둔다.

2015년 3월
김경만

참고문헌

저서

강신표, 『한국사회학의 반성』(서울: 현암사, 1984).

강정인, 『서구중심주의를 넘어서』(서울: 아카넷, 2004).

김경동, 『현대 사회학의 쟁점』(서울: 법문사, 1983).

김경만, 『과학지식과 사회이론』(파주: 한길사, 2004).

_____, 『담론과 해방: 비판이론의 해부』(서울: 궁리, 2005).

김형효, 『구조주의의 사유체계와 사상』(서울: 인간사랑, 1989).

조한혜정, 『탈식민지 시대 지식인의 글 읽기와 삶 읽기 1』(서울: 또하나의문화, 1992).

_____, 『탈식민지 시대 지식인의 글 읽기와 삶 읽기 2』(서울: 또하나의문화, 1996).

최재천 외, 『사회생물학 대논쟁』(서울: 이음, 2011).

한완상, 『민중과 지식인』(서울: 정우사, 1980; 제7판 1985).

_____, 『민중사회학』(서울: 종로서적, 1984).

A. Rosenberg, *Sociobiology and the Preemption of Social Science*, Baltimore, MD: Johns Hopkins University Press, 1980.

Anthony Giddens, *New Rules of Sociological Method*, New York: Basic Books, 1976.

C. J. Lumsden and E. O. Wilson, *Genes, Mind, and Culture: The Coevolutionary Process*, Cambridge, Mass: Harvard University Press, 1981.

David F. Ruccio and J. Amariglio, *Postmodern Moments in Modern Economics*, Princeton, NJ: Princeton University Press, 2003.

David Swartz, *Culture and Power: The Sociology of Pierre Bourdieu*, Chicago: University of Chicago Press, 1998.

Donald T. Campbell, *Methodology and Epistemology for Social Sciences: Selected Papers*, Chicago: University of Chicago Press, 1988.

Jürgen Habermas, *Autonomy and Solidarity: Interviews*, London: Verso, 1992.

_____, *The Theory of Communicative Action*, vol. I, Boston: Beacon Press, 1984.

Kyung-Man Kim, *Explaining Scientific Consensus: The Case of Mendelian Genetics*, New York: Guilford Press, 1994.

_____, *Discourses on Liberation: An Anatomy of Critical Theory*, Boulder: CO and London: Paradigm Publishers, 2005.

Michael Lynch, *Scientific Practice and Ordinary Action: Ethnomethodology and Social Studies of Science*, New York: Cambridge University Press, 1993.

Michael Pusey, *Jürgen Habermas*, London: Taylor and Francis, 2002.

Michael Ruse, *Sociobiology: Sense or Nonsense?*, Boston: Reidel, 1979.

_____, *Taking Darwin Seriously*, Oxford: Basil Blackwell, 1986.

Paul Willis, *Learning to Labor: How Working Class Kids Get Working Class Jobs*, New York: Columbia University Press, 1977.

P. A. Schilpp (ed.), *The philosophy of Karl R. Popper*, LaSalle, IL: Open Court. 1974.

Phillip Kitcher, *Vaulting Ambition*, Cambridge, MA: MIT Press, 1985.

Pierre Bourdieu and Loïc Wacquant, *An Invitation to Reflexive Sociology*, Chicago: University of Chicago Press, 1992.

Pierre Bourdieu, *In other Words: Essays towards a Reflexive sociology*, Stanford, CA:Stanford University Press, 1990.

_____, *Photography: A Middle-Brow Art*, Stanford University Press, 1996.

_____, *Science of Science and Reflexivity*, University of Chicago Press, 2004.

_____, *Sociology in Question*, London: Sage, 1994.

_____, *The Logic of Practice*, Stanford University Press, 1992.

R. Lewontin, S. Rose, L. Kamin, *Not in Our Genes: Biology, Ideology, and Human Nature*, New York: Pantheon, 1985.

Randall Collins, *The Sociology of Philosophies: A Global Theory of Intellectual*

Change, Cambridge, MA: Harvard University Press, 1998.

Raymond Williams, *Marxism and Literature*, Oxford University Press, 1977.

_____, *Resources of Hope: Culture, Democracy and Socialism*, London: Verso, 1989.

Richard Rorty, *Contingency, Irony and Solidarity*, Cambridge University Press, 1989.

Thomas Kuhn, *The Structure of Scientific Revolutions*, Chicago: University of Chicago Press, 1962.

Zygmund Bauman, *Legislators and Interpreters: On Modernity, Post-Modernity and Intellectuals*, Oxford: Polity Press, 1987.

_____, *Liquid Life*, Oxford: Polity Press, 2005.

논문

강신표, 「한국이론사회학의 방향에 대한 작은 제안: 「한완상과 김경동의 사회학 비판」 (1983) 이후」, 『사회와 이론』 6(한국이론사회학회, 2005), 243~272쪽.

김경동, 「격변하는 시대에 한국 사회학의 역사적 사명을 묻는다」, 『한국사회학』 40(한국사회학회, 2006), 1~28쪽.

김경만, 「독자적 한국 사회과학, 어떻게 가능한가—몇 가지 전략들」, 『사회과학연구』 15(서강대 사회과학연구소, 2007), 48~92쪽.

_____, 「세계수준의 한국사회학을 향하여: 과학사회학적 관점에서 본 몇 가지 제언」, 『한국사회학』 35(한국사회학회, 2001), 1~28쪽.

_____, 「해석학과 집단적 박식에 관한 생선비늘 모형이 세계수준의 한국 사회이론의 발달에 갖는 함의」, 『사회와 이론』 7(한국이론사회학회, 2005), 263~280쪽.

한완상, 「90년대 사회학의 진로: '전통'과 '정통'의 비적합성을 지양하며」, 『한국사회학』 25(한국사회학회, 1992), 1~25쪽.

Alfred Schutz, "The Well-Informed Citizen: An Essay on the Social Distribution of Knowledge," *Social Research* 13(4), 1946, 463~478쪽.

Arthur Bochner, "Criteria Against Ourselves," *Qualitative Inquiry* 6, 2000, 266~272쪽.

Donald Campbell, "Science's Social System of Validity: Enhancing Collective Belief Change and the Problems of the Social Sciences," D. Fiske and R. Shweder (eds.), *Metatheory in Social Science: Pluralism and Subjectivities*, Chicago: University of Chicago Press, 1986, 108~135쪽.

Edward Shils, "Knowledge and the Sociology of Knowledge," *Science Communication* 4, 1982, 7~32쪽.

Harold Garfinkel, "Respecification: evidence for locally produced, naturally accountable phenomena of order, logic, reason, meaning, method, etc. in and as of the essential haecceity of immortal ordinary society (I)-an announcement of studies," G. Button (ed.), *Ethnomethodology and the Human sciences*, Cambridge University Press, 1991, 10~19쪽.

Jeffrey Alexander, "Cultural Pragmatics: Social Performance between Ritual and Strategy," *Sociological Theory* 22, 2004, 527~573쪽.

Jonathan H. Turner & Kyung-Man Kim, "The disintegration of tribal solidarity among American sociologists: Implications for knowledge accumulation," *The American Sociologist* 30, 1999, 5~20쪽.

Joseph Agassi, "The Role of the Philosopher among the Scientists: Nuisance or Necessity?," *Social Epistemology* 3, 1989, 297~309쪽.

Joseph Ben-David and Randall Collins, "Social factors in the origins of a new science: The case of psychology," *American Sociological Review* 66, 1966, 451 ~465쪽.

Jürgen Habermas, "A Review of Gadamer's Truth and Method," Fred R. Dallmayr and Thomas McCarthy (eds.), *Understanding and Social Inquiry*, Notre Dame: University of Notre Dame Press, 1977, 335~363쪽.

Kyong-Dong Kim, "Toward Culturally Independent Social Science: The Issue of Indigenization in East Asia," Su-Hoon Lee (ed.), *Sociology in East Asia and Its Struggle for Creativity: Proceedings of the ISA Regional Conference for Eastern Asia, Seoul, Korea*, Montreal, 1996, 63~72쪽.

Kyung-Man Kim, "Beyond Justification: Habermas, Rorty and the Politics of Cultural Change," *Theory, Culture & Society* 31(6), 2014, 103~123쪽.

_____, "Can Bourdieu's Critical Theory Liberate us from the Symbolic Violence?,"

Cultural Studies ↔*Critical Methodologies* 4, August 2004, 362~376쪽.

_____, "Critical Theory Criticized: Giddens's Double Hermeneutic and the Problem of Language Game Change," *Cultural Studies* ↔*Critical Methodologies* 4, February 2004, 28~44쪽.

_____, "Habermas on Understanding: Virtual Participation, Dialogue and the Universality of Truth," *Human Studies* 34(4), 2011, 393~406쪽.

_____, "How Objective is Bourdieu's Participant Objectivation?," *Qualitative Inquiry* 16, 2010, 747~756쪽.

_____, "On the Failure of Habermas's Hermeneutic Objectivism," *Cultural Studies* ↔*Critical Methodologies* 2, May 2002, 270~298쪽.

_____, "On the Reception of Johannsen' Pure Line Theory: Toward a Sociology of Scientific Validity," *Social Studies of Science* 21, 1991, 649~679쪽.

_____, "The Management of Temporality: Ethnomethodology as Historical Reconstruction of practical action," *The Sociological Quarterly* 40, 1999, 505~523쪽.

_____, "The Role of the Natural World in the Theory Choice of Scientists," *Social Science Information* 31, 1992, 445~464쪽.

_____, "Value Commitment and Scientific Change," *Social Epistemology* 6(3), 1992, 273‑280쪽.

_____, "What would a Bourdieuan Sociology of Scientific Truth look like?," *Social Science Information* 48(1), 2009, 57~79쪽.

Norman K. Denzin. "Symbolic Interactionism and Ethnomethodology: A Proposed Synthesis," *American Sociological Review* 34, 1969, 922~934쪽.

Paul Hirsh, Stuart Michaels, and Ray Friedman, "Dirty hand versus Clean Models: Is Sociology in danger of being seduced by Economics?," *Theory and Society* 16, 1987, 317~336쪽.

Raymond Williams, "Base and Superstructure in Marxist Cultural Theory," *New Left Review* 82, 1973.

Richard Rorty, "On Moral Obligation, Truth and Commonsense," J. Niznik and J. T. Sanders (eds.), *Debating the State of Philosophy: Habermas, Rorty and Kolakowski*, Westport, CT: Praeger Publishers, 1996.

Robert K. Merton, "Priorities in Scientific Discovery: A Chapter in the Sociology of Science," *American Sociological Review* 22(6), 1957, 635~659쪽.

Syed F. Alatas, "Academic Dependency and Global Division of Labor in the Social Sciences," *Current Sociology* 51, 2003, 599~613쪽.

W. V. O. Quine, "Two Dogmas of Empiricism," *The Philosophical Review* 60, 1951, 20~43쪽.

인명

지은이 김경만

시카고 대학에서 과학사회학 및 과학철학을 전공하고 1989년 사회학 박사학위를 받았다. 1991년부터 서강대학교 사회학과에서 이론사회학을 가르치고 있으며, 유럽과 미국의 저명 학술지(『사회과학철학』Philosophy of the Social Sciences 『인간 연구』Human Studies 『사회과학정보』Social Science Information 『이론, 문화 & 사회』Theory, Culture & Society 등)에 많은 논문을 발표하고 국내외에서 깊이 있는 연구서를 꾸준하게 출간하면서 왕성한 학문적 활동을 이어가고 있다. 저서로는 영어로 집필한 첫 책 『과학적 합의에 관한 설명: 멘델 유전학 사례』(Explaining Scientific Consensus: The Case of Mendelian Genetics, Guilford, 1994), 미국과 한국에서 동시에 출간한 『담론과 해방: 비판이론의 해부』(Discourses on Liberation: An Anatomy of Critical Theory, Paradigm, 2005; 궁리, 2005)를 비롯해, 『과학지식과 사회이론』(한길사, 2004)과 『글로벌 지식장과 상징폭력: 한국 사회과학에 대한 비판적 성찰』(문학동네, 2015), 『진리와 문화변동의 정치학: 하버마스와 로티의 논쟁』(아카넷, 2015) 등 다수가 있다. 현재 한국과학기술한림원 정회원이며, 캐나다의 학술지 『오늘의 사회과학』Today Social Science 편집위원이기도 하다. 2001년과 2014년 두 차례에 걸쳐 풀브라이트 학자로 선정되었고, 2008년 『담론과 해방』으로 한국사회학회 저술상을 수상했으며, 2009년에는 세계 사회학계와 지적 소통의 장을 열고 적극 참여해 담론을 생산하는 능력과 성과를 축적한 공로를 인정받아, 한국 최고 권위의 학술상으로 자리매김한 경암학술상(인문·사회 부문)을 수상한 바 있다.

글로벌 지식장과 상징폭력: 한국 사회과학에 대한 비판적 성찰
ⓒ 김경만

1판 1쇄 2015년 5월 21일
1판 3쇄 2016년 1월 11일

지은이 김경만
펴낸이 염현숙
책임편집 고원효 | **편집** 최민유 송지선 김영옥
디자인 장원석 | **마케팅** 정민호 이연실 정현민 양서연
홍보 김희숙 김상만 한수진 이천희
제작 강신은 김동욱 임현식 | **제작처** 영신사

펴낸곳 (주)문학동네
출판등록 1993년 10월 22일 제406-2003-000045호
주소 413-120 경기도 파주시 회동길 210
전자우편 editor@munhak.com | **대표전화** 031)955-8888 | **팩스** 031)955-8855
문의전화 031)955-1933(마케팅) 031)955-2685(편집)
문학동네 카페 http://cafe.naver.com/mhdn
홈페이지 http://www.munhak.com

이 책의 판권은 지은이와 문학동네에 있습니다. 이 책 내용의 전부 또는 일부를 재사용하려면
반드시 양측의 서면 동의를 받아야 합니다.
이 책은 2012년 정부(교육과학기술부)의 재원으로 한국연구재단의 지원을 받아
수행된 연구입니다.(NRF-2012S1A5B8A03043926)

ISBN 978-89-546-3629-2 93300

이 도서의 국립중앙도서관 출판예정도서목록(CIP)은 서지정보유통지원시스템 홈페이지
(http://seoji.nl.go.kr)와 국가자료공동목록시스템(http://www.nl.go.kr/kolisnet)에서
이용하실 수 있습니다.(CIP 제어번호: CIP2015012506)

www.munhak.com